高等院校应用型本科智能制造领域"十四五"规划教材

智能汽车技术概论

主 编 石 玲
副主编 范钱旺
参 编 邵友林 丁成林

华中科技大学出版社
中国·武汉

内 容 简 介

本书全面介绍智能汽车的定义、体系结构、发展趋势；重点介绍智能汽车关键技术，包括环境感知技术、无线通信技术、车载网络技术、导航定位技术、先进驾驶辅助技术、安全技术、路径规划技术、运动控制技术等。

本书内容新颖、语言简洁、图文并茂，通俗易懂，实用性强，可作为高等院校汽车类专业，包括车辆工程、汽车服务工程、智能车辆工程、交通运输等专业的教材，也可作为从事汽车相关领域工程技术人员的参考书。

本书配有PPT课件，扫描书中的二维码，即可浏览对应的PPT课件内容。

图书在版编目(CIP)数据

智能汽车技术概论/石玲主编．—武汉:华中科技大学出版社,2023.1
ISBN 978-7-5680-8846-6

Ⅰ.①智⋯ Ⅱ.①石⋯ Ⅲ.①智能控制-汽车 Ⅳ.①U46

中国版本图书馆 CIP 数据核字(2022)第 246287 号

智能汽车技术概论 石 玲 主编
Zhineng Qiche Jishu Gailun

策划编辑：张少奇
责任编辑：吴　晗
封面设计：原色设计
责任监印：周治超
出版发行：华中科技大学出版社（中国·武汉）　　电话：(027)81321913
　　　　　武汉市东湖新技术开发区华工科技园　　邮编：430223
录　　排：武汉三月禾文化传播有限公司
印　　刷：武汉开心印印刷有限公司
开　　本：787mm×1092mm　1/16
印　　张：16
字　　数：408千字
版　　次：2023年1月第1版第1次印刷
定　　价：49.80元

本书若有印装质量问题，请向出版社营销中心调换
全国免费服务热线：400-6679-118　竭诚为您服务
版权所有　侵权必究

前　言

通信、互联网、大数据、云计算和人工智能等新型信息与通信技术飞速发展，推动汽车产业随之变革。汽车朝着电动化、智能化、网联化、共享化方向发展。汽车的智能化是将人工智能技术应用于汽车，让机器来代替驾驶员完成对汽车的操作与控制，推动自动驾驶的发展；汽车网联化则是物联网在汽车与交通中的应用，将交通数据信息进行协同和共享，解决了智能化中感知数据不足，以及驾驶决策的依据不够全面等问题。

智能汽车正是汽车智能化和网联化结合的产物，通过将人工智能技术与现代通信技术结合以实现车与人、车与车、车与路以及车与云之间的数据及信息交换。智能车联网使汽车不单单是一种交通工具，还是一个联网的可行走的智能终端，可实现车载信息服务、车辆数据信息服务和自动驾驶等应用。智能车联网带来了汽车产业的转型升级，正在改变人类的生活方式。智能车联网技术已经突破了汽车行业的范畴，成为涉及汽车、通信和互联网等多学科领域的综合体系。

本书全面介绍智能汽车的定义、体系结构、发展趋势等；重点介绍智能汽车关键技术，包括环境感知技术、无线通信技术、车载网络技术、导航定位技术、先进驾驶辅助技术、安全技术、路径规划技术、运动控制技术等。通过本书的学习，读者能全面掌握智能汽车涉及的新知识及新技术。

本书由高校教师和企业专家联合编撰，高校编写人员包括上海师范大学天华学院石玲、邵友林、丁成林，企业编写人员包括范钱旺博士。在编撰过程中，编者参考了许多优秀的书籍和其他资料，在此向本书所借鉴、参考的所有文献的作者表示衷心的感谢。书中部分图片来源于网络，在此也向图片的原创者表示感谢。

由于编者学识有限，书中不当之处在所难免，恳请读者给予指正。

编　者
2022 年 8 月

二维码资源使用说明

本书数字资源以二维码形式提供。读者可使用智能手机在微信端下扫描书中二维码，扫码成功时手机界面会出现登录提示。确认授权，进入注册页面。填写注册信息后，按照提示输入手机号，点击获取手机验证码。在提示位置输入4位验证码成功后，重复输入两遍设置密码，选择相应专业，点击"立即注册"，注册成功。（若手机已经注册，则在"注册"页面底部选择"已有账号？立即注册"，进入"账号绑定"页面，直接输入手机号和密码，系统提示登录成功。）接着刮开教材封底所贴学习码（正版图书拥有的一次性学习码）标签防伪涂层，按照提示输入13位学习码，输入正确后系统提示绑定成功，即可查看二维码数字资源。手机第一次登录查看资源成功，以后便可直接在微信端扫码登录，重复查看资源。

若遗忘密码，读者可以在PC端浏览器中输入地址http://jixie.hustp.com/index.php? m=Login，然后在打开的页面中单击"忘记密码"，通过短信验证码重新设置密码。

目 录

第 1 章 绪论 ··· (1)
  1.1 智能汽车概述 ·· (1)
    1.1.1 智能汽车的产生 ··· (1)
    1.1.2 智能汽车特点 ·· (3)
    1.1.3 智能汽车驾驶自动化分级 ·· (3)
  1.2 智能汽车发展历程 ·· (8)
  1.3 智能汽车体系结构 ··· (20)
    1.3.1 智能汽车的价值链 ·· (20)
    1.3.2 智能汽车技术链 ··· (20)
    1.3.3 智能汽车的产业链 ·· (22)
  1.4 智能汽车关键技术 ··· (23)
    1.4.1 智能汽车关键零部件 ··· (23)
    1.4.2 智能汽车关键技术 ·· (23)
  1.5 智能汽车发展趋势 ··· (30)
  练习题 ·· (31)

第 2 章 智能汽车环境感知技术 ·· (33)
  2.1 环境感知概述 ··· (33)
    2.1.1 环境感知简介 ·· (33)
    2.1.2 环境感知对象 ·· (34)
    2.1.3 环境感知传感器 ··· (35)
  2.2 视觉传感器 ·· (37)
    2.2.1 视觉传感器分类 ··· (37)
    2.2.2 视觉传感器工作原理 ··· (40)
    2.2.3 视觉传感器参数、特点及作用 ·· (44)
    2.2.4 计算机视觉算法 ··· (45)
  2.3 激光雷达 ··· (47)
    2.3.1 激光雷达概述 ·· (47)
    2.3.2 激光雷达的工作原理 ··· (49)
    2.3.3 激光雷达的参数、特点及作用 ·· (52)
    2.3.4 激光雷达算法 ·· (54)
  2.4 毫米波雷达 ·· (55)
    2.4.1 毫米波雷达概述 ··· (55)
    2.4.2 毫米波雷达工作原理 ··· (56)
    2.4.3 毫米波雷达参数、特点及作用 ·· (59)
    2.4.4 毫米波雷达算法 ··· (61)

2.5 超声波雷达 (62)
2.5.1 超声波雷达概述 (62)
2.5.2 超声波雷达工作原理 (63)
2.5.3 超声波雷达参数、特点及作用 (64)
2.6 传感器融合技术 (65)
2.6.1 传感器融合概述 (65)
2.6.2 传感器融合的方案 (68)
2.6.3 多传感器融合算法 (69)
练习题 (69)

第3章 智能汽车无线通信技术 (71)
3.1 车联网技术的基本概念 (71)
3.1.1 智能网联汽车网络的构成 (71)
3.1.2 智能网联汽车网络的特点 (72)
3.2 车载无线通信技术 (72)
3.2.1 车载无线通信技术的分类 (72)
3.2.2 蓝牙通信技术的工作原理及应用 (72)
3.2.3 NFC通信技术的工作原理及应用 (75)
3.2.4 WiFi通信技术的工作原理及应用 (77)
3.3 V2X无线通信技术 (79)
3.3.1 V2X通信概述 (79)
3.3.2 V2X通信技术的分类 (80)
3.3.3 V2X通信的应用场景 (88)
3.4 车路协同控制技术 (89)
3.4.1 车路协同控制的定义 (89)
3.4.2 车路协同控制的架构 (91)
3.4.3 车路协同控制技术的应用 (91)
练习题 (97)

第4章 智能汽车车载网络技术 (98)
4.1 概述 (98)
4.1.1 车载网络技术发展历程 (98)
4.1.2 车载网络优点 (101)
4.1.3 车载网络系统的功能 (102)
4.1.4 车载网络发展趋势 (102)
4.1.5 车载网络分类 (103)
4.1.6 车载网络总线技术 (105)
4.2 CAN总线 (106)
4.2.1 数据信号及其传输 (106)
4.2.2 CAN总线的特点 (110)
4.2.3 CAN总线组成 (111)
4.3 LIN总线 (116)
4.3.1 LIN总线的特点 (116)

  4.3.2 LIN 总线组成 ·· (117)

 4.4 MOST 总线 ·· (119)

  4.4.1 MOST 总线特点 ··· (119)

  4.4.2 MOST 总线结构 ··· (120)

  4.4.3 MOST 总线数据类型 ·· (122)

  4.4.4 MOST 总线工作状态 ·· (122)

  4.4.5 MOST 总线控制原理 ·· (123)

 4.5 FlexRay 总线 ··· (123)

  4.5.1 FlexRay 总线概述 ··· (123)

  4.5.2 FlexRay 总线的特点 ·· (124)

 4.6 以太网 ··· (125)

  4.6.1 以太网概述 ··· (125)

  4.6.2 以太网的特点 ··· (126)

 练习题 ·· (126)

第 5 章 智能汽车导航定位技术 ·· (127)

 5.1 汽车导航定位 ··· (127)

  5.1.1 导航定位的定义与作用 ·· (127)

  5.1.2 导航定位的方法 ··· (128)

  5.1.3 智能汽车导航定位的精度要求 ··· (129)

 5.2 智能汽车高精度定位的关键技术 ·· (131)

  5.2.1 智能汽车高精度定位系统 ··· (131)

  5.2.2 GPS ··· (132)

  5.2.3 北斗卫星导航定位系统 ·· (136)

  5.2.4 惯性导航系统及航位推算 ··· (138)

  5.2.5 基站通信定位技术 ·· (141)

  5.2.6 即时定位与地图构建系统 ··· (142)

 5.3 导航定位技术在智能汽车上的应用 ·· (147)

 练习题 ·· (148)

第 6 章 智能汽车先进驾驶辅助技术 ·· (149)

 6.1 概 述 ··· (149)

  6.1.1 先进驾驶辅助系统定义 ·· (149)

  6.1.2 先进驾驶辅助系统结构 ·· (149)

  6.1.3 先进驾驶辅助系统分类 ·· (152)

  6.1.4 先进驾驶辅助系统发展 ·· (156)

 6.2 前向碰撞预警技术 ··· (157)

  6.2.1 前向碰撞预警系统组成 ·· (157)

  6.2.2 前向碰撞预警系统工作原理 ·· (158)

 6.3 车道偏离预警技术 ··· (158)

  6.3.1 车道偏离预警系统的组成 ··· (159)

  6.3.2 车道偏离预警系统工作原理 ·· (160)

 6.4 自适应巡航控制技术 ··· (161)

6.4.1 自适应巡航控制系统组成……………………………………………(162)
6.4.2 自适应巡航控制系统工作原理………………………………………(163)
6.4.3 自适应巡航控制系统作用……………………………………………(163)
6.4.4 自适应巡航控制系统工作模式………………………………………(164)
6.5 自动刹车辅助技术……………………………………………………………(165)
6.5.1 自动刹车辅助系统的组成……………………………………………(165)
6.5.2 自动刹车辅助系统工作原理…………………………………………(166)
6.6 车道保持辅助技术……………………………………………………………(167)
6.6.1 车道保持辅助系统组成………………………………………………(167)
6.6.2 车道保持辅助系统工作原理…………………………………………(168)
6.7 其他先进驾驶辅助技术………………………………………………………(169)
6.7.1 自动泊车技术…………………………………………………………(169)
6.7.2 自适应前照灯技术……………………………………………………(170)
6.7.3 汽车夜视辅助技术……………………………………………………(170)
6.7.4 驾驶员疲劳预警技术…………………………………………………(171)
练习题………………………………………………………………………………(172)

第7章 智能汽车安全技术……………………………………………………………(173)
7.1 概 述…………………………………………………………………………(173)
7.1.1 汽车安全的重要性……………………………………………………(173)
7.1.2 智能汽车安全性分类…………………………………………………(173)
7.2 主动安全技术…………………………………………………………………(174)
7.2.1 主流的主动安全技术…………………………………………………(174)
7.2.2 其他主动安全技术……………………………………………………(177)
7.2.3 主动安全技术的发展趋势……………………………………………(179)
7.3 被动安全技术…………………………………………………………………(180)
7.3.1 主要的被动安全技术…………………………………………………(181)
7.3.2 被动安全技术发展的趋势……………………………………………(183)
7.4 网络数据安全技术……………………………………………………………(184)
7.4.1 智能网联汽车网络安全环境…………………………………………(184)
7.4.2 CAN 总线安全风险分析………………………………………………(185)
7.4.3 车载以太网总线安全风险分析………………………………………(187)
7.4.4 网络数据安全风险应对措施…………………………………………(188)
7.5 通信信息安全技术……………………………………………………………(188)
7.5.1 车内系统的通信安全…………………………………………………(189)
7.5.2 车外信息交互的通信安全……………………………………………(190)
7.5.3 云端的通信安全………………………………………………………(191)
练习题………………………………………………………………………………(191)

第8章 智能汽车路径规划技术………………………………………………………(192)
8.1 概述……………………………………………………………………………(192)
8.2 路由寻径………………………………………………………………………(193)
8.2.1 路由寻径概述…………………………………………………………(193)

  8.2.2 Dijikstra 算法 ……………………………………………………………………… (194)
  8.2.3 A* 算法 ………………………………………………………………………… (199)
 8.3 行为决策 ……………………………………………………………………………… (205)
  8.3.1 行为决策概述 …………………………………………………………………… (205)
  8.3.2 行为预测 ………………………………………………………………………… (206)
  8.3.3 有限状态机模型 ………………………………………………………………… (210)
  8.3.4 马尔科夫决策过程方法 ………………………………………………………… (214)
 8.4 运动规划 ……………………………………………………………………………… (217)
  8.4.1 运动规划概述 …………………………………………………………………… (217)
  8.4.2 运动规划算法 …………………………………………………………………… (218)
 练习题 ……………………………………………………………………………………… (224)

第 9 章　智能汽车运动控制技术 …………………………………………………………… (225)
 9.1 智能汽车运动控制系统 ……………………………………………………………… (225)
  9.1.1 概况 ……………………………………………………………………………… (225)
  9.1.2 智能汽车运动控制发展趋势 …………………………………………………… (225)
 9.2 智能汽车纵向运动控制技术 ………………………………………………………… (226)
  9.2.1 直接式控制 ……………………………………………………………………… (227)
  9.2.2 分层式控制 ……………………………………………………………………… (227)
 9.3 智能汽车横向运动控制技术 ………………………………………………………… (228)
  9.3.1 PID 控制方法 …………………………………………………………………… (228)
  9.3.2 模型预测控制方法 ……………………………………………………………… (229)
  9.3.3 基于神经网络的自适应滑模控制 ……………………………………………… (229)
  9.3.4 智能汽车横纵向协同控制 ……………………………………………………… (230)
 9.4 线控制动控制技术 …………………………………………………………………… (231)
  9.4.1 电子液压制动系统 ……………………………………………………………… (231)
  9.4.2 电子机械制动系统 ……………………………………………………………… (233)
  9.4.3 线控制动关键技术 ……………………………………………………………… (235)
 9.5 线控转向控制技术 …………………………………………………………………… (237)
  9.5.1 概况 ……………………………………………………………………………… (237)
  9.5.2 线控转向系统组成 ……………………………………………………………… (238)
  9.5.3 线控转向系统的典型布置方式 ………………………………………………… (239)
  9.5.4 路感模拟控制 …………………………………………………………………… (240)
  9.5.5 主动转向控制 …………………………………………………………………… (241)
 练习题 ……………………………………………………………………………………… (242)

参考文献 ……………………………………………………………………………………… (243)

第1章 绪 论

【教学目标】

通过对本章的学习,学生能够掌握智能汽车的定义与分级,掌握智能汽车的构成、标准体系、关键技术和发展趋势,为后续学习奠定基础。

1.1 智能汽车概述

1.1.1 智能汽车的产生

在2021年第七届中国电动汽车百人会论坛上,国务院发展研究中心市场经济研究所副所长王青预测,到2030年我国汽车保有量约为4.3亿辆,千人汽车拥有量约为300辆。汽车保有量的增加,带来能源危机、环境污染、交通拥堵和交通事故频发等社会问题(见图1-1至图1-4)。智能汽车是解决这些社会问题的有效方法,代表着汽车行业发展的方向。智能汽车是新一轮科技革命背景下的新兴产品,可显著改善交通安全,实现节能减排,减缓交通拥堵,提高交通效率,并拉动汽车、电子、通信、服务等行业协同发展,对促进汽车产业转型升级具有重大战略意义。因此,我国要大力发展智能汽车。

图1-1 能源危机

图1-2 环境污染

图1-3 交通拥堵

图1-4 交通事故

智能汽车在普通汽车的基础上增加了先进的传感器、控制器、执行器等装置,通过车载传感系统和信息终端实现与人、车、路等的智能信息交换,使车辆具备智能的环境感知能力,能够自动分析车辆行驶的安全及危险状态,并使车辆按照人的意愿到达目的地,最终实现替代人来操作的目的,如图1-5所示。智能汽车是智能交通系统的重要组成部分,未来的智能汽车已不单纯是一种交通工具,而是智能移动终端。

图1-5 智能汽车

智能汽车的智能系统包括导航信息资料库、GPS定位系统、道路状况信息系统、车辆防碰系统、紧急报警系统、无线通信系统和自动驾驶系统。首先有一套导航信息资料库存有全国高速公路、普通公路、城市道路以及各种服务设施的信息资料;其次是GPS定位系统能精确定位车辆所在的位置,与道路资料库中的数据相比较,以确定行驶方向;道路状况信息系统,由交通管理中心提供实时的前方道路状况信息,如堵车、事故等,必要时及时改变行驶路线;车辆防碰系统,包括探测雷达、信息处理系统、驾驶控制系统,控制与其他车辆的距离,在探测到障碍物时及时减速或刹车,并把信息传给指挥中心和其他车辆;紧急报警系统,如果出了事故,自动报告指挥中心进行救援;无线通信系统,用于汽车与指挥中心的联络;自动驾驶系统,用于控制汽车的点火、改变速度和转向等。

通常对智能汽车的操作可视为对一个多输入、多输出、输入输出关系复杂多变、不确定多干扰源的复杂非线性系统的控制过程。驾驶员或智能驾驶系统既要接收环境的信息,还要感受汽车如车速、侧向偏移、横摆角速度等的信息,然后经过判断、分析和决策,并与自己的驾驶经验相比较,确定出应该做的操纵动作,最后由身体、手、脚等来完成对车辆操纵。

通过对智能汽车的研究,可以提高车辆的控制与驾驶水平,保障车辆行驶的安全畅通、高效。对智能化的车辆控制系统的不断完善,相当于延伸扩展了驾驶员的控制、视觉和感官功能,能极大地促进道路交通的安全性。智能汽车的主要特点是以技术弥补人为因素的缺陷,使得即便在很复杂的道路情况下,也能自动地操纵和驾驶车辆绕开障碍物,沿着预定的道路轨迹行驶。

1.1.2　智能汽车特点

智能汽车是一种新型高科技汽车,这种汽车上装有相当于人眼的各种传感器、相当于人脑的计算机、相当于驾驶员手脚的操纵系统装置,这些装置都装有非常复杂的程序,所以这种汽车能和人一样,会"思考""判断""行走",可以自动启动、加速、刹车,可以自动绕过地面障碍物。在复杂多变的情况下,智能汽车的"大脑"能随机应变,自动选择最佳方案,指挥汽车正常、顺利地行驶。

智能汽车的终极发展目标是无人驾驶汽车。无人驾驶汽车是通过车载环境感知系统感知道路环境,自动规划路径,识别行车路线,按照预定条件控制车辆到达预定地点的智能汽车,如图1-6所示。无人驾驶汽车是传感器、计算机、人工智能、无线通信、导航定位、机器识别、机器视觉、智能控制等多种先进技术融合的综合体。

图1-6　无人驾驶汽车

1.1.3　智能汽车驾驶自动化分级

目前国际上对于驾驶自动化的等级分类有两个标准:一个是美国高速公路安全管理局(National Highway Traffic Safety Administration,NHTSA)制定的标准,该标准将驾驶自动化划分为5级(L0～L4);另一个是国际汽车工程师协会(Society of Automotive Engineer,SAE)制定的标准,该标准将驾驶自动化定义为6级(L0～L5),主流采用SAE划分等级的标准SAE J3016。NHTSA、SAE对汽车驾驶自动化分级的具体内容如表1-1所示。

表 1-1 NHTSA、SAE 对汽车驾驶自动化的分级

驾驶自动化分级		名称	定义	驾驶操作	周边监控	接管	应用场景
NHTSA	SAE						
L0	L0	人工驾驶	由驾驶员全权驾驶汽车	驾驶员	驾驶员	驾驶员	无限定
L1	L1	辅助驾驶	智能系统通过驾驶环境对转向盘和加减速中的一项操作提供支持,其余由驾驶员操作	驾驶员和汽车智能系统	驾驶员	驾驶员	限定场景
L2	L2	部分自动驾驶	智能系统通过驾驶环境对转向盘和加减速中的多项操作提供支持,其余由驾驶员操作	汽车智能系统	驾驶员	驾驶员	限定场景
L3	L3	条件自动驾驶	由无人驾驶系统完成所有的驾驶操作,根据系统要求,驾驶员提供适当的应答	汽车智能系统	汽车智能系统	驾驶员	限定场景
L4	L4	高度自动驾驶	由无人驾驶系统完成所有的驾驶操作,根据系统要求,驾驶员不一定提供所有的应答,限定道路和环境条件	汽车智能系统	汽车智能系统	汽车智能系统	限定场景
	L5	完全自动驾驶	由无人驾驶系统完成所有的驾驶操作,可能的情况下,驾驶员接管,不限定道路和环境条件	汽车智能系统	汽车智能系统	汽车智能系统	所有场景

1. 美国高速公路安全管理局对驾驶自动化的分级

1) L0 无自动化

没有任何自动驾驶功能、技术,驾驶员对汽车所有功能拥有绝对控制权。驾驶员需要负责启动、制动、操作和观察道路状况。自动化仅限于碰撞预警、车道偏离预警、自动雨刷、自动前灯控制。

2) L1 单一功能级自动化

驾驶员仍然对行车安全负责,不过可以转移部分控制权给系统管理,比如常见的自适应巡航(adaptive cruise control,AAC)、应急刹车辅助(emergency brake assist,EBA)、车道保持(lane-keep support,LKS),这一级别的自动化驾驶员不能手和脚同时脱离操控。

3) L2 部分自动化

驾驶员和汽车分享控制权,驾驶员在某些环境中可以不操作汽车,即手脚同时脱离控制,比如,ACC 和 LKS 组合跟车,驾驶员不再是主要操作者。但是此级别汽车的驾驶员仍然需要随时待命,对驾驶负责,准备接管汽车。

4) L3 有条件自动化

在有限情况实现自动控制,汽车自动驾驶系统负责整个车辆的控制,遇见紧急情况,驾驶员仍然需要接管汽车,但是有足够预警时间。这一级别的智能汽车解放了驾驶员,驾驶员不再对行车安全负责,不必监视道路状况。其适用场景为高速公路和人流量较少的城市路段。

5) L4 完全自动化

这一级别的智能汽车行车可以没有人驾驶,汽车负责安全,并完全不依赖驾驶员干涉。

2. 国际汽车工程师协会对驾驶自动化的分级

1) L0 有人驾驶

该级别的汽车完全由人进行驾驶,无自动驾驶。由人来完成"动态驾驶任务",尽管可能有相应的系统来辅助驾驶员,例如紧急制动系统,但从技术方面来讲,该辅助系统并未主动驱动车辆,所以算不上自动化驾驶。

2) L1 驾驶者辅助

该级别的汽车具有一个或多个特殊自动控制功能,例如电子稳定性控制(electronic stability controller,ESC)、自动紧急制动(autonomous emergency braking,AEB)等,车辆通过控制制动帮助驾驶员重新掌控车辆或是更快速停车,此项的大部分功能都是单独一个电子控制单元(electronic control unit,ECU)来开发。大多数现代车都在这个级别中,这是自动化的最低级别。车辆具有单独的自动化驾驶员辅助系统,例如转向或加速。ACC系统可以让车辆与前车保持安全距离,驾驶员负责监控驾驶的其他方面。自动化功能体现为自适应巡航、自动紧急制动等。

3) L2 部分自动化

该级别汽车具有将至少两个原始控制功能融合在一起实现的系统,即涉及至少两个主要功能的自动化和高级驾驶员辅助系统(advanced driver assistance system,ADAS)。系统进行融合时需要两个ECU进行配合。例如,一些高端车辆提供的自动巡航控制和车道保持共同工作,车辆能够控制转向以及加速或减速,完全不需要驾驶员对这些功能进行控制,但驾驶员需要一直对系统进行监视并准备在紧急情况时接管系统。因为有驾驶员坐在汽车座位上,并且可以随时控制汽车,所以这一阶段的自动驾驶还算不上无人驾驶。

比较特殊的是L2.5,它表示比L2稍微高级但和L3依然有差距,代表技术为特斯拉的Autopilot 2.0,Autopilot 2.0核心内容由主动巡航控制(traffic aware cruise control,TACC)、辅助转向(autosteer)、自动变道构成,可同时与车道辅助、防撞辅助、车速辅助等功能搭配使用。其中,主动巡航控制可以自动对车辆进行纵向控制,简单来说就是开启后智能系统接管了刹车,但驾驶员仍然需要手动控制方向盘。辅助转向提供的自动横向控制,取代了手动控制方向盘的操作。

4) L3 条件自动化

该级别车辆可以在某些条件下进行自动驾驶。汽车能够在某个特定的驾驶交通环境下让驾驶员完全不用控制汽车,而且可以自动检测环境的变化以判断是否返回驾驶员驾驶模式,驾驶员无须一直对系统进行监视,但如果有需要的话,驾驶员可以接管汽车控制。L3的自动驾驶汽车还是需要有驾驶员的,可称为"半自动驾驶"。

从技术角度来看,从L2到L3级实现了重大飞跃,从驾驶人员的角度来看,差别较明显。L3级无人驾驶汽车具有环境检测能力,可以根据信息做出决定,例如加速经过缓慢行驶的车辆,但是这个级别仍然需要驾驶员操控。驾驶员必须保持警觉,并且在系统无法执行任务时进行操控。

5) L4 高度自动化

该级别车辆可以始终处于系统完全控制的状态,即使没有驾驶员也能操作,不过是在限定区域或限定环境下(如固定园区、封闭、半封闭高速公路等环境)。L4 和 L3 最主要的区别在于是否仍然需要驾驶员干预,L4 的无人车能够在紧急情况下自行解决问题,而 L3 的智能车在此情况下则需要驾驶员的介入。从这个意义上来说,这些汽车在大多数情况下不需要人为干预。但是,驾驶员仍然可以选择手动操控。L4 自动驾驶汽车可以采用无人驾驶模式运行,但由于立法和基础设施发展欠缺,L4 无人驾驶汽车的智能驾驶模式只能在限定区域行驶。

6) L5 完全自动化

该级别是真正意义上的可以在每个驾驶场景中(不限定场景)完全自主驾驶系统。

目前大多数无人驾驶汽车处于 L2~L4 阶段,即能够在特定的限制区域测试,并且需要车上安全员随时进行介入。L5 自动驾驶汽车不需要人为关注,从而免除了"动态驾驶任务"。L5 自动驾驶汽车甚至都不会有方向盘或加速/制动踏板,并完成任何有经验的驾驶员可以完成的操控。

3. 我国对驾驶自动化的分级

2020 年 4 月 10 日,工业和信息化部科技司颁布推荐性国家标准《汽车驾驶自动化分级》,于 2021 年 1 月 1 日实施,该标准是我国智能汽车标准体系的基础类标准之一,将为我国后续自动驾驶相关法律、法规、强制性标准的出台提供支撑。其中包括了对驾驶自动化的定义、驾驶自动化分级原则、驾驶自动化等级划分要素、驾驶自动化各等级定义、驾驶自动化等级划分流程及判定方法、驾驶自动化各等级技术要求等。《汽车驾驶自动化分级》在制定过程中,参考了 SAE3016 的 L0~L5 的分级框架,二者对每个具体的驾驶自动化功能分级结果基本一致,仅有少部分依照国情进行了调整。我国对汽车驾驶自动化的分级如表 1-2 所示。

表 1-2 我国对汽车驾驶自动化的分级

驾驶自动化分级	名称	定义	驾驶操作	周边监控	接管	应用场景
0	应急辅助 EA	系统可感知环境,并提供报警、辅助或短暂介入以辅助驾驶员操作	驾驶员	驾驶员	驾驶员	无限制
1	辅助驾驶 DA	通过驾驶环境对转向盘和加减速中的一项操作提供支持,其余由驾驶员操作	驾驶员和系统	驾驶员	驾驶员	限定场景
2	部分自动驾驶 PA	通过驾驶环境对转向盘和加减速中的多项操作提供支持,其余由驾驶员操作	驾驶员和系统	驾驶员	驾驶员	限定场景
3	条件自动驾驶 CA	由无人驾驶系统完成所有的驾驶操作,根据系统请求,驾驶员需要提供适当的干预	系统	系统	驾驶员	限定场景
4	高度自动驾驶 HA	由无人驾驶系统完成所有的驾驶操作,特定环境下系统会向驾驶员提出响应请求,驾驶员可以不响应系统请求	系统	系统	系统	限定场景
5	完全自动驾驶 FA	由无人驾驶系统完成所有的驾驶操作,不需要驾驶员介入	系统	系统	系统	所有场景

以下为我国《汽车驾驶自动化分级》的具体内容：
1）0级　应急辅助

驾驶自动化系统不能持续执行动态驾驶任务中的车辆横向或纵向运动控制，但具备持续执行动态驾驶任务中的部分目标和事件探测与响应的能力。

需要指出的是，0级驾驶自动化不是无驾驶自动化，0级驾驶自动化可感知环境，并提供报警、辅助或短暂介入以辅助驾驶员，如车道偏离预警、前碰撞预警、自动紧急制动等应急辅助功能。

此外，0级系统不具备目标和事件探测与响应的功能（如定速巡航、电子稳定性控制等），不在驾驶自动化考虑的范围内。

2）1级　部分驾驶辅助

驾驶自动化系统在其设计运行条件内持续地执行动态驾驶任务中的车辆横向或纵向运动控制，且具备与所执行的车辆横向或纵向运动控制相适应的部分目标和事件探测与响应的能力。对于1级驾驶自动化，驾驶员和驾驶自动化系统共同执行动态驾驶任务，并监管驾驶自动化系统的行为和执行适当的响应或操作。

3）2级　组合驾驶辅助

驾驶自动化系统在其设计运行条件内持续地执行动态驾驶任务中的车辆横向和纵向运动控制，且具备与所执行的车辆横向和纵向运动控制相适应的部分目标和事件探测与响应的能力。与1级类似的是，对于2级驾驶自动化，驾驶员和驾驶自动化系统也是共同执行动态驾驶任务，并监管驾驶自动化系统的行为和执行适当的响应或操作。

4）3级　有条件自动驾驶

驾驶自动化系统在其设计运行条件内持续地执行全部动态驾驶任务。

对于3级驾驶自动化，动态驾驶任务接管用户以适当的方式执行动态驾驶任务接管。

5）4级　高度自动驾驶

驾驶自动化系统在其设计运行条件内持续地执行全部动态驾驶任务和执行动态驾驶任务接管。

对于4级驾驶自动化，系统发出接管请求时，若乘客无响应，系统具备自动达到最小风险状态的能力。

6）5级　完全自动驾驶

驾驶自动化系统在任何可行驶条件下持续地执行全部动态驾驶任务和执行动态驾驶任务接管。对于5级驾驶自动化，系统发出接管请求时，乘客无需进行响应，系统具备自动达到最小风险状态的能力。此外，5级驾驶自动化在车辆可行驶环境下没有设计运行条件的限制。

我国标准的分级与SAE标准的分级不同点则有三个：其一，SAE标准下将AEB等安全辅助功能和非驾驶自动化功能都放在0级，称为无驾驶自动化，我国标准则将AEB等安全辅助功能称为应急辅助，驾驶员能够掌握驾驶权，系统可感知环境，并提供报警、辅助或短暂介入驾驶，作为一个安全的基础分支，和非驾驶自动化功能分开，更加便于理解；其二，我国标准针对0～2级自动驾驶，规定的是"目标和事件探测与响应"由驾驶员及系统协作完成，而在SAE标准下，L0～L2自动驾驶汽车的OEDR（目标和事件检测与决策任务）全部由驾驶员完成;其三,我国标准在3级中明确增加对驾驶员接管能力监测和风险减缓策略的要求,明确最低安全要求,减少实际应用的安全风险。

总体而言,中国和SAE标准在思路上一致,例如3级/L3及以上都由人类接管转为自动驾驶系统执行。但在0~2级(L0~L2)上,SAE标准要求完全由驾驶员进行操作,而我国标准则定义为由自动驾驶系统和驾驶员共同操作。

1.2 智能汽车发展历程

智能汽车并不是新鲜事物,早在20世纪初期,人类就开始了对智能汽车研究的尝试。早期的智能汽车主要通过无线电技术实现,根据Unmanned Systems of World Wars Ⅰ and Ⅱ的作者埃弗里特的说法,第一辆无人地面车辆是西班牙发明家莱昂纳多·托雷斯·奎韦多于1904年制造的无线电遥控三轮车。在第一次世界大战期间,军队使用了各种小型无线电控制的车辆来运送和引爆火药。

根据1919年《科学美国人》记录,大约在1912年,美国无线电控制设备专家小约翰·哈蒙德和本杰明·密斯纳利用一个电子回路和一对光感性硒光电管设计了一款简单的自动引导小车,并给它起了一个凶悍的名字——"战争狗",如图1-7所示。

图1-7 "战争狗"

"战争狗"的设计原理很简单,左右光感电管感知环境的光强差异,电子回路构成的底层控制系统根据光强信号控制小车转向,如果两侧感光存在差异,小车将向光强一侧转向;如果两侧感光均衡,小车保持直行。战争狗的机械设计相对比较粗糙,但却给后续无人驾驶提供了思路,我们现在车上使用的定速巡航从本质上也和战争狗有相同的逻辑,在车速较低时,自动注入较多汽油提升车速,如果车速过快,控制器会减少汽油的注入,直到预定速度和实际速度之间的差异为零。

20世纪20年代,无线电控制汽车得到了应用。无线电在长距离传输信号方面存在优势,这使得早期的工程师萌生了遥控汽车的想法,但同时无线电信号容易受到干扰,经常会把无线电波发送到其他的接收器上,所以无线电控制汽车都有一个操作员,操作员跟随汽车发送操纵指令,同时实时监控和处置汽车可能遇到的情况。

1921年美国军方的Raymond E. Vaugha在俄亥俄州代顿市的街道上展示了一辆无线

电遥控的汽车。尽管该车只有三个轮子,外形酷似一个棺材(图1-8),但还是吸引了不少当地市民的注意,一家名为《电气世界》(Electrical World)的出版物报道了当时的情景:成百上千的人……惊叹不已,看着无人驾驶的"汽车"跟着它的驾驶员走。文章还指出:"当汽车驶近街道十字路口时,观察到交通信号,如果有行人或其他障碍物驶入,喇叭就会吹响。"

图1-8 无线电遥控汽车

1925年,Houdina无线电控制公司的创始人前美国陆军工程师Francis P. Houdina发明了一种无线电操纵的汽车。这辆车由一辆Chandler车改装而成,车辆的后座上安装了无线电接收天线,并配置了一系列小型电动机执行对汽车的控制,Houdina坐在后方的另一辆装有发射器的汽车上发射无线电信号,前方车辆接收信号并生成指令,电动机根据相应指令控制车辆启动、转向、刹车、加速、鸣笛等。Houdina将他发明的汽车命名为"美国奇迹",如图1-9所示,他在纽约繁忙的街道上公开展示了他的无线遥控无人驾驶汽车,当天碰巧赶上一个示威游行的人群,他操纵汽车穿越拥挤的交通,从百老汇开到了第五大道,引起了巨大的轰动。纽约时报对此事进行了报道,Houdina和他的"美国奇迹"汽车一时间成了明星,经常受邀在全美的城市街道进行展示,参加商业活动和汽车公司的宣传活动。尽管Houdina的无线电遥控汽车并不是真正的自动驾驶,但他的"美国奇迹"汽车给公众留下了深刻的印象,使无人驾驶汽车的魅力日益浓厚,一定程度推动了无人驾驶汽车的发展。

20世纪50年代,伴随着二战后的经济繁荣,多数美国家庭都购买了汽车,但是人们在享受汽车带来的出行便利和私密旅行时,其实并不想承担驾驶任务。当时美国电气照明与动力公司的一个平面广告生动地展现了人们对无人驾驶汽车的设想:一家人面对面坐在车后座上,围着一个桌子玩多米诺骨牌游戏,如图1-10所示。

1939年,通用汽车在纽约世界博览会上成功地举办了"未来世界"科技展,展示了智能

图 1-9 "美国奇迹"汽车

汽车给人类带来的便利,之后,通用汽车就一直为建造自动化的高速公路而努力。美国无线电公司是 20 世纪 50 年代电子工业创新的发源地,通用汽车公司与之合作研发高速公路。经过几年的努力,两组团队设计出来一个他们称之为电子化高速公路的创意解决方案,他们结合了无线电技术、电子电路以及基于历史悠久的电磁学理论而创建了逻辑门电路。1958 年,通用汽车公司和美国无线电公司的研究团队合作组装出一套车辆侦测与引导系统,在内布拉斯加州林肯市郊区一条长 400 英尺、专门改造过的高速公路上,利用两辆 1958 年款雪佛兰进行了测试,如图 1-11 所示。测试车辆基于侦测与引导系统实现了前后车距保持以及自动转向的功能。

图 1-10 无人驾驶汽车设想

图 1-11 车辆侦测与引导系统测试

车辆侦测与引导系统是各种复杂电子设备的综合。这个系统必须实现基础设施之间的信息通信,这涉及晶体管、无线电发射器等。为了创建这一侦测系统,美国无线电公司的工程师首先在道路中铺设一系列矩形电线回路,这些矩形回路的长度比汽车车身的长度略短,一个个矩形回路之间首尾相接,覆盖整条测试道路。

每当车辆行驶经过一个矩形回路,就会向埋在道路中的晶体管侦测设备发送一个特殊的信号。当车辆快速驶过这一系列矩形回路时,反馈信号就会流入由所有侦测器组成的一个网络里,这些信号就会以无线电的形式传播给附近的控制塔,然后由控制塔自动地以无线电指令的方式传递给附近的车辆,附近车辆就会自动执行刹车或加速来调整与这辆车之间的距离,这样就实现了道路上前后车距的保持功能。

测试车辆前端配备有两个等距分置的金属"传感线圈",与每个传感器线圈匹配的是一套测量设备,用于测量其中通过的电流强度。当汽车从道路上方驶过时,埋在地下的矩形回路会产生磁场,而这个磁场又会引发车载传感线圈产生电流。如果车辆正确地行驶在道路中央,两个传感线圈中产生的电流将会大致相当。然而当汽车危险地偏向了道路的一侧,这侧的传感线圈就会产生更强的电流,对应的传感器也会记录下相较于另一侧较高的数值,接收到较强信号的传感器就会向汽车的方向盘操控系统发送指令,要求车辆轻微转向,直到两侧的传感器测量数值再次平衡。这就是测试车辆实现自动调整方向的原理,其准确性和反应速度丝毫不逊于一个注意力集中的人类驾驶员。

1960年,利用同样的方式,通用汽车又在新泽西州建立了另一条电子化高速公路的测试跑道,但这次是为通用汽车专门定制的,最终实现了车辆的自动启动、加速、转向与停止,全程没有人工直接参与。

1964年通用汽车公司在纽约世界博览会上再次向公众展示了无人驾驶汽车的梦想,通用汽车在广告中这样宣传他们的概念车"火鸟":"某一天,一家人驾车行驶在超级公路上时,可以将车辆交给一套自动程序化的引导系统,人们随后就能尽情享受旅程的舒适和绝对的安全,并以今天高速公路上汽车两倍速度前往目的地。""火鸟"有着吸引人的柔美线条和单峰垂直尾翼,它成为了通用汽车在自动化高速公路领域投入几十年后的绝唱。

纵观二十世纪六七十年代,利用通用汽车和美国无线电公司的基础系统——电缆、金属传感器和磁场感应器的组合,其他研究者继续针对自动化高速公路做了些改进升级。20世纪60年代,美国俄亥俄州成了汽车工程领域的前沿研发中心,在当时尤其以自动化车辆引导和控制的研究为人所熟知。同一时期,英国运输与道路研究实验室使用改装的Citroen DS采用相同的方法,以130 km/h的速度在各种天气状况下进行了试验,结果汽车的速度和方向都没有发生偏离。同时根据分析,采用这个系统后,道路的负载能力将提高50%,而交通事故将减少40%。

1966—1972年间,美国斯坦福国际研究所成功研制了世界上第一个真正可移动和感知的机器人Shakey。研究人员为Shakey装备了电视摄像机、三角法测距仪、碰撞传感器、驱动电动机以及编码器,并由两台计算机通过无线通信系统控制。Shakey具备一定人工智能,能够自主进行感知、环境建模、行为规划和控制,这也成了后来机器人和无人驾驶的通用框架。

1969年,人工智能的创始人之一约翰·麦卡锡在一篇名为《电脑控制汽车》的文章中描述了与现代自动驾驶汽车类似的想法。麦卡锡所提出的想法是关于一名"自动司机"可以通过"电视摄像机输入数据,并使用与人类司机相同的视觉输入"来帮助车辆进行道路导航。他在文章中写道:用户应该可以通过使用键盘输入目的地来驱使汽车立即自动前往目的地。同时也会存在额外的命令可以让用户改变目的地,例如在休息室或餐厅停留,可以放慢速度或者在紧急情况下加速。虽然没有这样的车辆存在,但麦卡锡的文章为其他研究人员的任

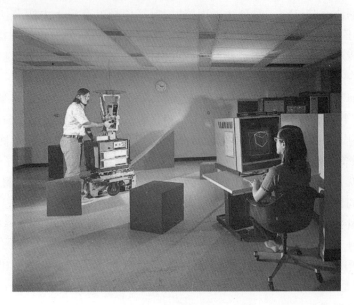

图 1-12 机器人 Shakey

务设计提供了帮助。麦卡锡讲述了该想法的两个好处:驾驶方便和驾驶安全。他的这篇前瞻性文章,启发了 20 世纪 80 年代的大部分研究。

1977 年,日本筑波工程研究实验室的 S. Tsugawa 和他的同事开发出了第一辆基于摄像头来检测导航信息的自动驾驶汽车,如图 1-13 所示。这辆车内配备了两个摄像头,并用模拟计算机技术进行信号处理。时速能达到 30 km,但需要高架轨道的辅助。这是所知最早的开始使用视觉设备进行无人驾驶的尝试,由此翻开了无人驾驶新的一页。

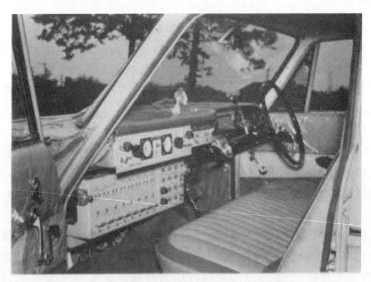

图 1-13 基于摄像头检测导航信息的自动驾驶汽车

1961 年斯坦福大学的博士候选人詹姆斯·亚当斯制造了一个原型车,这辆车后来被称为斯坦福推车,用于测试火星探测车的可行性。他的试验失败了,因为测试车的延迟竟然达到了 2.5 s。后来的研究者在斯坦福推车的基础上不断改进,1967 年推车能够跟随白线行驶。1977 年,还在斯坦福大学人工智能实验室读博士的汉斯·摩拉维克为斯坦福推车研制了一台配备立体视觉和电脑远程控制系统,电视摄像机安装在车顶栏杆上,从几个不同的角度拍摄照片,并将其传送到计算机,计算机计算小车和它周围的障碍物之间的距离,并操纵小车绕过障碍物。1979 年,推车在没有人干预的情况下,花了大约 5 h 成功地穿过了一个放满椅子的房间。斯坦福推车相当于早期无人驾驶汽车,如图 1-14 所示。

图 1-14　斯坦福推车

1991 年的电影《霹雳游侠 2000》中可防御、可进攻的 Kitt 黑色智能汽车,以难以分清头和尾的独特外形、几乎与车距相等的轴距、极具肌肉线条感的流畅设计展示了对未来智能汽车的设想,如图 1-15 所示。以人工智能为题材的科幻电影《少数派报告》中的红色雷克萨斯智能汽车进一步将艺术润色和技术层面的设想结合起来,如图 1-16 所示。在这些电影中,智能汽车采用智能电动发动机,车上装有防撞车架等大量安全设备。

图 1-15　Kitt 黑色智能汽车

随着人工智能技术的应用和发展,使得现代意义上"自动驾驶"的轮廓日渐明晰。虽然完全意义上的无人驾驶汽车还没有走进普通人的生活,但是综合自适应速度控制、自动紧急

图 1-16　红色雷克萨斯智能汽车

制动等多种辅助驾驶功能的汽车已经出现在市场上。

美国研究机构 Navigant Reserch 预测：无人驾驶汽车数量占汽车总数的比率将从 2025 年的 4% 增长到 2030 年的 41% 和 2035 年的 75%。

2004 年，DARPA（美国国防先进研究项目局）率先对无人驾驶汽车进行了有史以来最重要的挑战。该团队成功地让无人驾驶汽车穿越了 Mojave 沙漠。随后的 2005 年，斯坦福大学一辆改装的大众途锐也完美地进行了挑战，这辆车不仅携带了摄像头，同时还配备了激光测距仪、远程视距雷达、GPS 传感器以及英特尔奔腾 M 处理器，如图 1-17 所示。

图 1-17　改装的大众途锐

在第一次成功挑战的三年后，DARPA 将实验场地从沙漠换成了城市。并且在斯坦福拉力赛中取得了第二名、Tartan Racing 中获得了第一名的好成绩。随后，他们还获得了通用、Continental 和卡特彼勒等公司的支持。从那时起，无人驾驶汽车的功能就开始变得越来越复杂，驾驶系统需要学会稳妥地处理交通关系，包括路上的行人、其他车辆、信号、障碍，以及人类驾驶员等。

2009 年,谷歌在 DARPA 的支持下,开始了自己的无人驾驶汽车项目。谷歌通过一辆改装的丰田普锐斯在太平洋沿岸行驶了 1.4 万英里,历时一年多。许多 2005—2007 年期间在 DARPA 从事研究工作的工程师都加入到了谷歌的团队,谷歌汽车使用了视频系统、雷达和激光自动导航技术。

2010 年,VisLab 团队开启了自动驾驶汽车的洲际行驶。四辆自动驾驶汽车从意大利帕尔马出发,穿越 9 个国家,最后成功到达了中国上海。整个期间 VisLab 团队面对了超过 1.3 万千米的日常驾驶环境挑战。

2011 年 6 月,美国内华达州议会通过一项法律,授权使用自动驾驶汽车。内华达州从而成为世界上第一个允许自动化载具合法行驶于一般道路上的行政区域。依据该法,内华达州机动车辆管理局负责制定安全与性能标准,以及制定自动驾驶汽车能够进行测试的地区。该法由谷歌提倡,以期能更进一步合法地测试该公司的无人驾驶汽车。内华达州法律定义自动化载具为"整合人工智能、感测器与全球定位系统等技术达成自动驾驶,而不需人类驾驶主动控制的机动交通工具"。该法也表示,驾驶者在汽车自动行驶时不需专心驾驶。内华达州的法律要求有人坐在驾驶座上,并且在测试时要有人坐在乘客的位置上。2012 年 5 月,在内华达州允许无人驾驶汽车上路 3 个月后,机动车辆管理局为谷歌的无人驾驶汽车颁发了一张合法车牌。

2014 年,谷歌对外发布了"完全自主设计"的无人驾驶汽车。

2015 年,第一辆原型汽车正式亮相,并且可以正式上路测试。在这辆身形可爱的小车里,谷歌完全放弃了方向盘的设计,乘客只要坐在车中就可以享受到无人驾驶的乐趣,如图 1-18 所示。

图 1-18 谷歌无人驾驶汽车

2017 年,梅赛德斯奔驰的超现实 F015 概念无人驾驶汽车上线。这辆汽车不仅外形豪华大气,设计感十足,车内也布满了各种作用的显示屏以及可旋转的座椅,彻底将无人驾驶汽车变成了一个可以移动的娱乐中心,如图 1-19 所示。

在智能汽车领域,我国虽然起步较晚,但是发展迅速,已经出现很多具有代表性的研究

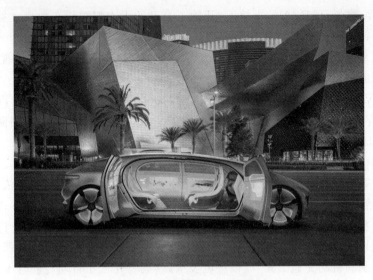

图 1-19 梅赛德斯无人驾驶汽车

成果。

20 世纪 80 年代,我国立项了"遥控驾驶的防核化侦察车"项目,国防科技大学、哈尔滨工业大学和沈阳自动化研究所三家单位参与了该项目的研究制造。在"八五"期间我国第一辆能够自主行驶的测试样车 ATB-1 就已正式诞生。这是我国第一辆能够自主行驶的测试样车,其行驶速度可以达到 21 km/h。ATB-1 的诞生标志着中国无人驾驶行业正式起步并进入探索期,无人驾驶的技术研发正式启动。

2011 年 7 月 14 日,红旗 HQ3 首次完成了从长沙到武汉 286 km 的高速全程无人驾驶试验,实测全程自主驾驶平均时速 87 km,创造了我国自主研制的无人车在复杂交通状况下自主驾驶的新纪录,如图 1-20 所示。这标志着我国无人车在复杂环境识别、智能行为决策和控制等方面实现了新的技术突破。

图 1-20 红旗 HQ3 汽车

2012年11月24日,"军交猛狮Ⅲ号"完成了114 km的京津高速行驶,这是一辆由黑色现代途胜越野车改装的无人驾驶智能车,由中国军事交通学院研制,如图1-21所示。车顶安装复杂的视听感知系统,车内装有两台计算机和一台备用计算机组成的执行系统来处理视听感知系统获得的信息,让无人车可以自主进行刹车、加速、制动、换挡等动作。实现了无人工干预的自动行驶。

图1-21 "军交猛狮Ⅲ号"汽车

2015年8月29日,宇通大型客车从河南省连接郑州市与开封市的城际快速路——郑开大道城铁贾鲁河站出发,在完全开放的道路环境下完成自动驾驶试验,共行驶32.6 km,最高时速68 km,全程无人工干预,不过为了保障安全客车上还是配备了驾驶员,如图1-22所示。国内首辆无人驾驶客车路测完成,这也是国内首次客车自动驾驶试验。

图1-22 国内首辆宇通智能驾驶电动客车

2015年12月,百度对外宣布其无人驾驶车已在国内首次实现城市、环路及高速道路混合路况下的全自动驾驶,如图 1-23 所示。百度公布的路测路线显示,百度无人驾驶车从位于北京中关村软件园的百度大厦附近出发,驶入 G7 京新高速公路,经五环路,抵达奥林匹克森林公园,并随后按原路线返回。百度无人驾驶车往返全程均实现自动驾驶,并实现了多次跟车减速、变道、超车、上下匝道、调头等复杂驾驶动作以及不同道路场景的切换。测试时最高速度达到 100 km/h。

图 1-23　百度无人驾驶汽车完成高速路测试

2016 年 4 月 17 日,长安汽车宣布完成 2000 km 超级无人驾驶测试项目,如图 1-24 所示。长安汽车此次长距离无人驾驶测试总里程超过 2000 km,历时近 6 天,途经四川、陕西、河南、河北等全国多个省市及地区后,最终抵达北京。据长安汽车智能汽车技术发展规划,复杂城市路况的完全自动驾驶汽车计划于 2025 年实现量产。

图 1-24　长安汽车完成 2000 km 无人驾驶测试车

2016 年 6 月 7 日,由工信部批准的国内首个"国家智能网联汽车(上海)试点示范区"封闭测试区正式开园运营,见图 1-25 所示。这意味着中国的智能联网和无人驾驶汽车从国家战略高度正式进入实际操作阶段。而在同年,中国智能汽车大赛举办,见图 1-26 所示。

图 1-25　首个国家智能网联汽车试点示范区成立

图 1-26　中国智能汽车大赛

2017 年 4 月 17 日,百度展示了与博世合作开发的高速公路辅助功能增强版演示车,如图 1-27 所示。该车由百度与博世联合打造,集成了百度高精地图和博世道路特征服务,并通过上百万辆配备博世摄像头、毫米波雷达的量产车辆实现数据众包,使高精地图数据做到实时更新。据悉,百度为展示车辆提供了高精地图、自定位、AR HMI(增强现实车规级交互产品)等核心技术。这辆车已经实现高速公路的部分自动驾驶,包括车道保持和司机监控下的车道自动切换。得益于定位技术,该演示车可以在进出弯道时自动控制车辆速度;同时在增强现实人机界面结束的帮助下,司机能获得更舒适安全的驾驶体验。

图 1-27　高速公路辅助功能增强版演示车

2018 年 7 月 4 日,百度与厦门金龙合作生产的全球首款 4 级自驾巴士量产下线,如图 1-28 所示。"阿波龙"搭载了百度最新 Apollo 系统,拥有高精定位、智能感知、智能控制等功能。达到自动驾驶 4 级的"阿波龙"巴士,既没有方向盘和驾驶位,更没有油门和刹车,是一辆完全意义上的无人自动驾驶汽车。

在政策、技术发展、社会需求等多维度因素的推动下,中国未来有望成为全球最大的智能汽车市场。

图 1-28　全球首款 4 级量产阿波龙巴士

1.3　智能汽车体系结构

通过车载传感系统,智能汽车本身具备主动的环境感知能力,车载传感系统是智能交通系统(ITS)的核心组成部分,是车联网体系的一个节点,通过车载信息终端实现与人、车、路、互联网等之间的无线通信和信息交换。因此,智能汽车集中运用了计算机、现代传感、信息融合、模式识别、通信及自动控制等技术,它是一个集环境感知、规划决策、多等级驾驶辅助等于一体的高新技术综合体,拥有相互依存的价值链、技术链和产业链。

1.3.1　智能汽车的价值链

如果说车联网在汽车安全、节能、环保方面的价值是间接、基础性的,那么智能汽车在提高行车安全、减轻驾驶员负担方面的核心价值则是直接、显而易见的,并有助于节能和环保。研究表明,在智能汽车的初级阶段,通过先进智能驾驶辅助技术有助于减少 50%～80% 的道路交通安全事故。在智能汽车的终极阶段,即无人驾驶阶段,甚至可以完全避免交通事故,把人从驾驶过程中解放出来,这也是智能汽车最吸引人的价值魅力所在。

1.3.2　智能汽车技术链

智能汽车系统主要由感知层、决策层、执行层组成。

感知层主要分为激光雷达和视觉主导两派,未来将走向融合。智能驾驶传感解决方案存在两条路径:一种以摄像头+毫米波雷达等为主,使用先进的计算机视觉算法实现全自动驾驶,典型代表有 Moblieye 特斯拉。另一种以激光雷达为主,同时搭载毫米波雷达、超声波传感器和摄像头,这种传感技术远距离全方位探测能力强,但成本相对较高。随着自动驾驶算法的改进和级别的提高,激光雷达将成为不可或缺的部件,多传感器呈现高度融合,深化体积缩小、控制集成、成本降低、多元感知等趋势。

决策层现阶段计算平台算力领先整车自动驾驶等级,客户需求为主导因素。主流计算平台算力发展迅猛,算力所能适配的自动驾驶等级大多处在 L3+ 的水平,而目前市场上的主流车型大多处在 L2 水平,只有小部分达到 L3。实现 L2 自动驾驶需要的计算力在 10 TOPS 左右,L3 需要的计算力为 30～60 TOPS,L4 需要的计算力大于 100 TOPS,L5 需要的计算力至少为 1000 TOPS。不考虑自研的车企,大部分车企在选择计算平台供应商的时候要考虑成本的问题,研发出高算力计算平台的厂商目前市场优势不明显,但随着汽车自动驾驶等级的提升,优势会逐渐展现。

线控技术提升自动驾驶安全性,未来渗透率将逐渐提升。随着自动驾驶级别的提高,汽车将逐渐完全脱离驾驶员的控制,对执行层转向系统及制动系统可靠性要求更高、更明确,将成为未来行业突破口。执行层的核心任务是通过纵向控制(驱动与制动)和横向控制(转向)的配合使汽车能够按照决策层的规划安全行驶。为了保证自动驾驶安全性,转向系统及制动系统以机械-电子-线控形式不断演变,线控技术能够使工作指令通过更迅速的线束形式传递给转向或制动系统,从而有效提高自动驾驶安全性。随着自动驾驶等级的提升,线控技术的渗透率将逐渐提高。

2020 年 10 月 30 日,华为在年度新品发布会上发布了智能汽车解决方案独立品牌 HI(Huawei Intelligent Automotive Solution),如图 1-29 所示。HI 全栈智能汽车架构包括 1 个计算与通信架构和 5 大智能系统:智能驾驶、智能座舱、智能电动、智能网联和智能车云,以及激光雷达、AR-HUD 等全套的智能化部件。HI 全新的算法和操作系统中包括三大计算平台:智能驾驶计算平台、智能座舱计算平台和智能车控计算平台,以及三大操作系统 AOS(智能驾驶操作系统)、HOS(智能座舱操作系统)和 VOS(智能车控操作系统)。

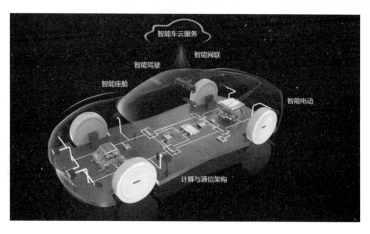

图 1-29 华为 HI 全栈智能汽车架构

1 个计算与通信架构。计算与通信架构根据汽车电子部件功能划分为驾驶、座舱和整车控制三个域,并提供对应三大计算平台及操作系统。这一架构帮助传统车企加快软件定义车进程,实现硬件可替换、软件可升级的全新营运模式。

5 大智能系统。华为完善车联网端管云布局,提供五大智能系统。端侧提供智能驾驶、智能能源系统,管侧智能网联系统涵盖通信模块、T-Box、车载网络等一系列产品,云侧提供基于华为云的自动驾驶云服务和 HiCar 智能座舱系统。

30+ 智能化部件。与传统 Tier1 直面竞争,华为做智能汽车增量市场 Tier,直接给车企提供激光雷达、ARHUD等智能化零部件。

智能汽车的技术架构为"三横两纵式"技术架构，如图1-30所示。"三横"是指车辆/设施关键技术、信息交互关键技术、基础支撑技术；"两纵"是指车载平台和基础设施。

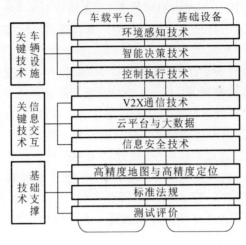

图1-30　智能汽车技术架构

1.3.3　智能汽车的产业链

智能汽车的产业链是传统汽车产业链的升级。智能汽车产业链的上游主要分为：包含传感器、高精地图和定位的感知板块；包含算法、芯片和操作系统的决策系统板块；包含云平台和电子电气架构的通信板块；包含ADAS执行、智能中控和语音交互的执行板块。中游主要为以传统车企和新兴车企为代表的汽车装配厂商。下游是智能汽车的经销商、各类服务商等。智能汽车产业链详细划分见表1-3。车联网、智能交通系统（ITS）为智能汽车提供了智能化的基础设施、道路及网络环境，随着汽车智能化层次的提高，反过来也要求车联网、智能交通系统同步发展。

表1-3　智能汽车产业链

产业链		主要供应商
上游	芯片/计算平台	飞思卡尔半导体、英特尔、英伟达、TI、AMD公司、高通、安森美半导体公司等
	雷达/视觉传感器	德尔福、Velodyne、Quanergy、TriLumina等
	地图与定位	谷歌、苹果、微软、TeleNav、Swift Navigation等
	车载操作系统	谷歌、苹果、微软等
	V2X通信	高通、Savari等
	ADAS/自动驾驶系统	德尔福、谷歌、苹果、Uber、Drive、Embark、Zoox
	汽车电子系统	德尔福、Lear、NASN、博世
	车载信息系统	伟世通、江森自控、安吉星、哈曼

续表

产业链		主要供应商
中游	传统车企	通用、福特、克莱斯勒、大众、上汽、一汽、北汽、广汽、吉利、东风
	新兴车企	特斯拉汽车、小鹏汽车、理想汽车、奇点汽车等
下游	出行服务	Uber、谷歌、Lyft、Zipear
	信息服务	AT、Verizon Wireless

1.4 智能汽车关键技术

1.4.1 智能汽车关键零部件

智能汽车的关键零部件主要包括车载光学系统、车载雷达系统、高精度定位系统、车载互联终端以及集成控制系统等。

车载光学系统包括光学摄像头、夜视系统等，具备图像处理和视觉增强功能。自主品牌性能与国际品牌相当并具有成本优势，自主市场份额占90%以上。

车载雷达系统包括毫米波雷达、超声波雷达、激光雷达等。自主品牌有效目标识别精度与国际品牌相当，并具有成本优势，自主市场份额约占45%以上。

基于北斗系统开发的高精度定位系统，可达到亚米级精度，实现对GPS的逐步替代与升级，自主市场份额约占60%以上。

车载互联终端包括车载娱乐信息系统、远程通信模块、近距通信模块等。车载信息娱乐系统自主份额约达70%，远程通信模块自主份额达到60%以上，近距通信模块自主份额超过90%。

在集成控制系统中，开发域控制器，实现对各子系统的精确控制及协调，并形成技术和成本优势，自主份额达到50%。

1.4.2 智能汽车关键技术

智能汽车关键技术包括智能汽车环境感知技术、智能汽车无线通信技术、智能汽车车载网络技术、智能汽车导航定位技术、智能汽车先进驾驶辅助技术、智能汽车安全技术、智能汽车运动控制技术、智能汽车路径规划技术等。

1. 智能汽车环境感知技术

智能汽车环境感知技术是智能汽车的基础。环境感知技术利用传感器获取道路、车辆位置和障碍物等信息，并将这些信息传输给车载控制中心，为智能汽车提供决策依据，是智能汽车的"眼睛"，如图1-31所示。

环境感知系统由信息采集单元、信息处理单元和信息传输单元组成，如图1-32所示。环境感知系统基于单一传感器、多传感器信息融合或车载自组织网络获取周围环境或车辆的实时信息，经信息处理单元根据一定算法识别处理后，通过信息传输单元实现车辆内部或车与车之间的信息共享。

图 1-31　环境感知技术在智能汽车上的应用

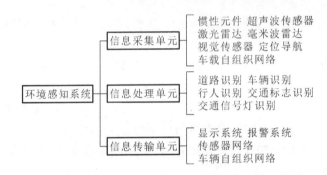

图 1-32　环境感知系统组成

2. 智能汽车无线通信技术

无线通信技术就是不用导线、电缆、光纤等有线介质,而是利用电磁波信号在自由空间中传播的特性进行信息交换的一种通信方式,如图 1-33 所示。

图 1-33　无线通信技术

智能汽车无线通信技术是将汽车与一切事物相连接的新一代信息通信技术。其中包括短距离无线通信技术、微波通信技术、5G 移动通信技术等。

短距离无线通信技术,一般来说,只要通信收发两端是以无线电方式传输信息,并且传输距离被限定在较短的范围之内(一般几厘米到几百米)。它具有低成本、低功耗和对等通信等特征,一般包括:蓝牙技术、WiFi技术、红外技术、RFID(射频识别)技术、NFC(近场通信)技术、VLC(可见光)技术、DSRC(专用短程通信)技术、LTE-V通信技术等。

微波通信技术是使用波长在 0.1～1000 mm 之间的电磁波-微波进行的通信技术,见图 1-34 所示。微波通信技术频率范围宽,通信容量大,传播相对较稳定,通信质量高,抗干扰性强。

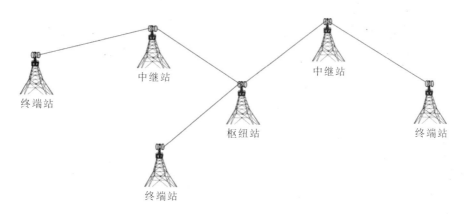

图 1-34 微波通信技术

移动通信延续着每十年更新一代技术的发展规律,已历经 1G、2G、3G、4G 的发展。每一次代际跃迁,每一次技术进步,都极大地促进了产业升级和经济社会发展。从 1G 到 2G,实现了模拟通信到数字通信的过渡,移动通信走进了千家万户;从 2G 到 3G、4G,实现了语音业务到数据业务的转变,传输速率成百倍提升,促进了移动互联网应用的普及和繁荣。当前,移动网络已融入社会生活的方方面面,深刻改变了人们的沟通、交流乃至整个生活方式。4G 网络造就了繁荣的互联网经济,解决了人与人随时随地通信的问题,随着移动互联网快速发展,新服务、新业务不断涌现,移动数据业务流量爆炸式增长,4G 移动通信系统难以满足未来移动数据流量暴涨的需求,5G 作为一种新型移动通信网络,不仅要解决人与人通信,为用户提供增强现实、虚拟现实、超高清(3D)视频等更加身临其境的极致业务体验,更要解决人与物、物与物通信问题,满足移动医疗、车联网、智能家居、工业控制、环境监测等物联网应用需求。最终,5G 将渗透到经济社会的各行业各领域,成为支撑经济社会数字化、网络化、智能化转型的关键新型基础设施。

5G 车联网助力智能汽车、交通应用服务的智能化升级,见图 1-35 所示。5G 网络的大带宽、低时延等特性,支持实现车载 VR 视频通话、实景导航等实时业务。借助于车联网 C-V2X 的低时延、高可靠和广播传输特性,车辆可实时对外广播自身定位、运行状态等基本安全消息,交通灯或电子标志等可广播交通管理与指示信息,支持实现路口碰撞预警、红绿灯诱导通行等应用,显著提升车辆行驶安全和出行效率,后续还支持实现更高等级、复杂场景的自动驾驶服务,如远程遥控驾驶、车辆编队行驶等。

图 1-35　5G 智能汽车

3. 智能汽车车载网络技术

智能汽车车载网络系统主要包括车载网络、车载自组织网络和车载移动互联网 3 种网络。车载网络是以车内总线通信为基础的车内网络；车载自组织网络以短距离无线通信为基础的网络；车载移动互联网是以远距离通信为基础的网络。

车载网络是以车内总线通信为基础的车内网络。车载网络基于 CAN、LIN、MOST、以太网等总线技术建立的标准化汽车网络，实现车内各电器、电子单元间的状态信息和控制信号在车内网上的传输，使车辆具有状态感知、故障诊断和智能控制等功能。汽车车载网络结构示意图见图 1-36 所示。

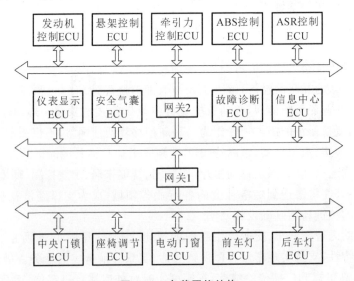

图 1-36　车载网络结构

4. 智能汽车导航定位技术

导航定位是利用电、磁、光、力学等原理与方法，通过测量工具与运动物体每时每刻位置有关的参数，从而实现对运动物体的定位，并正确地将其从出发点沿着预定的路线，安全、准确、经济地引导到目的地。

智能汽车导航定位技术是指通过全球导航卫星系统、惯性导航以及即时定位与地图构建技术等,获取智能汽车的位置和航向信息,如图1-37所示。

图 1-37　智能汽车导航

导航定位的方法主要有全球定位系统定位、差分全球定位系统定位、北斗卫星导航系统定位、惯性导航系统定位、航迹推算技术、视觉传感器定位、激光雷达定位以及组合定位等。

5. 智能汽车先进驾驶辅助技术

先进驾驶辅助技术通过车辆环境感知技术和自组织网络技术对道路、车辆、行人、交通标志、交通信号等进行检测和识别,对识别信号进行分析处理,传输给执行机构,保障车辆安全行驶,如图1-38所示。

图 1-38　先进驾驶辅助技术

先进驾驶辅助系统主要由环境感知系统、中央决策系统和控制系统三部分组成。环境感知系统负责环境辨识,负责环境感知的传感器主要有摄像头、毫米波雷达、超声波雷达等;中央决策系统负责计算分析,主要由芯片和算法负责,算法是由先进辅助系统向智能网联进步的突破口,核心是基于视觉的计算机图形识别技术;控制系统负责对底层执行控制,执行控制主要由有制动、转向等功能的硬件负责。

先进驾驶辅助系统按照环境感知系统的不同可分为自主式和网联式两种。自主式先进驾驶辅助系统是基于车载传感器完成环境感知，依靠车载中央控制系统进行分析决策，多数已用在量产车型；网联式先进驾驶辅助系统是基于V2X通信完成环境感知，依据云端大数据进行分析决策。

先进驾驶辅助系统分为信息辅助类和控制辅助类两种。其中，信息辅助类先进驾驶辅助系统包括前向碰撞预警系统、后向碰撞预警系统、车道偏离预警系统、变道碰撞预警系统、盲区检测系统、转向盲区检测系统、车门开启预警系统、驾驶人疲劳检测系统、交通标志识别系统、智能限速提示系统、全景影像检测系统等；信息控制类先进驾驶辅助系统包括自动紧急制动系统、紧急转向辅助系统、智能限速控制系统、车道保持辅助系统、自适应巡航控制系统、智能泊车辅助系统、自适应前照灯系统等。

6. 智能汽车安全技术

汽车安全性指汽车在行驶中避免事故，保障行人和乘员安全的性能，一般分为主动安全性、被动安全性、事故后安全性和生态安全性。在道路交通事故中，汽车本身的安全性能也是不可忽视的因素。汽车安全性能好，往往可以避免事故的发生或减少伤亡的程度。全方位智能感知的汽车智能安全系统见图1-39所示。

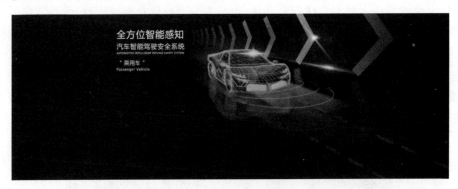

图1-39　智能汽车安全系统

汽车主动安全性主要是指汽车防止或减少道路交通事故发生的性能，其主要包括防抱死制动系统、汽车碰撞预警系统、电子制动力分配系统、电子稳定程序控制系统、座椅振动预警系统、牵引力控制系统、车辆稳定性控制系统等。汽车被动安全性是指事故发生时减少乘员伤亡的能力，主要包括安全带、安全气囊、内饰软化、结构吸能性、安全玻璃等。事故后安全性是指汽车能减轻事故后果的性能，其主要包括能否迅速消除事故后果，同时避免新的事故发生。生态安全性是指发动机排气污染、汽车行驶噪声和电磁波等对环境的影响。

对于智能汽车，除包括上述的安全技术之外，还包括智能汽车信息安全技术和智能汽车网络安全技术。随着汽车智能网联技术的发展，汽车内电子信息化水平不断提高，汽车信息安全问题和网络安全问题也变得日益突出。汽车信息安全问题，在小的层面上会威胁人身安全和泄露用户隐私，在大的层面上会影响社会稳定。随着汽车互联网的发展，汽车已经成为一台"超级计算机"，汽车一旦与网络互联，就可能受到网络黑客技术的攻击，后果可能是灾难性的。

7. 智能汽车运动控制技术

传统汽车是一个闭环控制系统,包括人、车、路三个部分,其中人具有很大的可变性。智能汽车的诞生则彻底改变了这种不稳定的控制方式,它将具有可变性的人从传统的控制系统中解放出来,可以在一定程度上提高道路安全性以及行车效率。智能汽车的发展,依托飞速发展的高科技技术,以人们生活的实际需要为目标,正朝着可控性更强的方向发展。

智能汽车控制系统分为纵向控制系统和横向控制系统。纵向控制系统包括对加速和制动的控制,以及对加速和制动控制的切换规则。常见的纵向控制系统包括线控节气门控制系统和线控制动系统。在横向控制过程中,通常需要考虑车辆纵向速度、道路条件以及未知干扰等诸多因素的影响。线控转向系统是典型的汽车横向运动控制系统,见图1-40所示。

图 1-40 线控转向系统

8. 智能汽车路径规划技术

路径规划是智能汽车研究领域的一个重要分支。智能汽车的最优路径规划问题,可以理解为依据某个或某些优化准则,在其工作空间中找到一条从起始状态到目标状态的能避开障碍物的最优路径。智能汽车路径规划见图1-41所示。

图 1-41 智能汽车路径规划

路径规划主要包含两个步骤：一是建立包含障碍区域与自由区域的环境地图；二是在环境地图中选择合适的路径搜索算法，快速实时地搜索可行驶路径。

1.5 智能汽车发展趋势

随着科技的发展，智能汽车成为全球发展趋势。越来越多的国家开始关注智能汽车行业并在此布局，甚至上升到国家战略层面。全球各国接连推出各种针对智能汽车的政策和规划，推动本国的智能汽车产业的发展，都试图在这轮科技革命和产业变革中占据一席之地，这其中以美国、德国等发达国家为首最先布局，发展良好。国外智能汽车相关政策法规见表 1-4 所示。

表 1-4 国外智能汽车相关政策法规

国家	相关政策	政策内容
美国	《确保美国自动驾驶领先地位：自动驾驶汽车 4.0》	确保美国自动驾驶的领先地位，确立了美国政府在自动驾驶汽车方面的十大技术原则
日本	《自动驾驶系统安全技术指南》	主要对 L3、L4 级别自动驾驶汽车需满足的安全要求进行了规定
英国	《新交通法规》	法规指出，驾驶员能够在驾驶过程中使用特定的先进驾驶辅助系统，如遥控停车、高速公路驾驶辅助等
德国	《道路交通法修订案》	允许自动驾驶在特定条件下替代人类驾驶，同时规定配有自动驾驶系统的汽车内需安装类似"黑匣子"的装置
韩国	《自动驾驶安全标准》	针对自动驾驶汽车的部分功能提出有条件自动驾驶标准

中国虽然在这场智能汽车发展竞赛中起步较晚，但接连推出多项政策大力支持智能汽车的发展，经过前期的重点培育，国内智能汽车行业逐步走向成熟，即将迎来规模化商用。国内智能汽车相关政策法规如表 1-5 所示。

表 1-5 国内智能汽车相关政策法规

相关政策	政策内容
《中国制造 2025》	到 2025 年掌握自动驾驶总体技术及各项关键技术，建立完善的智能网联汽车自主研发体系，生产配套及产业群，基本完成汽车产业的转型升级
《"十三五"汽车工业发展规划意见》	要积极发展智能网联汽车，具有驾驶辅助功能的智能汽车在当年新车渗透率达 50%，有条件的自动化新车在当年新车渗透率达 10%，为智能网联汽车的全面推广奠定基础
《工信部软件和大数据产业"十三五"发展规划》	指出将优化软件产业发展环境，支持软件企业和工业企业跨界融合，推动智能汽车等关键技术研发及产业化，推动软件产业健康发展
《国家车联网产业标准体系建设指南》	到 2025 年，系统形成能够支撑高级别自动驾驶的智能网联汽车标准体系。制定 100 项以上智能网联汽车标准，促进智能网联汽车"智能化＋网联化"融合发展，以及技术和产品的全面推广与普及

续表

相关政策	政策内容
《智能汽车创新发展战略》	到2025年,中国标准智能汽车的技术创新、产业生态、基础设施、法规标准、产品监管和网络安全体系基本形成。实现有条件自动驾驶的智能汽车达到规模化生产,智能交通系统和智慧城市相关设施建设取得积极进展。展望2035—2050年,中国标准智能汽车体系全面建成、更加完善。安全、高效、绿色、文明的智能汽车强国愿景基本实现,智能汽车充分满足人们日益增长的美好生活要求

根据工信部等11部委颁布的《智能汽车创新发展战略》显示,到2025年中国标准智能汽车的技术创新、产业生态、基础设施、法规监管和网络安全体系将基本形成,并实现有条件自动驾驶的智能汽车达到规模化生产,实现高度自动驾驶的智能汽车在特定环境下市场化应用。

根据《IDC全球智能网联汽车预测报告》数据,智能网联汽车市场将迎来快速发展。预计到2023年全球智能汽车的出货量达到7630万台;预计到2024年全球智能汽车的出货量达到8434万台;到2025年,全球智能网联汽车的出货量将进一步增至9323万台。

从全球来看,目前已经开始布局智能汽车行业的企业主要包括两类:一类是科技公司,比如谷歌、苹果、微软等这些科技巨头;一类是汽车制造商,比如沃尔沃、奔驰、奥迪、福特、宝马等。目前整个行业尚处于研究开发阶段,还没有形成稳定的竞争格局。

根据中国汽车技术中心推出的智能网联领域综合专利创新指数显示,全球主要企业智能汽车研发实力较为强劲的是丰田,其次是博世和通用,其余排在前十的是大众、电装、日产、博泰、现代、福特和大陆。

我国目前的人均汽车保有量处于较低水平,虽然人均保有量逐年上升,但远低于美国、日本等发达国家的水平,我国在汽车市场还有十分巨大的发展空间。尤其现在我国在智能、5G等领域处于世界领先水平,未来智能汽车领域的发展空间广阔。

在智能汽车的众多技术中,自动驾驶技术融合和包含了多种技术,是智能汽车发展的核心,这也是智能汽车发展的关键。我国在自动驾驶的研发上起步较晚,但是近几年来随着国家大力推动智能汽车行业发展,鼓励技术研发,我国的自动驾驶技术研发接连取得重大突破,在相关技术上突飞猛进。

目前,我国排名前十的智能汽车公司合计占比规模在15%左右。未来智能汽车进入主流视野可能是个必然趋势,而它不仅仅是对于人们出行方式的改变,还将深刻影响人类未来的生存方式。

总之,智能汽车技术将向着人工智能化、尺寸小型化、成本低廉化、电动化、智能网联化、共享化等方面健康发展。

练习题

1. 什么是智能汽车?
2. 智能汽车有哪些特点?

3. NHTSA、SAE 对智能汽车驾驶自动化是如何分级的？
4. 我国对智能汽车驾驶自动化是如何分级的？
5. 智能汽车体系结构是怎样的？
6. 智能汽车的关键零部件有哪些？
7. 智能汽车的关键技术有哪些？
8. 智能汽车的发展趋势是什么？

第 2 章 智能汽车环境感知技术

【教学目标】

通过对本章的学习,学生能够掌握智能汽车环境感知的发展历程,掌握智能汽车环境感知技术与算法以及传感器原理等。

2.1 环境感知概述

智能驾驶车辆在运行中需要面对白天、黑夜、黄昏、大风、暴雨、雾霾等自然环境信息,以及道路上行人、车辆、红绿灯等物体信息,车辆究竟如何做到理解这些复杂的环境信息呢?

人类驾驶员的感官主要依赖于双眼,偶尔用到耳朵,而无人驾驶车辆的智能驾驶系统的感官包括了激光雷达、毫米波雷达、摄像头、差分 GPS、惯性单元以及轮速计等传感器,还有一个核心零部件是自动驾驶控制器,我们也称为"车脑",在"车脑"中会运行一整套的软件或者算法而实现感知周围环境。如图 2-1 所示为无人驾驶汽车感知传感器示意图。

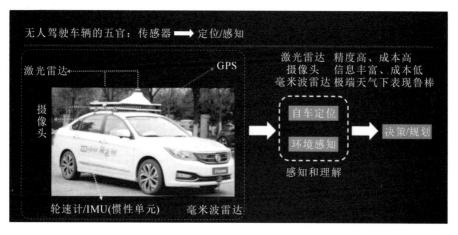

图 2-1 无人驾驶汽车环境感知传感器示意图

2.1.1 环境感知简介

环境感知、智能决策和反馈控制是智能驾驶汽车的关键技术,环境感知是智能驾驶汽车其他技术的数据基础,为智能决策和控制执行提供依据,是智能驾驶汽车实现自动驾驶的第一步。环境感知目的是告诉自动驾驶系统车辆周围环境,哪些区域能通行、哪里有障碍物。

环境感知技术是利用安装在车辆上的智能传感器或 V2X 技术,对道路、车辆、行人、路标、交通灯等进行检测和识别。这项技术主要用于高级驾驶辅助系统(ADAS)和自动驾驶系统(ADS),以确保连接到智能互联网的车辆安全、准确地到达目的地。基于智能网联的自动驾驶汽车的环境感知如图 2-2 所示。

图 2-2 智能网联汽车的环境感知

智能驾驶汽车车载传感器主要是指视觉传感器、超声波雷达、毫米波雷达、激光雷达等。视觉传感器是通过摄像头采集外部信息并根据算法进行图像识别。超声波雷达是通过发射和接收超声波，分析折返时间测算距离。毫米波雷达是通过发射接收毫米波，分析折返时间测算距离。激光雷达是通过发射和接收激光，分析折返时间测算距离。

视觉传感器、超声波雷达和毫米波雷达采集的信息主要用于先进驾驶辅助系统或未来的全自动驾驶系统，比如前向碰撞预警系统、车道偏离预警系统、盲区监测系统、驾驶员疲劳预警系统、车道保持系统、自动制动辅助系统、自适应巡航控制系统和自动泊车辅助系统等。激光雷达采集的信息主要用于自动驾驶的精准定位和可行空间检测。基于车载智能传感器的环境感知是目前智能驾驶汽车环境感知的主要解决方案之一。

V2X 通信技术主要包括 V2V、V2I 和 V2P，它们采集的信息既可以用于 ADAS，也可以用于自动驾驶系统，特别是车路协同控制，具有较大的优势。V2X 通信技术获取的信息范围更为广阔，可以提供 360°视觉感知，不受天气和道路环境的影响，可以给驾驶员或自动驾驶员或自动驾驶系统提供更多的信息，保障车辆的安全行驶。

环境感知相当于智能驾驶汽车的"眼睛和耳朵"，它的性能将决定智能网联汽车能否适应复杂多变的交通环境。自动驾驶程度越高，对环境感知要求越高。无人驾驶汽车对环境感知的要求最高，其次是高级辅助驾驶汽车。

感知传感器各异，优劣势明显，如毫米波雷达擅长感知目标的运动状态，摄像头更容易提取目标物形状进行分类，激光雷达传感器更容易获得目标形状、距离等特征信息等。将各传感器数据融合，能充分发挥各自优势，提高感知冗余、准确、时效性，感知融合技术的典型算法有卡尔曼滤波、贝叶斯理论等。

2.1.2 环境感知对象

智能驾驶汽车行驶在错综复杂的路网中，通过融合各种智能传感器的信息获得汽车周围环境信息，环境感知和识别的对象可分为以下几类。

1. 行车路径识别

行车路径识别主要包括：路标、车行道边线、路口控制线、车道线、人行横道、出入口标志和道路障碍物的识别；非结构化的路面识别主要为道路使用识别。

2. 周边物体感知

对周边物体的感知主要包括：车辆的识别、对道路上可能影响车辆行驶和安全的其他移动或静止物体的识别、对路标的识别、对道路标记的识别等。

3. 驾驶状态检测

驾驶状态检测包括驾驶员、主车和周围车辆的驾驶条件的检测。

4. 驾驶环境检测

驾驶环境检测：对驾驶环境进行检测，主要包括对道路状况、交通拥堵、天气状况等的检测。

图 2-3 所示为城市工况下的环境感知对象，主要有静止目标、运动目标、道路标线、车道标线、交通信号灯和交通标志。由此可见，环境感知对象有静止的，如道路、静止的障碍物、交通标志和交通信号灯；也有移动的，如车辆、行人和移动的障碍物。对于移动目标，不仅要检测当下状况，还要根据跟踪结果对目标的下一个轨迹（位置）进行跟踪和预测。

图 2-3 城市工况下的环境感知对象

2.1.3 环境感知传感器

目前环境感知广泛应用的方法是间接感知，即通过感知周围物距离、速度、形状等，构建驾驶态势图，进行规划、控制，间接作用于驾驶操作系统。随着人工智能技术发展，通过深度学习将传感器数据（如车辆环境的图像）与驾驶操作行为构建映射关系，直接作用于驾驶操作系统方法，是未来发展趋势之一。

下面介绍主要的环境感知方法。

1. 惯性元件

惯性元件主要是轮速传感器、加速度传感器、微机械陀螺仪、方向盘角度传感器等，它们决定了汽车的行驶状况。

2. 超声波传感器

超声波传感器主要用于检测短距离的物体，不受光线影响，但测量的准确性受到被测物表面形状和材料的影响。

3. 激光雷达

激光雷达提供车辆周围的二维或三维距离信息,并利用距离分析和探测技术感知车辆周围环境。激光雷达可以直接提供物体的三维距离信息,具有很高的尺寸精度,对照明环境的变化不敏感;但在距离不变的情况下无法感知平面内的目标信息,而且体积大、成本高,难以集成到车辆中。

4. 毫米波雷达

毫米波雷达与激光雷达一样,可以利用距离分析和识别技术来感知行驶环境,获得车辆周围的二维或三维距离信息。毫米波雷达抗干扰能力强,受天气和夜间影响小,体积小,传播损失小,但毫米波雷达从行人身上反射的波很弱,很难发现行人。

5. 视觉传感器

视觉传感器可用于图像分析和识别技术,获得车辆周围的二维或三维影像信息,感知行驶环境。目前在汽车上应用较为广泛的是 CCD 摄像头、CMOS 摄像头以及超声波测距仪等设备。视觉传感器可以提供大量的图像信息,实时性好,体积小,功耗低,成本低,但对照明环境的影响敏感,测量三维信息的精度低。

6. 传感器融合

传感器融合是指使用不同的传感器以不同的方式提供有关车辆环境的信息,使用多种信息融合技术来确定车辆环境,如可见度和毫米波雷达,可见度和激光雷达,可见度和超声波传感器。其优点是能够提供丰富的车辆环境信息,对环境有良好的适应性,提供安全、快速的驾驶帮助,但缺点是设计复杂,成本高。

超声波雷达、毫米波雷达、激光雷达以及视觉传感器,统称智能传感器。

图 2-4 所示为奥迪 A8 智能传感器的配置,它配置了 1 个 4 线束激光雷达、1 个前视摄像头、4 个鱼眼摄像头、1 个远程毫米波雷达、2 个中程毫米波雷达、12 个超声波雷达。奥迪 A8 的自动驾驶系统属于 L3 级别的自动驾驶系统。

图 2-4 奥迪 A8 智能传感器的配置

图 2-5 所示为沃尔玛与优步联合开发的 XC90 自动驾驶汽车智能传感器的配置,它配置了前视摄像头、侧视摄像头、后视摄像头、超声波雷达、毫米波雷达和激光雷达。

图 2-5 XC90 自动驾驶汽车智能传感器的配置

2.2 视觉传感器

视觉传感器用来处理摄像头捕捉到的图像,从而获得相关信息,如运动物体在不同环境下所表现出的各种特征以及其状态等。传感器检测目标后输出数据并判断结果。智能驾驶汽车中使用的视觉传感器多为单目、双目和多目摄像头,并配备先进的人工智能算法,以方便目标检测与图像处理。

2.2.1 视觉传感器分类

摄像头一般由镜头、图像传感器、图像信号处理器、串行器组成。通常镜头采集到物体的基本信息,由图像传感器进行一定处理后,再经过图像信号处理器处理之后串行化传输。传输方式同样可分为在同轴电缆或双绞线上基于 LVDS 传输或者直接通过以太网传输。

1. 摄像头按安装位置分类

车载摄像头根据安装位置主要分为前视摄像头、环视摄像头、后视摄像头、侧视摄像头以及内置摄像头五种类别。

1) 前视摄像头

前视摄像头用于实现行车的视觉感知及识别功能,根据功能又可以分为前视主摄像头、前视窄角摄像头和前视广角摄像头。

(1) 前视主摄像头。

前视主摄像头摄像头在 L2 的 ADAS 系统中作为主摄像头使用。其视场角的一般为 30°、50°、60°、100°、120°,检测距离一般为 150~170 m,摄像头输出的格式为 RCCB 或 RCCC。

(2) 前视广角摄像头。

前视广角摄像头的作用主要是识别距离较近的物体,主要用于城市道路工况、低速行驶等场景,其视场角在 120°~150°,检测距离在 50 m 左右。在后续 800 万像素的镜头大规模装车后,无需该摄像头。

(3) 前视窄角摄像头。

前视窄角摄像头的主要作用是进行红绿灯、行人等目标的识别，一般选用窄角镜头，可选择 30°~40°左右的镜头。并且该镜头的像素一般和前视主摄像头的镜头像素一致，该摄像头采用窄角度，具有更高的像素密度和更远的检测距离，一般可达 250 m 甚至可探测更远的距离。

2) 环视摄像头

环视摄像头主要安装在车身四周，一般使用 4~8 个摄像头，可分为前向鱼眼摄像头/左侧鱼眼摄像头/右侧鱼眼摄像头/后向鱼眼摄像头。用于全景环视功能的显示，以及融合泊车功能的视觉感知及目标检测；因为有色彩还原的需求，常用色彩矩阵为 RGGB。

3) 后视摄像头

后视摄像头一般安装在后备箱上，主要是实现泊车辅助。视场角在 120°~140°之间，探测距离大概 50 m。

4) 侧视摄像头

(1) 侧前视摄像头。

侧前视摄像头安装在 B 柱或者车辆后视镜处，该摄像头的视场角一般为 90°~100°，探测距离大概在 80 m 左右，这个摄像头的主要作用是检测侧向车辆及自行车。

(2) 侧后视摄像头。

侧后视摄像头一般安装在车辆前翼子板处，该摄像头的视场角一般为 90°左右，探测距离在 80 m 左右，主要用于车辆变道、汇入其他道路等场景应用。

5) 内置摄像头

内置摄像头主要用于监测驾驶员状态，实现疲劳提醒等功能。

2. 摄像头按功能分类

按摄像头的功能可分为行车辅助类、驻车辅助类与车内人驾驶员监控摄像头三种。

1) 行车辅助类摄像头

行车辅助类摄像头用于行车轨迹记录、车道偏离预警、开门预警、盲区监测及交通标示识别等。

智能前视摄像头用于动态物体检测（车辆、行人）、静态物体检测（交通信号灯、交通标志、车道线等）和可通行空间划分等。

侧视辅助（广角）摄像头用于行车过程中监测后视镜盲区内的动态目标。

夜视辅助（夜视）摄像头用于夜间或其他光线较差的情况下更好地实现目标物体的检测。

2) 驻车辅助类摄像头

360°环视（广角/鱼眼）主要用于低速近距离感知；系统同时采集车辆四周的影像，经过图像处理单元畸变还原→视角转化→图像拼接→图像增强，最终形成一幅车辆四周无缝隙的 360°全景俯视图，如图 2-6 所示。

3) 车内驾驶员监控（疲劳检测）摄像头

车内驾驶员监控摄像头用于对驾驶员脸部特征、头部特征、眼神和眨眼动作的检测，如图 2-7 所示。

脸部检测：将驾驶员的脸部检测归为物体识别与分类问题，通过训练深度神经网络设计一个鲁棒性好的脸部检测器。

头部特征：由三个姿态角构成，基于CNN设计头部跟踪系统，以图像中脸部区域为输入，以三维姿态角为输出。

眼神检测：综合眼神检测网络与头部姿态角度输出。

眨眼检测：包括眨眼信息（速率与时差）和眼部信息（开与合）。眼部信息为二分类问题，需要神经网络较小；眨眼信息需要分析过去数帧。

图 2-6 环视摄像头

图 2-7 车内监控摄像头

3. 摄像头按输出图特征分类

根据摄像头输出图的特征可以分为单目摄像头、双目摄像头、三目摄像头和环视摄像头，如图 2-8 所示。

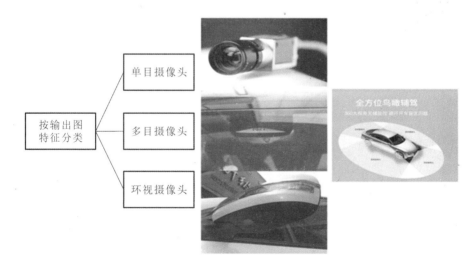

图 2-8 按输出图特征分类

1）单目摄像头

单目摄像头具有成本低、能准确识别特定类型障碍物的优点，但缺点是识别原理不明确，没有可见轮廓的障碍物无法识别，工作精度与外界光线条件有关，受到数据库限制，没有自学习功能。

2)双目摄像头

与单目摄像头相比,双目摄像头没有识别率,可以直接测量,距离可以用视差来计算,测量结果更准确,不需要建立样本数据库。

3)三目摄像头

三目摄像头可以感知更多的距离,但需同时标定三个摄像头,这使得工作负载和算法更加复杂。

4)环视摄像头

环视摄像头一般包括至少四个拍摄角度达150°的超广角摄像头来拍摄图像,捕捉车身前后约2 m范围内的影像,通过处理软件将畸变的影像输入到图像处理芯片中,经过软件处理后,采用无缝拼接技术,将完整的全景影像输出到显示屏,最后给用户呈现出一幅完整的鸟瞰图。通常四个摄像头布置在前后左右,比如比亚迪车型前方摄像头布置在前方BYD标志处,后方摄像头布置在装饰亮条处,左右摄像头分别布置在后视镜处。如图2-9所示。

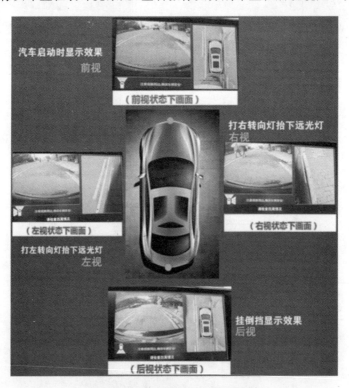

图2-9 环视摄像头及全景影像

2.2.2 视觉传感器工作原理

1. 车载摄像头的组成

车载摄像头主要的硬件结构包括光学镜头(包含光学镜片、滤光片、保护膜等)、图像传感器、ISP图像信号处理器、串行器、连接器等器件。其结构示意图如图2-10所示。

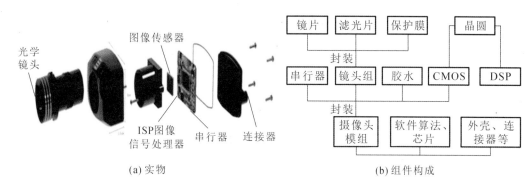

图 2-10 车载摄像头的构成

1) 光学镜头

光学镜头负责聚焦光线,将视野中的物体投射到成像介质表面,根据成像效果的要求不同,可能选用多层光学镜片。滤光片可以将人眼看不到的光波段进行滤除,只留下人眼视野范围内的实际景物的可见光波段。

2) 图像传感器

图像传感器可以利用光电器件的光电转换功能将感光面上的光像转换为与光像成相应比例关系的电信号。

图像传感器按其结构和元件不同可分为 CCD 电荷耦合器件传感器和 CMOS 互补金属氧化物半导体器件传感器,如图 2-11 所示。

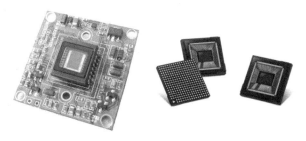

(a) CCD 图像传感器　　(b) CMOS 图像传感器

图 2-11 图像传感器的分类

(1) CCD　CCD 电荷耦合器件由高度光敏和高度敏感的半导体材料制成,将光转化为电荷,然后由模拟数字转换芯片转化为数字信号;CCD 型图像传感器具有低噪点水平,在非常黑暗的环境中工作良好。

(2) CMOS　互补金属氧化物半导体 CMOS 是由硅和锗制成的半导体,允许它们与含 N 和 P 的半导体相结合。这种材料对光辐射有很强的抵抗力,可以承受紫外线辐射而不影响其电性能。由这两种互补效应产生的电流可以被处理芯片记录并解释为图像。CMOS 型图像传感器质量好,可采用低压电源和简单的外围电路驱动。

CCD 与 CMOS 图像传感器的区别如表 2-1 所示。

表 2-1　CCD 和 CMOS 图像传感器的比较

传感器类型	CCD	CMOS
设计	单一感光器	感光器连接放大器
灵敏度	同样面积下灵敏度高	感光开口小,灵敏度低
解析度	连接复杂度低,解析度高	解析度低
噪点比	单一放大,噪点低	百万放大噪点高
功耗比	需外加电压,功耗高	直接放大,功耗低
成本	线路品质影响程度高,成本高	COMS 整合集成,成本低

3) ISP 图像信号处理器

ISP 图像信号处理器主要使用硬件结构完成图像传感器输入的图像视频源 RAW 格式数据的前处理,可转换为 YCbCr 等格式。还可以完成图像缩放、自动曝光、自动白平衡、自动聚焦等多种工作。

4) 串行器

串行器将处理后的图像数据进行传输,可用于传输 RGB、YUV 等多种图像数据。

5) 连接器

连接器用于连接、固定摄像头。

2. 图像传感器原理

目标物体通过镜头(LENS)生成光学图像投射到图像传感器上,光信号转变为电信号,再经过 A/D(模/数转换)后变为数字图像信号,最后送到 DSP(数字信号处理芯片)中进行加工处理,由 DSP 将信号处理成特定格式的图像传输到显示屏上进行显示。

完整的视觉传感器会配备一个或是多个图像传感器、光投射器和必要的辅助设备,在发挥作用之前,相关人员需要对视觉传感器进行设置,设置的目的是明确视觉传感器应该获取的图像的要求,这样,一旦获取图像,视觉传感器就会将它与设置的图像信息要求做出对比、分析,符合要求的图片会被保留下来,不满足要求的图片就会被放弃,拍摄图像的角度对视觉传感器没有影响,所以即使图像不完全在其视野内,视觉传感器仍会得到完整而清晰的图像。

1) CCD 成像原理

CCD 是一种电荷耦合器件,是一种对光敏感的电路装置,类似于传统相机的底片,可以认为是分散在光学镜头中的微小传感器颗粒。当光线和图像通过镜头投射到 CCD 表面时,CCD 产生电流,将光敏度转换为数字数据,并存储在相机内置的闪存卡上。CCD 像素数目越大,单一像素的尺寸越大,所采集的图像就越清晰。

CCD 图像传感器由三部分组成:一个微透镜、一个彩色滤光片和一个感光片。每个设备中的图像传感器由一个光电二极管和一个控制附近电荷的记忆单元组成。光电二极管用于捕获光子。光子被转化为电子,收集的光越多,产生的电子就越多,电子信号就越强,记录和存储图像就越容易,图像就越详细。CCD 传感器是由大量单独的光电二极管组成的特殊半导体材料,通常排列在一个相当于普通相机胶片的矩阵中。

2) CMOS 成像原理

在 CMOS 成像中,像素阵列首先被外部光线照亮,产生光电效应,在像素中产生相应的电荷。行选择逻辑块根据需要选择行的像素单元。每行的像素阵列由一个数据输入/输出模块、一个控制显示模块和一个附加的模拟信号处理电路组成。来自像素设备的图像信号通过适当的柱状信号总线传输到适当的模拟信号处理器和 A/D 转换器,并转换为数字图像信号输出。重组单元的一个逻辑块可以执行像素阵列的增量扫描或交替行扫描。行选择逻辑单元和列选择逻辑单元使用窗口提取功能来提取图像。模拟信号处理单元的主要功能是信号放大和信噪比校正。此外,为了获得高质量的实用相机,需要在芯片中加入各种控制电路,如曝光时间控制和自动增益控制。为了确保芯片的每个部分以一定的速度运行,应使用多个时间序列来控制信号。为了方便摄像机的使用,该芯片还应输出多个时间序列信号,如同步信号、线路启动信号、关机信号等。

CCD 和 CMOS 图像传感器原理有较大的差异,包括制造上的差异、工作原理的差异、视觉扫描方法的差异、感光度的差异、分辨率的差异和噪声的差异。

与 CCD 相比,CMOS 成像质量不如 CCD,但 CMOS 耗电较少(约占 CCD 芯片的 10%),体积较小,重量较轻,集成度较高,成本较低,迅速得到各大厂商的青睐。目前,除了专业摄像头外,大多数摄像头都使用 CMOS。

3. 视觉传感器的应用

视觉传感器主要应用于车道偏离预警、车道保持辅助、前向碰撞预警、行人碰撞预警、交通标志识别、盲区监测、夜视辅助、自动泊车辅助、全景泊车、驾驶员疲劳预警等,在泊车辅助系统的应用如图 2-12 所示,视觉传感器在智能网联汽车上的应用详见表 2-2 所示。

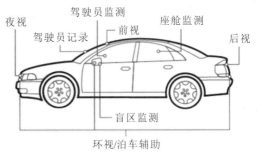

图 2-12 环视/泊车辅助系统

表 2-2 视觉传感器在智能网联汽车上的应用

高级辅助驾驶	摄像头	具体功能介绍
车道偏离预警	前视	当前视摄像头检测到车辆即将偏离车道线时发出警报
车道保持辅助	前视	当前视摄像头检测到车辆即将偏离车道线时通知控制中心发出指示,纠正行驶方向
前向碰撞预警	前视	当前视摄像头检测到与前车距离小于安全距离时发出警报
盲区检测系统	侧视	利用侧视摄像头将后视镜盲区的影像显示在后视镜或驾驶舱内
行人碰撞预警	前视	当前视摄像头检测到车辆前方的行人与车辆发生碰撞时发出警报
交通标志识别	前视、侧视	利用前视、侧视摄像头识别前方和两侧的交通标志
自动泊车辅助	后视	利用后视摄像头将车尾影像显示在驾驶舱内
全景泊车系统	前视、后视、侧视	利用图像拼接技术将摄像头采集的影像组成周边的全景图

续表

高级辅助驾驶	摄像头	具体功能介绍
驾驶员疲劳预警	内置	利用内置摄像头检测驾驶员是否疲劳、闭眼等
交通信号灯识别	前视	利用前视摄像头识别前方的交通信号灯

2.2.3 视觉传感器参数、特点及作用

1. 车载视觉传感器的关键参数

车载视觉传感器的关键参数包括以下几种。

(1) 探测距离。

(2) 水平视场角。

(3) 垂直视场角。

(4) 分辨率。分辨是指当摄像机摄取等间隔排列的黑白相间条纹时,在监视器(比摄像机的分辨率要高)上能够看到的最多线数,当超过这一线数时,屏幕上就只能看到灰蒙蒙的一片,而不再能分辨出黑白相间的线条。

(5) 最低照度。最低照度即图像传感器对环境光线的敏感程度,或者说是图像传感器正常成像时所需要的最暗光线。它是当被摄物体的光照逐渐降低时,摄像头的视频信号电平低于标准信号最大幅值一半时的景物光照度值。

(6) 信噪比。信噪比指输出信号电压与同时输出的噪声电压的比值。

(7) 动态范围。动态范围指摄像头拍摄的同一个画面内,能正常显示细节的最亮和最暗物体的亮度值所包含的区间。动态范围越大,过亮或过暗的物体在同一个画面中都能正常显示的程度也就越大。

2. 车载视觉传感器特点

车载视觉传感器具有以下特点:

(1) 视觉图像信息丰富,特别是彩色图像,不仅包括有关目标距离的视觉信息,还包括有关目标的颜色、质地、深度、形状等信息。车道线检测、车辆检测、行人检测、交通标志检测、红绿灯检测可以在视野范围同时进行。信息的可及性非常高,当多个智能网联汽车在同时运行时,它们不会相互干扰。

(2) 视觉 SLAM 允许通过摄像头同时定位和建图。

(3) 环境适应能力强。视觉信息是从场景的实时图像中提取的,它提供的信息不依赖于先验知识。有强大的环境适应能力。

(4) 多技术融合。视觉传感器可以与机器学习、深度学习等人工智能相结合,更好地进行检测。视觉传感器将扩展到智能网联汽车、无人驾驶汽车等领域。

(5) 精度越高,成本越低。视觉传感器的趋势是能够检测到越来越远的距离,与深度学习相结合,变得越来越有鉴别力。在未来几年,视觉传感器的最大探测范围可以达到 200~300 m,像素达到 200~800 万,与毫米波雷达相比,同时具有成本和图像探测优势。

3. 车载视觉传感器作用

在自动驾驶系统中车载视觉传感器的主要作用大致可以分为几类,如图 2-13 所示。

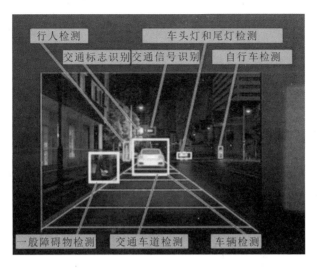

图 2-13　视觉传感器作用

（1）障碍物探测。使用双目或者三目摄像头检测障碍物。

（2）车道线检测。

（3）交通信号灯识别，交通标志识别。

（4）进行地图构建与辅助定位。

（5）探测识别交通参与者。包括车辆探测、行人探测、动物探测等交通参与者探测与识别。

2.2.4　计算机视觉算法

1. 基本工作流程

基本工作流程：图像输入→预处理→特征提取→目标识别。

图像输入即输入摄像头的数据，以每帧信息为基础进行检测、分类、分割等计算，最后利用多帧信息进行目标跟踪，输出相关结果。

预处理包括成帧、颜色调整、白平衡、对比度均衡、图像矫正等工作。

特征提取是在预处理的基础上提取出图像中的特征点。

目标识别的过程是基于特征数据的输出，运用到机器学习、神经网络等算法。对图像中的物体进行识别分类（人、车、交通标志等）。

2. 传统学习算法

传统机器学习算法中，通过图像特征描述子 SIFT、SURF、BRIEF 进行特征点提取和匹配，可用特征很多，包括角点、边缘点、暗区的亮点及亮区的暗点等。

3. 深度学习算法

目前各种车载自动驾驶摄像头里面用的图像识别类算法基本上都是 CNN 的结构，卷积神经网络。

卷积神经网络认知图像的过程其实跟人大脑认知图像的原理类似。大脑识别图像的过程其实是将图片在人脑的各级神经元抽象成各种小的元素，比如棱角、直线等，然后将这些元素所在的神经突触激活,最终信息传导下去形成认知。卷积神经网络模仿了这种图像识别的流程,通过卷积的各层将图像全部细节元素识别出来,形成最终的认知。

一个标准的 CNN 的网络结构是由卷积层、池化层、全连接层组成。每一层对应很多小的特征图(feature maps),特征图有宽度和高度,可以对应到图像的宽和高。如图 2-14 所示为卷积神经网络在自动驾驶视觉感知中的应用实例。

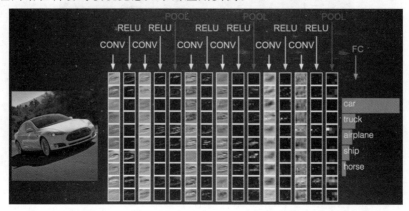

图 2-14　卷积神经网络在自动驾驶视觉感知中的应用

卷积层是 CNN 中的核心层,卷积层核心是一个滤波器。为简便起见,考虑一个大小为 5×5 的图像,和一个 3×3 的卷积核。这里的卷积核共有 9 个参数,记为 $\boldsymbol{\Theta}=[\theta_{ij}]_{3\times3}$。这种情况下,卷积核实际上有 9 个神经元,它们的输出又组成一个 3×3 的矩阵,称为特征图。第一个神经元连接到图像的第一个 3×3 的局部,第二个神经元则连接到第二个局部。具体卷积过程如图 2-15 所示。

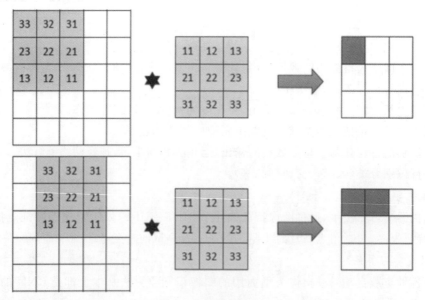

图 2-15　卷积过程示意图

池化(pool)即下采样(downsamples),目的是为了减少特征图。池化操作对每个深度切片独立,规模一般为 2×2,相对于卷积层进行卷积运算,池化层进行的运算一般有以下几种。

最大池化(max pooling):取 4 个点的最大值,这是最常用的池化方法。

均值池化(mean pooling):取 4 个点的均值。

高斯池化:借鉴高斯模糊的方法。

可训练池化:训练函数 f,接受 4 个点为输入,出入 1 个点。

最常见的池化层规模为 2×2,步幅为 2,对输入的每个深度切片进行下采样。每个最大池化操作对四个数进行,如图 2-16 所示。

全连接层的主要作用就是分类,假设知道具备猫的眼睛、尾巴这些元素就能识别出猫,如图 2-17 所示。全连接层一般作为整个神经网络的最后一层,将关键要素激活,帮助网络判断出最终的结果。

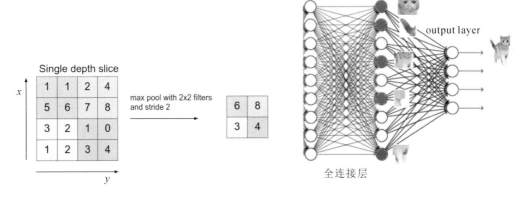

图 2-16　池化层示意图　　　　　图 2-17　全连接层示意图

2.3　激光雷达

2.3.1　激光雷达概述

激光雷达是一种使用激光作为光源和光电探测技术的主动遥感装置,是一种工作在光波段的雷达,利用光波段的电磁波向目标发射探测信号,接收相同的波信号,并与发射的信号进行比较,从而获得目标的位置(距离、方向、高度)、运动状态(速度、位置)等信息。目前激光雷达的分类标准有很多种,可以按照结构分类、光源技术分类以及技术原理分类,如图 2-18 所示。

常见的一种方式是按照内部有无旋转部件来划分,可以分为机械式激光雷达、混合式激光雷达以及固态激光雷达。

1. 机械式激光雷达

机械式激光雷达通过机械旋转实现激光扫描的激光雷达,激光发射部件在竖直方向上排布成激光光源线阵,可通过透镜在竖直面内产生不同指向的激光光束;在步进电动机的驱动下持续旋转,竖直面内的激光光束由"线"变成"面",经旋转扫描形成多个激光"面",从而实现探测区域内的 3D 扫描,如图 2-19 所示。

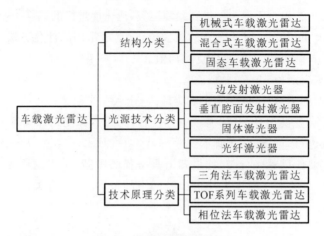

图 2-18　车载激光雷达分类

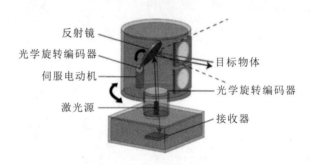

图 2-19　机械式激光雷达

优点:单点测量精度高;抗干扰能力强;可承受高激光功率。

缺点:垂直扫描角度固定;装调工作量大,体积大;长时间使用电动机损耗大。

2. 混合式激光雷达

混合式激光雷达将微机电系统(micro-electro-mechanical system,MEMS)与振镜结合形成 MEMS 振镜,通过振镜旋转完成激光扫描,驱动电路驱动激光器产生激光脉冲同时驱动 MEMS 振镜旋转,激光在旋转振镜的反射下实现扫描,经发射光学单元准直后射出。

优点:集成度高、体积小;元器件损耗低;芯片级工艺,适合量产。

缺点:高精度高频振动控制难度大;制造精度要求高;无法实现 360°扫描,需组合使用。

3. 固态激光雷达

固态激光雷达取消了机械扫描结构,水平和垂直方向的激光扫描均通过电子方式来实现,相比于 MEMS 激光保留"微动"机械结构,其电子化更彻底。

固态激光雷达主要包括光学相控阵(optical phased array,OPA)激光雷达和面阵闪光(flash)激光雷达两种。

1) 光学相控阵激光雷达

光学相控阵激光雷达是由若干发射接收单元组成一个矩形阵列,通过改变阵列中不同单元发射光线的相位差,达到调节发射波角度和方向的目的;激光光源经过光分束器后进入光波导阵列,在波导上通过外加控制的方式改变光波的相位,利用波导间的光波相位差来实现光束扫描。

优点：扫描速度快，一般可达到 MHz 量级以上；扫描精度高，可以做到 μrad 量级以上；可控性好，可以在感兴趣的目标区域进行高密度的扫描，这对于自动驾驶环境感知非常有用。

缺点：易形成旁瓣，影响光束作用距离和角分辨率，干涉效果易形成旁瓣，使得激光能量被分散；加工难度高，光学相控阵要求阵列单元尺寸必须不大于半个波长。

2）面阵闪光激光雷达

面阵闪光激光雷达采用类似相机的工作模式，运行时，直接发射出一大片覆盖探测区域的激光，随后由高灵敏度接收器阵列计算每个像素对应的距离信息，记录光子飞行的时间信息，从而完成对周围环境的绘制。

优点：无扫描器件，成像速度快；集成度高，体积小；芯片级工艺，适合量产。

缺点：激光功率受限，探测距离近；抗干扰能力差；角分辨率低；无法实现 360°成像。

2.3.2 激光雷达的工作原理

1. 激光雷达的组成

激光雷达系统通常由激光发射单元即光源、接收单元、控制单元、信号处理单元组成，如图 2-20 所示。

(a) 外部结构

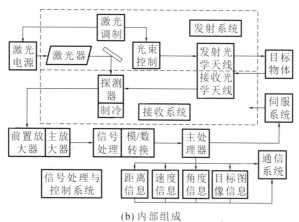

(b) 内部组成

图 2-20 激光雷达结构

1）发射单元

发射单元包括激光器、发射光学系统，其功能为发射激光束探测信号。

2）接收单元

接收单元包括接收光学系统、光学滤光装置、光电探测器，其功能为接收反射的激光信号即回波信号。

3）控制单元

控制单元包括控制器、逻辑电路，其功能为控制激光激发、信号接收及系统工作模式。

4）信号处理单元

信号处理单元包括信号处理部分、数据校准与输出部分，其功能为光电转换、信号分析、数据获取。

激光雷达硬件的核心是激光器和探测器，而软件的核心是信号处理算法。不同类型的激光雷达，其组成是有一定差异的。

2. 激光雷达的工作原理

激光雷达根据测量原理可以分为三角法激光雷达、脉冲法激光雷达、相干法激光雷达。

1）激光三角测距法

激光三角测距法主要是通过一束激光以一定的入射角度照射被测目标，激光在目标表面发生反射和散射，在另一角度利用透镜对反射激光汇聚成像，光斑成像在CCD位置传感器上。当被测物体沿激光方向发生移动时，位置传感器上的光斑将产生移动，其位移大小对应被测物体的移动距离，因此可通过算法设计，由光斑位移距离计算出被测物体与基线的距离值。由于入射光和反射光构成一个三角形，对光斑位移的计算运用了几何三角定理，故该测量法被称为激光三角测距法。三角测距法如图2-21所示。

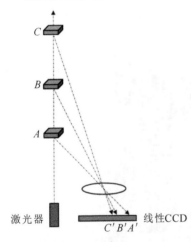

图2-21 三角测距法

按入射光束与被测物体表面法线的角度关系，激光三角测距法可分为斜射式和直射式两种。

2）脉冲测距法

使用脉冲计量法测量距离时，激光器首先发出一个光脉冲，然后计数器开始计数，当接收器收到从障碍物反射的光脉冲时停止。计数器所记录的时间是指从发射光脉冲到接收光脉冲的时间。光速是一个恒定值，所以在测量距离时，必须计算到达接收器的时间，如图2-22所示。如果 c 是光在空气中的传播速度，$c=3\times10^8$ m·s^{-1}，而从发送一个光脉冲到接收它的时间是 t，那么要测量的距离是 $L=c \cdot t/2$。

脉冲测距法测量长距离和高发射功率，功率通常在几瓦到几十瓦之间，最高距离可达几十千米。由于其测距精度高、分辨力强、抗干扰能力强且可远距离传输等优点而得到广泛应用。

3）相干测距法

相干测距法的基本原理是利用光波的干涉特性来实现距离测量的方法。这种测量方法在许多领域都得到了广泛的应用，根据干涉原理，当两个振动方向相同的光柱重叠在一起，并且两个光柱的相位差固定时,一束激光器通过分光镜发射成两个相干光波,每个都被反射镜 M1 和 M2 反射,在分光镜上聚合。由于光波之间的距离和干涉产生的明暗条纹的不同,传感器可以通过将干涉条纹转换成电信号来测量距离,相干测距法的测距原理如图 2-23 所示。

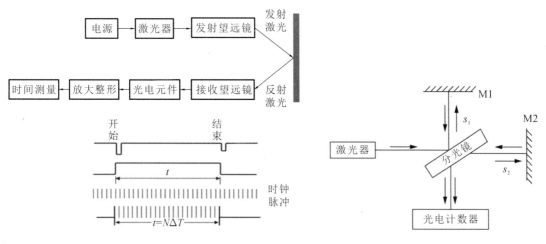

图 2-22 脉冲测距法的测距原理　　　　图 2-23 相干法的测距原理

相干测距法是用来测量距离精度的变化,而不是直接的距离。干涉式距离测量用于干涉仪、测振仪和陀螺仪。

3. 激光雷达的应用

少线束激光雷达主要用于智能网联汽车 ADAS,奥迪 A8L 安装的 4 线束激光雷达如图 2-24 所示,适用于自适应巡航控制系统、车道偏离预警系统、自动紧急制动系统、交通拥堵辅助系统等。

图 2-24　4 线束激光雷达

多线束激光雷达具有高精度的电子地图和定位、障碍物识别、可通行空间检测和障碍物轨迹预测等功能。

L4 和 L5 级别使用多线束激光雷达,360°发射激光,从而达到 360°扫描,获取车辆周围行驶区域的三维点云,通过比较连续感知的点云、物体的差异检测其运动,由此创建一定范围内的 3D 地图。精准定位和路径跟踪必须依靠激光雷达和高精度地图等。

2.3.3 激光雷达的参数、特点及作用

1. 激光雷达的关键参数

激光雷达参数很多,比如激光的波长、探测距离、FOV(垂直+水平)、测距精度、角分辨率、出点数、线束、安全等级、输出参数、IP防护等级、功率、供电电压、激光发射方式(机械/固态)、使用寿命等。下面主要介绍其中关键的六大参数,探测距离、探测精度、线束、探测视野(field of view,FOV)(垂直+水平)、角分辨率、出点数。

1) 探测距离

探测距离即激光雷达能够探测的范围。激光雷达的测距能力与被测物体的反射率相关。反射率就是射到目标物的激光能够被反射回来的比率。目标反射率越高,雷达能够检测到的有效回波就越多,能测量的距离就越远。所以探测距离一般和反射率一起出现,比如150m@10%,就是指在目标反射率为10%的情况下探测距离为150 m。

2) 探测精度

探测精度指探测距离的精确度,一般以厘米计,探测精度越高,3D景深刻画的越准。

3) 线束

激光雷达线束分为单线束和多线束。单线束激光雷达只有一个激光发射器,随着雷达转动形成一条水平扫描线,所以只能检测前方有没有障碍物。多线激光雷达在垂直方向有多个激光发射器,随着雷达转动形成多条水平扫描线,这样就能够扫描一个平面。

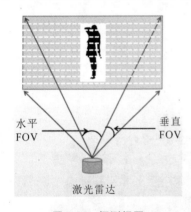

图 2-25 探测视野

4) 探测视野

探测视野如图 2-25 所示,包括水平和垂直两个方向,就像是我们打开手电筒照一面墙,光能覆盖的范围一样。机械式激光雷达能够360°旋转,所以水平FOV是360°。固态激光雷达的水平FOV会小一些。水平FOV越大,能够探测的范围越广。垂直FOV是指最上面一束激光和最下面一束激光形成的夹角,只对多线束激光雷达有用。

5) 角分辨率

角分辨率和FOV一样,也分为水平和垂直两个方向。水平分辨率是指左右两个扫描的激光点形成的夹角。由于激光雷达旋转,而激光发射器发射的是脉冲信号,所以射到目标物上面的是一个一个点。激光脉冲是固定频率的,所以水平方向的分辨率只和雷达旋转速度有关,只要速度足够慢,分辨率就可以很高,达到0.01°也很正常。但是扫描速度慢也会影响信息采集的速度。所以水平分辨率要和确定的扫描速度对应,扫描速度一般用频率来表示,即1秒扫描来回扫描多少次。

垂直分辨率是指上下两个线束形成的激光点的夹角。线束在垂直方向上不是均匀分布的,而是中间密集,上下稀疏,如图 2-26 所示。

6) 出点数

出点数即周期采集点数。比如,一个64线的激光雷达,水平FOV是120°,水平分辨

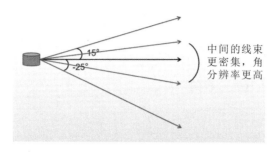

图 2-26　垂直分辨率

在 10 Hz 的扫描频率下是 0.2°。由此我们可以知道,激光一次打出 64 个点,扫描一次 120° 能打出 64×120/0.2=38400 个点,1 s 扫描 10 次,则 1 s 能打出 384000 个点。

2. 激光雷达的特点

激光雷达具有分辨率高、探测范围广、信息量大和全天候运作的特点。

激光雷达在角度、距离、速度等方面都可以达到极高的分辨率。一般来说,激光雷达的角分辨率可以达到 0.1 mrad,这意味着它可以在 3 km 的距离上分辨出距离为 0.3 m 的两个物体,并且可以同时跟踪多个目标,距离分辨率可以达到 0.1 m,速度分辨率可以达到 10 m/s,探测范围广,探测距离可达 300 m 以上,信息量丰富,诸如距离、角度、反射强度和速度等信息可以直接提取,以创建一个目标的多维图像。可以在任何天气条件下工作,主动式激光检测不依赖于外部照明条件或目标本身的辐射特性,而只是检测所发射的激光束的回波,发射自己的激光束并获取目标的信息。与毫米波雷达相比,产品体积大、成本高。另外,不易识别交通标志和交通信号灯。

3. 激光雷达主要作用

1) 构建高精度地图

车用激光雷达构建高精度地图的方案有以地图为中心和以汽车为中心两种。

(1) 地图为中心。激光雷达可以绘制高精度地图,Google 和百度等互联网企业的无人驾驶汽车的地图是以地图为中心。

(2) 以汽车为中心。对整车企而言,激光雷达产品要专为汽车量身定制。不同的汽车,对激光雷达产品有自己的要求,所以一般车企的地图采用的是以汽车为中心。

2) 车辆高精度定位

借助定位系统,车辆系统能够通过获得实时位置信息做出决策。但定位方式会受信号的干扰,特别是在经过城市建筑、隧道时信号容易中断。为获得精准位置,激光雷达采用比对车辆初始位置与高精地图信息。

首先,由惯性导航装置、全球定位系统和轮速等传感器提供车辆初始位置。其次,将激光雷达局部点云信息进行特征提取,结合初始位置获取全局坐标系下矢量特征。最后将矢量特征与高精地图特征信息进行匹配,获取精确的车辆位置。因此,相对其他车载传感器,激光雷达的定位精度及稳定性方面优势明显。

3) 障碍物识别及目标跟踪

激光雷达可不依赖光照进行实时扫描,扫描视角可达 360°,且计算量较小。

在扫描中先对障碍物(车、人、隔离带等)进行识别,从而获取该障碍物的空间位置。对障碍物分类、跟踪,则先通过分割点云关联目标,确认上下帧是否属于同一个物体,再进行目标跟踪,输出目标跟踪信息。

4) 测距

探测障碍物距离自动驾驶汽车的距离。

2.3.4 激光雷达算法

车载激光雷达应用算法可分为三类:点云分割算法、目标跟踪与识别算法、即时定位与地图构建算法(SLAM)。

1. 点云分割算法

点云分割是依据数据点间距和密度等特性,将点云划分为独立子集的过程。理想情况下,每个子集均将用于一个实际存在的目标物体,且包含物体的几何与位姿特征。精确的点云分割是后续目标跟踪与识别的重要前提。

根据实验原理不同,点云分割方法主要分为投影法与聚类法两类非模型分割法。

根据投影方向的不同分为地面投影法和虚拟像平面投影法两类。地面投影法首先将点云投影至俯视平面,再利用栅格地图法进行处理。较为典型的栅格地图处理法为栅格高度差法,该方法计算投影至每个栅格的点云高度差值,通过与经验阈值比较初步将栅格划分为障碍物和地面两类,最后通过对障碍物栅格聚类来检测目标物体;实现过程简单高效,且在栅格基础上有利于进行多传感器融合。但栅格单元参数无法自适应调节,容易造成过分割与欠分割。虚拟像平面投影将点云投影至以激光雷达旋转轴为中心的虚拟圆柱体上,生成用像素值表示数据点至激光雷达距离的深度图像。计算机图形学的深度图像法仅适用于噪声少、环境几何模型简单的点云数据,难以应用在智能驾驶车行驶的复杂环境中。

用于点云分割中的聚类法经典算法有 K-means 聚类、DBSCAN 聚类、迭代自组织数据分析算法(ISODATA)等。K-means 聚类原理简单、易于实现,但需要指定聚类数量。DBSCAN 聚类可对任意形状的稠密数据集进行聚类,解决了 K-means 对初始值和异常值敏感的问题,但调参更加复杂,且当样本数据集较大时,聚类收敛时间较长。ISODATA 算法在 K-means 算法的基础上增加对聚类结果的合并和分裂操作,有效解决了聚类数量需预先设定的问题,但设定的额外参数过多,难以指定合理值。

2. 目标跟踪与识别算法

通过在单线激光雷达数据中提取人腿部的几何特征来检测行人,使用倒立摆模型和扩展卡尔曼滤波器计算行人迈步频率和幅度,实现了在雷达运动过程中对多行人目标的检测与跟踪。但此方法主要针对室内场景下的二维激光雷达数据,若与三维点云特征结合,计算效率将难以保证。

栅格单元级目标检测与跟踪方法是建立在环境占据栅格图基础之上的,可避免物体级跟踪方法中数据关联错误的问题,代表性的方法为贝叶斯占领滤波器,即使用贝叶斯滤波器完成被测目标所在栅格的状态参数估计。

基于车载激光雷达点云数据的分类与识别通过点云特征提取实现,一般认为具有相似特征的点云同属于一个特定的类别。其方法根据特征提取时计算尺度的不同分为两类:基于全局特征提取的方法与基于局部特征提取的方法。基于全局特征的目标识别与分类方法在整个目标尺度上进行特征计算,用一个向量来描述目标的几何属性。常用的全局特征为视点特征直方图(view feature histogram,VFH)。VFH 源于快速点特征直方图(fast point feature histogram,FPFH),由扩展 FPFH 分量和视点特征分量组成。扩展 FPFH 使得 VFH 具有较快的特征提取速度和较强的识别力,视点变量的加入使得 VFH 在保持特征缩放不变性的同时具有位姿特异性。

3. 即时定位与地图构建

即时定位与地图构建技术指的是搭载特定传感器的主体,在未知环境中运动时,同时完成对环境的建模和对自身运动的估计。根据搭载的主体传感器的不同,大体分为两类:基于视觉传感器的视觉 SLAM 和基于激光雷达的激光 SLAM。

用于实现激光 SLAM 的技术主要包括概率滤波器和图优化两种。基于概率滤波器的激光 SLAM 算法通过计算激光雷达和环境中路标点位姿的概率分布完成定位和建图。基于图优化的激光 SLAM 算法将累积的定位误差建模为非线性最小二乘问题,用图模型表达该问题的优化关系并迭代计算使误差最小化的位姿最优解。

2.4 毫米波雷达

2.4.1 毫米波雷达概述

毫米波是指波长在 1～10 mm 之间的电磁波,对应的频率范围在 30～300 GHz 之间。毫米波雷达是在毫米波频段工作的雷达,通过发射和接收高频电磁波探测目标,后端信号处理模块利用回波信号计算出目标的距离、速度和角度等信息。毫米波雷达是智能网联汽车的核心传感器之一,主要用于先进驾驶辅助系统的自适应巡航控制、自动紧急制动、前向碰撞预警、盲区监测、变道辅助、车辆检测和行人检测等,如图 2-27 所示。

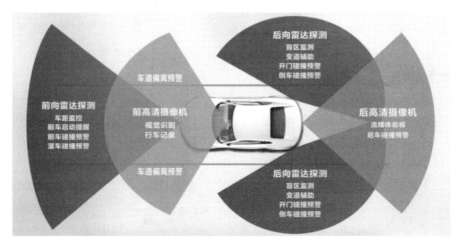

图 2-27 毫米波雷达的应用范围

当前毫米波雷达按探测距离可分为近距离(SRR)、中距离(MRR)和远距离(LRR)毫米波雷达。近距离毫米波雷达一般探测距离小于 60 m,中距离毫米波雷达一般探测距离为 100 m 左右,远距离毫米波雷达探测距离一般大于 200 m。

毫米波雷达根据使用的毫米波波段可分为 24 GHz、60 GHz、77 GHz 和 79 GHz 毫米波雷达类别。现有的主要频段是 24 GHz 和 77 GHz。其中 24 GHz 适用于近距离检测,77 GHz 适用于中、远距离探测,如图 2-28 所示。

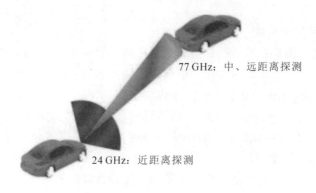

图 2-28　毫米波雷达不同波段适用的探测距离

根据辐射电磁波方式不同,毫米波雷达主要有脉冲机制以及连续波机制两种方式。其中连续波又可以分为 FSK(频移键控)、PSK(相移键控)、CW(恒频连续波)、FMCW(调频连续波)等方式。

2.4.2　毫米波雷达工作原理

1. 毫米波雷达的组成

毫米波雷达主要由发射机、接收机、信号处理器及天线组成,如图 2-29 所示,发射机透过内置天线向外发射毫米波。接收机接收由信号处理器处理的目标反射信号,并能迅速、准确地捕捉有关汽车环境的信息(例如汽车与其他物体的距离、相对速度、角度及行驶方向),然后根据所侦测到的物体车身动态信息,追踪和识别目标。在做出合理的决定后,通过声音、灯光、触觉等方式及时通知或警告驾驶人,或主动干扰车辆,以确保车辆的安全和舒适,降低事故发生率。

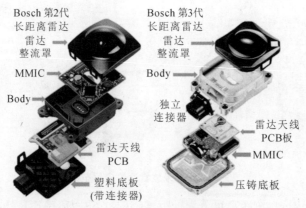

图 2-29　毫米波雷达组成

毫米波雷达的硬件核心是前端单片微波集成电路 MMIC 和天线 PCB，FMCW 雷达目前是最常用的车载毫米波雷达。

毫米波雷达的关键部件前端单片微波集成电路 MMIC 具有电路损耗低、噪声低、频带宽、动态范围大、功率大、抗电磁辐射能力强等特点。它包括多种功能电路，如低噪声放大器（LNA）、功率放大器、混频器、检波器、调制器、压控振荡器（VCO）、移相器等。

雷达天线高频 PCB：天线是汽车毫米波雷达有效工作的关键设计之一，同时也是毫米波车用雷达能否赢得市场的关键。毫米波雷达天线的主流方案是微带阵列，简单说将高频 PCB 集成在普通的 PCB 基板上实现天线的功能，需要在较小的集成空间中保持天线足够的信号强度。

2. 毫米波雷达的工作原理

毫米波雷达利用多普勒效应，通过信号源向目标发射毫米波信号，并分析发射信号的频率与反射信号的频率之间的差异来确定目标的范围和速度，准确测量目标相对于毫米波雷达的远近和速度。

毫米波雷达使用一个发射器模块发射毫米波信号。当发射的信号接触到一个目标时，目标的反射会产生一个回声信号；当目标与毫米波雷达信号发射源之间存在相对运动时，除了时间差外，发射机与接收机之间会产生多普勒频率，如图 2-30 所示。

毫米波雷达测量的距离和速度见式（2-1）和式（2-2）所示：

$$s = \frac{c\Delta t}{2} = \frac{cT f'}{4\Delta f} \tag{2-1}$$

$$u = \frac{cf_d}{2f_0} \tag{2-2}$$

式中：s 为相对距离；u 为相对速度；c 为光速；f_0 为发射信号的中心频率。

如果毫米波雷达的发射天线发射毫米波信号，被跟踪目标的方位角可以从同一发射天线反射的信号与毫米波雷达的接收天线接收的信号的相位差来计算。方位角测量原理如图 2-31 所示。

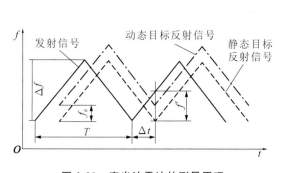

图 2-30 毫米波雷达的测量原理

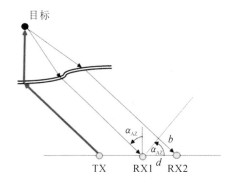

图 2-31 毫米波雷达测量目标方位角

毫米波雷达的发射天线 TX 向目标发射毫米波，而两个接收天线 RX1 和 RX2 则接收从目标反射的信号。方位角 α_{AZ} 是通过毫米波雷达接收天线 RX1 和接收天线 RX2 之间的几何距离 d，以及两根毫米波雷达天线所收到反射回波的相位差 b，然后通过三角函数计算

得到方位角 α_{AZ} 的值，见式(2-3)，就可以知道被监测目标的方位角：

$$\alpha_{AZ} = \arcsin\frac{\lambda b}{2\pi d} \tag{2-3}$$

由于毫米波雷达具有监测目标的位置、速度和方位角的优势，再结合毫米波雷达较强的抗干扰能力，可以全天候稳定工作，因此毫米波雷达成了智能网联汽车核心传感器之一。

3. 毫米波雷达的应用

毫米波雷达技术在智能网联汽车中的应用主要包括自适应巡航系统、前向碰撞预警系统、自动制动辅助系统、盲区监测系统、变道辅助系统和其他高级驾驶辅助系统等。

自适应巡航系统是一种辅助驾驶功能，它可以按照设定的速度或距离跟随车辆行驶，也可以根据设定的速度主动控制车辆自身的行驶速度，最终使车辆与前面的车辆保持安全距离，最大的优点是可以有效解放驾驶员的脚，提高驾驶的舒适性。基于毫米波雷达的自适应巡航系统如图 2-32 所示。

前向碰撞预警系统是利用毫米波雷达及前置摄像头，持续监测前方车辆，以确定车辆与前方车辆之间的距离、方向及相对速度。该系统可侦测前方可能发生碰撞的危险。当驾驶者未能采取制动措施时，仪表会显示报警信息，并发出清晰的警告，提醒驾驶者采取应对措施。基于毫米波雷达的前向碰撞预警系统如图 2-33 所示。当判断即将发生事故时，系统会自动干预制动系统，以防止或减少事故风险。

图 2-32　自适应巡航系统

图 2-33　前向碰撞预警系统

自动制动辅助系统使用毫米波雷达来测量与前方车辆或障碍物的距离，然后使用数据分析模块将测量的距离与警告和安全距离进行比较。如果警告距离小于安全距离，即使驾驶员尚未踩下制动踏板，该系统也会激活并自动实施制动。基于毫米波雷达的自动制动辅助系统如图 2-34 所示。

研究显示，90% 的交通事故是驾驶员分心造成的，自动制动辅助技术可将追尾碰撞减少 38%。无论是城市道路(限速 60 km·h^{-1})还是郊区道路，都取得了显著成效。

盲区监测系统根据毫米波雷达确定移动物体所处的相对位置及移动物体与本车的相对速度，当处于本车的盲区范围内，及时提醒驾驶员注意变道出现的风险。基于毫米波雷达的盲区监测系统如图 2-35 所示。

图 2-34 自动制动辅助系统

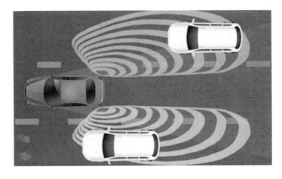
图 2-35 盲区监测系统

变道辅助系统使用的传感器有毫米波雷达、摄像头等,通过对车辆的相邻车道和车辆后部进行探测,获取车辆的侧、后方物体的运动信息,并根据车辆的现状进行判断,最后通过声光提醒驾驶员,使驾驶员能够掌握最佳变道时间,防止交通事故的发生,对倒车事故也有较好的预防效果。

变道辅助系统包括盲区监测、变道预警、后向碰撞预警等,能够有效预防变道、转弯、后方追尾等交通事故的发生,大大提高汽车变道操作的安全性能。基于毫米波雷达的变道辅助系统如图 2-36 所示。

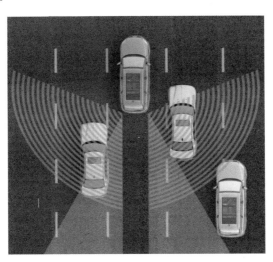
图 2-36 变道辅助系统

2.4.3 毫米波雷达参数、特点及作用

1. 毫米波雷达的关键参数

毫米波雷达系统的系统性能关键参数包括最大工作距离、距离分辨率、距离精度、最大探测速度、速度分辨率、测速精度、视角范围、角分辨率和角精度。通过理解这些参数的组成,能够帮助我们设计雷达系统参数。

1) 最大工作距离

雷达的最大工作距离常通过雷达方程来计算,与发射功率 P_t,天线增益 G_a,目标 RCS,

接收机灵敏度 SNR_{det} 等参数相关。

2）距离分辨率

在雷达图像中,当两个目标位于同一方位角,但与雷达的距离不同时,二者被雷达区分出来的最小距离则是距离分辨率。雷达的距离分辨率是由脉冲的宽度决定的,也就是说,可以通过减小脉冲宽度以达到期望的距离分辨率,这需要较大的带宽。

3）距离精度

距离精度用于描述雷达对单个目标距离参数估计的准确度。它是由回波信号的信噪比 SNR 决定的。

4）最大探测速度

目标速度是通过提取线性调频之间的相位差（多普勒频率）来计算的。

5）速度分辨率

速度分辨率表示速度维区分两个同一位置的目标的能力。

6）测速精度

测速精度表示测量单目标的速度测量精度,取决于信噪比。

7）探测视角范围 FOV

探测视角范围通过 RX 天线间的接收信号相位差（由波程差引起）来计算。

8）角分辨率

雷达的方位角分辨率一般指水平角分辨率。雷达在角度上区分邻近目标的能力,通常以最小可分辨的角度来度量。雷达的角分辨率取决于雷达的工作波长 λ 和天线口径尺寸 L,约为 $\lambda/(2L)$。

9）角精度

角精度用于描述雷达对单个目标方位角估计的准确度。

2. 毫米波雷达的特点

1）探测距离远

毫米波雷达可以探测 200 m 以上的距离。

2）探测性能好

毫米波波长短,车辆在路上通常会有金属目标,这就产生了强烈的电磁反射,所以它们的探测不受颜色或温度的影响。

3）响应速度快

毫米波传播速度和光速一样快,而且很容易通过高速信号处理系统进行调节,以快速测量目标的距离、速率和角度。

4）适应能力强

毫米级材料具有高渗透性,可以在雨、雪和雾等恶劣天气条件下运行。

5）抗干扰能力强

毫米波雷达一般在高频段工作,而环境噪声和干扰主要在低频区,所以毫米波雷达的正常工作基本不受影响。

6）易受杂波影响

毫米波雷达利用目标对电磁波的反射来检测和定位目标,杂波环境往往会给毫米波雷达的感知带来误报。

7) 有盲区

毫米波雷达覆盖区域呈扇形,有盲点区域。

8) 识别受限

毫米波雷达无法识别交通标志和交通信号灯,无法识别道路标线。

3. 毫米波雷达的作用

毫米波雷达主要有三种测量能力:测量距离目标车辆(物体)的能力,测量方位角能力,测量径向速度的能力。

2.4.4 毫米波雷达算法

目前的车载毫米波雷达对于探测到的回波数据直接使用平面探测数据,或者进行毫米波数据探测计算,根据车辆运动的特征情况,形成毫米波雷达报警信号。目前报警信号分为两种。

第一种为阈值报警,当达到一定的距离时,信号进行报警,此种报警方式较为简单,同时存在误报及预测不足的可能性。第二种为系统内部计算的校验,毫米波雷达内部存有芯片,当收到多目标的扫描信号后,对信号进行分析,分析出自主的影响较大的主目标信号,排除杂扰信号,再将主副信号进行速度及距离的联合计算,形成低级别的报警及信号预测。

基于点迹进行报警处理,数据处理相对较为简单,主要步骤为对信号处理产生的原始点迹数据先进行单点报警处理,对满足单点报警的目标点迹进行滑窗统计,当满足滑窗规则 n/m(m 为滑窗最大门限,n 为报警点迹数量)时形成雷达报警。

由于数据处理相对简单,所以雷达报警响应更快。若信号处理产生点迹质量不高,则需进行较多虚警处理,以提高雷达报警准确率。在虚警处理时需要更多考虑目标的运动特征。

分析数据之间的关联性,及目标数据在滑窗期间的变化规律。此种数据处理方式主要应用在级别较低的驾驶辅助系统,对盲区内目标数量不做具体要求,当目标处于盲区满足报警规则即可形成雷达报警。

雷达航迹处理主要步骤:雷达数据处理系统在获取信号处理产生的点迹数据后,进行航迹数据关联、航迹起始、航迹滤波与预测、航迹管理与维持。

航迹处理的输入是经过坐标转换和点迹凝聚处理的一批原始点迹,将所有点迹与已有航迹进行相关处理,落入航迹的相关波门的点迹即与航迹相关成功,通过航迹滤波与预测,选择属于该航迹目标点的概率最大的点迹,若找到该点迹,对航迹进行更新处理。若出现没有和所有航迹相关的点迹,则可能是新航迹点。若是新航迹点,利用航迹起始算法进行航迹起始。若不是新航迹点又不是已有航迹的目标点,则可能是还未起始成功的旧航迹目标点,航迹重现输出。若上述所有情况都不是,则把该点迹作为"非关联点迹"缓存到航迹数据库,进行下一步判断。

航迹处理的基本功能是循序渐进的,是对雷达当前观测周期点迹的归属进行分类,其中的关键技术主要是点迹与航迹相关、航迹滤波与预测,以及航迹起始。

1. 毫米波二维像的生成算法

目前现行的毫米波雷达频段为 77~81 GHz,较高的频率能够使毫米波雷达获得更高的分辨率,利用毫米波对于 X 向回波的信号解析,测算出准确的目标距离,精度可以在

10 cm 以内。

同时利用毫米波雷达左右两侧的雷达回波天线,形成左右侧回波差,回波差经过计算得出相位差,利用相位差可以得到左右侧距离差,即角分辨率。同时利用探测物运动形成的多普勒效应,可以准确计算出物体的移动速度。形成多普勒像,最终得到物体的运行速度和分布图像。

高级的毫米波雷达辅助驾驶系统要求车载毫米波雷达同时跟踪道路上多个范围内目标,同时前向毫米波雷达需要跟踪车辆正前方不同的目标物,并对不同状态的目标物进行标记与跟踪,所以目前的毫米波雷达都是使用平面扫描模式,平面扫描也会导致适用范围受限,无法还原三维的点云效果,同时无法进一步提升传感器的使用范围。

2. 3D 图像扫描算法

现在车用的雷达传感器希望能够扫描三维的点云数据,但基于现有的收发系统多进多出(MIMO)是为了极大地提高信道容量,在发送端和接收端都使用多根天线,在收发之间构成多个信道的天线系统。

MIMO 系统的一个明显特点就是具有极高的频谱利用效率,在对现有频谱资源充分利用的基础上通过利用空间资源来获取可靠性与有效性两方面增益,其代价是增加了发送端与接收端的处理复杂度。

使用 MIMO 技术可以利用天线有效提高频谱扫描效率。利用现有的毫米波射频芯片,采用 MIMO 阵列天线原理,利用 X、Y、Z 平面不同射频天线,回波相位差实现 3D 数据扫描。

3. 4D 毫米波雷达成像算法

4D 毫米波雷达结合 MIMO 天线技术,利用电磁超材料对毫米波传输的精准有序调控,使雷达能够测量目标物体的 3D 坐标+1D 速度。最终可满足全天候工作、长距离探测、立体空间扫描等功能,除具备传统毫米波雷达平面扫描功能外还可以实现 16 线激光雷达立体点云成像效果。最终成品造价约为目前 8~16 线激光雷达的 5%~10%,并可在任何天气环境情况下工作,同时长距离(>150 m)扫描、车规级耐用度等方面均具有明显优势。

4D 毫米波雷达第一次实现了四个维度的环境感知,包括距离、水平和垂直定位以及速度,从而实现毫米波雷达从传统的辅助感知到未来的核心感知组件。由于较宽的视场角,4D 毫米波雷达可以探测到路边的障碍物(通常,传统雷达近限于可行驶区域),还能探测到较小的目标,比如矿泉水瓶、轮胎碎片等,以及被遮住一部分的行人或骑行者。也可以确定它们是否在移动,向哪个方向移动,此外基于多传感融合,可以将摄像头和激光雷达"引导"到潜在风险区域,可大大提高安全性能。

2.5 超声波雷达

2.5.1 超声波雷达概述

声波是通过气体、液体或固体传播的弹性波。它以空气为介质,当声压与声速之比大于 1 时称为纵波。当波速小于等于 $0.5 \text{ cm} \cdot \text{s}^{-1}$ 时称为横波。声波由于传播速度极快而被广泛用于测量物质的速度。声波按频率可分为次声波和超声波。

超声波雷达,也称超声波换能器,是一种利用超声波换能器的特性,将交流电信号转换成声信号,或将外部声场的声信号转换成超声波频率范围内的电信号的能量超声波装置。超声波雷达在汽车上经常用于倒车,所以也称倒车雷达,如图2-37所示。

超声波雷达主要用于停车辅助和自动泊车,可以分为驻车辅助传感器(ultrasonic parking assistant,UPA)超声波雷达和自动泊车辅助传感器(automatic parking assistant,APA)超声波雷达两种类型。

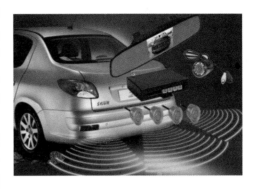

图 2-37　倒车超声波雷达

1. UPA超声波雷达

UPA超声波雷达安装在汽车前后保险杠上,用于测量汽车前后障碍物。UPA探测距离一般在15~250 cm之间,感测距离较短,但是频率较高,为58 kHz,精度高。

2. APA超声波雷达

APA超声波雷达安装在汽车侧面,用于测量侧方障碍物距离,其探测距离一般在30~500 cm之间,感测距离较长,但是频率较低,为40 kHz,精度一般。

一套倒车雷达系统需要在汽车后保险杠内配备4个UPA超声波传感器,自动泊车系统需要在倒车雷达系统基础上,增加4个UPA和4个APA超声波传感器,构成前4(UPA)、侧4(APA)、后4(UPA)的布置格局。

2.5.2　超声波雷达工作原理

1. 超声波雷达的组成

超声波雷达由发射头(器)、接收头(器)、数据线和拨码开关组成,如图2-38所示。发射头和接收头安装在有效探测距离内的同一表面上,发射头发射一定频率的超声波,当其与探测表面接触时,会发生部分反射;接收器接收到的超声波,芯片记录下超声波的移动时间并计算出距离值;数据线将数据传输给控制单元。不同用途的超声波雷达,内部结构是有一定差异的。

2. 超声波雷达工作原理

超声波雷达的测距原理如图2-39所示,超声波脉冲从超声波发射器通过介质(空气)传输到障碍物的表面,然后反射回接收器。测量发射和接收超声波脉冲所需的时间,根据介质中的声速计算出探头和障碍物表面之间的距离。设探头到障碍物表面的距离为L,空气中超声波的传播速度为v(约为340 m·s^{-1}),从发射到接收所需的传播时间为t,当发射头和接收头之间的距离远小于探头到障碍物之间的距离时,则有$L=vt/2$,所以只要能测量传播时间,就能得到测量的距离。

3. 超声波雷达的应用

超声波能量消耗低,在介质中的距离相对较远,穿透性强,技术成熟稳定,并且超声波雷达价格只有几十到几百元人民币。因此超声波雷达除了可以用于障碍物检测外,还可以在

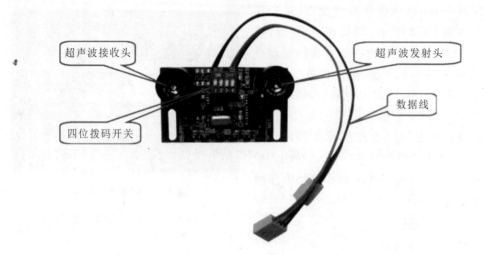

图 2-38 超声波雷达的组成

无人驾驶中有多种应用。通常应用于以下三个场景:倒车雷达测距、泊车库位检测和高速横向辅助。

博世公司的超声波雷达用于停车辅助系统、侧边距报警系统和侧向辅助系统如图 2-40 所示。

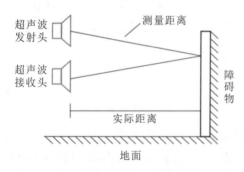

图 2-39 超声波雷达的测距原理

图 2-40 超声波雷达的应用

2.5.3 超声波雷达参数、特点及作用

1. 超声波雷达关键参数

超声波雷达探头的主要参数如下。

1)工作频率

工作频率是压电晶片的共振频率。当加到它两端的交流电压的频率和晶片的共振频率相等时,输出的能量最大,灵敏度也最高,目前多采用 40 kHz 的工作频率。

2)发射声压级

发射声压级用于表征超声波的发射强度,声压级以符号 SPL 表示。

3)波束角度

由于波的固有特性,声波的散射导致波束以一定角度向外发射。波束角度指以传感器中轴线的延长线为轴线,由此向外,至能量强度减少一半(-3dB)处。超声波传感器在发射超声波时沿传感器中轴线的延长线(垂直于传感器表面)方向上的超声射线能量最大。由此向外其他方向上的声波能量逐渐减弱。

波束角度越大则超声波方向性越差,横向侦测区域增加,但纵向侦测区域由于超声波能量的发散会相应减少,同时会增加照射大地的风险。

4) 接收灵敏度

接收灵敏度表征探头在声波的激励下发生共振并产生电信号的能力,其值的高低取决于制造晶片本身。机电耦合系数大,则接收灵敏度高。将待测灵敏度 $S(\text{V/Pa})$ 与参考灵敏度 $S_{\text{ref}}(\text{V/Pa})$ 的比值取常用对数,再乘以 20 得到。

5) 余振

如果探头在余振期间接收到被障碍物反射回来的回波信号,回波将与余振混在一起而无法区分。

6) 感度

感度是压电晶片转换出来的电信号通过放大、滤波、整形后得到数字信号。感度表明系统检测回波信号的能力,不仅与接收灵敏度有关,而且与放大、滤波、整形等电路有关。感度越大,则侦测能力越强。

2. 超声波雷达特点

超声波雷达的特点如下:频率都相对固定,如汽车上用的超声波雷达频率有 40 kHz、48 kHz 和 58 kHz 等,频率不同,探测的范围也不同。结构简单,体积小,成本低,信息处理简单可靠,易于小型化、集成化,灵敏度较高。抗环境干扰能力强,对天气变化不敏感。在室内、黑暗条件下使用。探测距离短,一般为 3~5 m,因此应用范围受到限制。适合于低速,在速度很高的情况下测量距离具有一定的局限性。超声波有一定的扩散角,因此只能测量距离,不能测量方位;所以只能在低速时使用,而且必须在汽车的前、后保险杠不同方位上安装多个超声波雷达。对于低矮、圆锥、沟坎或者过细的障碍物,超声波雷达不容易探测到。超声波的发射信号和余振的信号都会对回波信号造成覆盖或者干扰,因此在小于某一距离后就会丧失探测功能,这就是普通超声波雷达的探测有盲区的原因之一;若在盲区内,则系统无法探测障碍物。因此,比较好的解决办法是在安装超声波雷达的同时安装摄像头。

2.6 传感器融合技术

2.6.1 传感器融合概述

在自动驾驶汽车中,传感器融合是融合来自多个传感器数据的过程。该步骤在机器人技术中是强制性的,因为它提供了更高的可靠性、冗余性以及最终的安全性。

为了更好地理解,让我们考虑一个简单的例子。如激光雷达和摄像头都在检测行人,如果两个传感器中的一个没有检测到行人,我们将使用另一个传感器作为冗余来增加检测到行人的机会。如果两个传感器都检测到了行人,传感器融合技术将使我们更准确地知道行人的位置。

由于传感器是有噪声的,因此需要传感器融合算法来处理这些噪声,并尽可能进行最精确的估计。智能驾驶汽车中,传感器融合通常指车载摄像头、毫米波雷达、激光雷达以及超声波雷达传感器数据的融合,形成优劣势互补,为决策提供可靠准确的环境信息。如图2-41所示为各类传感器布置特征。

图 2-41 智能驾驶汽车融合传感器布置

在融合传感器时,我们实际上是在融合传感器数据,通常可以有三大类9种方法构建数据融合算法。

1. 按抽象级别进行传感器融合

最常见的融合类型是抽象级别的。在这种情况下,问题是"应该什么时候进行融合",通常分为低级(low-level)、中级(mid-level)和高级(high-level)传感器融合。

低级融合:低级传感器融合是融合来自多个传感器的原始数据。例如,融合来自激光雷达的点云数据和来自摄像头的像素级数据,如图2-42所示。

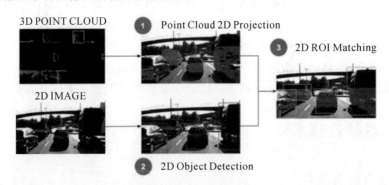

图 2-42 点云与图像低级融合

在此过程中使用了对象检测,但真正完成这项工作的是将3D点云投影到图像中,然后将其与像素关联起来。

中级融合:中级传感器融合是将传感器独立检测到的物体进行融合。如果摄像头检测到障碍物,雷达也检测到它,我们把这些结果融合到一起形成对障碍物的位置、类别和速度的最佳估计。通常使用的方法是卡尔曼滤波法(贝叶斯算法)。中级传感器融合示例如图2-43所示。

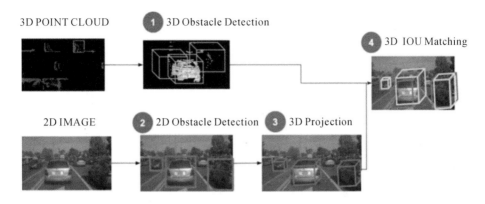

图 2-43 点云和图像中级数据融合

在此示例中,我们将来自激光雷达的 3D 边界框与来自对象检测算法的 2D 边界框融合在一起。该过程有效且可以逆转。可以将 3D 激光雷达的结果映射到 2D 中,并在 2D 影像中进行数据融合。

高级融合是融合对象及其轨迹。高级融合不仅依赖于检测,还依赖于预测和跟踪。毫米波雷达和摄像头之间按抽象级别的数据融合如图 2-44 所示。

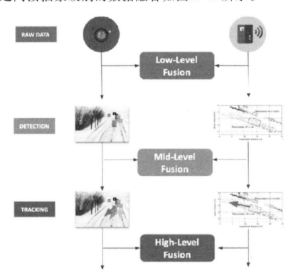

图 2-44 毫米波雷达和摄像头高级融合

2. 中心化级别的传感器融合

融合算法的第二类方法是按中心化级别来区分的。这类方法的关键点是"融合在哪里发生"。中央处理平台可以完成融合,其他每个传感器也可以各自进行检测和融合。另外,还有一些方法使用卫星架构的技术进行数据融合。

中心化融合:一个中央单元处理融合(低级别)。

去中心化融合:每个传感器处理数据、融合数据,并将其转发到下一个模块。

分布式融合:每个传感器在本地处理数据并将其发送到下一个模块进行融合(后期融

合)。

3. 竞争级别的传感器融合

竞争级别的传感器融合指按竞争级别对传感器融合算法。竞争级别的传感器融合的问题是"融合应该做什么",同样有三种算法。

竞争融合:指传感器用于相同目的融合。例如,当同时使用毫米波雷达和激光雷达来检测行人时,这里发生的数据融合过程称为冗余。

互补融合:指使用不同的传感器观察不同的场景来获取我们使用其他方式无法获得的信息。例如,使用多个摄像头构建全景图。由于这些传感器相互补充,所以其融合过程称为"互补"。

协同融合:是关于使用两个或更多传感器来产生一个关于同一个对象的新场景。例如,使用 2D 传感器进行 3D 扫描或 3D 重建。

2.6.2 传感器融合的方案

1. 激光雷达与视觉传感器融合

激光雷达和视觉传感器融合是一个经典方案。在无人驾驶应用中,视觉传感器价格便宜,但是受环境光线影响较大,可靠性相对较低;激光雷达探测距离远,对物体运动判断精准,可靠性高,但价格高。视觉传感器可进行车道线检测、障碍物检测和交通标志的识别,激光雷达可进行路沿检测、动态和静态物体识别以及定位和地图创建。对于动态的物体,视觉传感器能判断出前后两帧中物体或行人是否为同一物体或行人,而激光雷达则可以在得到信息后测算出前后两帧时间间隔内物体的运动速度和运动位移。

视觉传感器和激光雷达分别对物体进行识别后,再进行标定。对于安全性要求 100% 的无人驾驶汽车,激光雷达和视觉传感器融合将是未来的发展趋势。

2. 激光雷达和毫米波雷达融合

毫米波雷达已经成为 ADAS 的核心传感器,它具有体积小、质量轻和空间分辨率高的特点,而且穿透雾、烟和灰尘的能力强,弥补了激光雷达的不足。

毫米波雷达受到波长的限制,探测距离有限,无法探测行人,也无法准确建模周围的障碍物,而这正是激光雷达的优势所在。激光雷达与毫米波雷达不仅在性能上可以相互补充,而且可以大大降低使用成本,为无人驾驶开发提供新的选择。

3. 视觉传感器和毫米波雷达融合

视觉传感器与毫米波雷达融合具有以下优势:目标真实,可信度提高;全天候应用和远距离提前预警;在大视场角和全距离条件下的高性能定位;可以识别所有复杂的对象。视觉传感器和毫米波雷达融合的策略有以下三种。

图像平面融合:是以视觉传感器为主体,把毫米波雷达输出信息转换为图像特征变换,然后与视觉系统的图像输出信息融合。

目标平面融合:是对视觉传感器和毫米波雷达输出信息进行可靠性加权,经过自适应搜索匹配和精密校准信息后进行输出融合。

信号级融合:是对视觉传感器与毫米波雷达传出的数据源进行融合,信号级融合的数据损失最小、可靠性最高,但运算成本较高。

4. 激光雷达、视觉传感器、毫米波雷达融合

激光雷达、视觉传感器、毫米波雷达融合,能更好地发挥各自的优势。

2.6.3 多传感器融合算法

多传感器数据融合技术的基本原理就像人脑综合处理信息一样,充分利用多个传感器资源,通过对多传感器及其观测信息的合理支配和使用,把多传感器在空间或时间上冗余或互补信息依据某种准则来进行组合,以获得被测对象的一致性解释或描述。

简单地说,传感器融合就是将多个传感器获取的数据、信息集中在一起综合分析以便更加准确可靠地描述外界环境,从而提高系统决策的正确性。

融合算法要足够优化,因为多传感器的使用会使需要处理的信息量大增,这其中甚至有相互矛盾的信息,如何保证系统快速地处理数据,过滤无用、错误信息,从而保证系统最终做出及时正确的决策十分关键。目前多传感器融合的理论方法有贝叶斯准则法、卡尔曼滤波法、D-S证据理论法、模糊集理论法、人工神经网络法等。详细融合算法如图2-45所示。

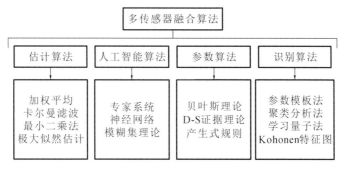

图 2-45 融合算法总结

下面我们简单介绍一下目前常用的多传感器数据融合算法卡尔曼滤波算法。

卡尔曼滤波算法是一种递推预测滤波算法,算法中涉及滤波,也涉及对下一时刻数据的预测。卡尔曼滤波算法由一系列递归数学公式描述,它提供了一种高效可计算的方法来估计过程的状态,并使估计均方误差最小。卡尔曼滤波算法可以估计信号的过去和当前状态,甚至能估计将来的状态,即使并不知道模型的确切性质。

卡尔曼滤波算法也可以被认为是一种数据融合算法(data fusion algorithm),已有60多年的历史,是当今使用最重要和最常见的数据融合算法之一。卡尔曼滤波算法的巨大成功归功于其小的计算需求,优雅的递归属性以及作为具有高斯误差统计的一维线性系统的最优估计器的状态。该算法的核心是为每个传感器设置一组"信念"因子。每一个时刻,来自上一个时刻的传感器数据都会被用来统计以提高猜测,同时传感器的质量也被判断,在预测值与传感器实测值的比较中,会估计出一个最优值进行输出。

练习题

1. 什么是环境感知?

2. 环境感知智能汽车中的作用是什么?
3. 环境感知传感器有哪些类型?
4. 试述视觉传感器原理及类型。
5. 试述激光雷达工作原理。
6. 试述毫米波雷达工作原理。
7. 试述超声波雷达工作原理。
8. 什么是传感器融合技术?

第 3 章 智能汽车无线通信技术

【教学目标】

通过对本章的学习,学生能够了解智能网联汽车无线通信技术的构成和特点,掌握车载无线通信技术的分类、工作原理及应用,了解 V2X 各种无线通信技术及车路协同控制技术及其前瞻技术发展。

3.1 车联网技术的基本概念

3.1.1 智能网联汽车网络的构成

智能网联汽车网络是融合车载网络、车载移动互联网络、车载自组织网络的一体化网络系统,图 3-1 所示为智能网联汽车网络体系构成图。

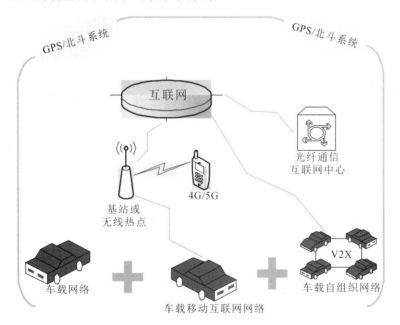

图 3-1 智能网联汽车网络体系构成图

智能网联汽车的无线通信系统是基于车载无线通信技术和 V2X 无线通信技术的一体化网络系统,按照约定的通信协议和数据交换标准,在车与车、车与人、车与路、车与互联网等之间进行无线通信和信息交换,实现车辆智能控制、动态智能信息服务及智能化的交通管理。

无线通信技术是智能网联汽车实现的基础，能够让汽车在自动驾驶模式下实时分析车辆环境和交通信息，自动选择最佳驾驶模式及最优路线。

3.1.2 智能网联汽车网络的特点

无线通信技术在智能网联汽车中的应用非常广泛，在汽车车内信息获取、娱乐、车辆安全驾驶和提高交通效率方面发挥了巨大的作用。无线通信技术的发展对智能汽车应用而言至关重要。

智能网联汽车网络具有以下特点。

1. 复杂化

智能网联汽车的网络架构层次多样，各个功能及系统对网络的连接模式、安全性、可靠性、实时反馈时间、网络传播速度各有要求，不同的通信信号及连接模式使得智能网联汽车的网络十分复杂。

2. 层次化

智能网联系统的车内通信网络与先进的智能驾驶辅助通信网络是两个不同体系的网络，智能网联汽车网络同时包括了车内网络各子系统之间的连接和中远距离无线通信网络系统连接，车内网络子系统与无线通信网络系统形成了车与车、车与路、车与互联网之间的连接，这种通信的层次多样、交互协同控制模式多样，使得智能网联汽车网络的层次化特征极其明显。

3. 多样化

智能网联汽车网络是一个随时产生变化的网络体系，这是由它的连接方式及实时动态数据传输模式所决定的。在智能汽车自动驾驶模式下，当前车内环境及车辆所在环境（包括车辆所在地点、所处的网络连接、网络质量的好坏等）都将影响汽车无线通信网络和数据的传输，因此，智能网联汽车网络也存在多样化的特点。

3.2 车载无线通信技术

3.2.1 车载无线通信技术的分类

车载无线通信网络技术是智能汽车车联网技术的基础，也是现阶段相对发展较快、较成熟的智能汽车技术之一。车载无线通信技术主要用于实现驾驶人与车辆之间的信息交互与传输，也可称之为近距离通信技术。

车载无线通信技术主要分为蓝牙通信技术、NFC 通信技术、WiFi 通信技术。

3.2.2 蓝牙通信技术的工作原理及应用

蓝牙是一种支持电子设备（包括移动手机、笔记本电脑、无线耳机等）与智能汽车之间连接的模式，这种连接模式不必借助传统的电缆，相互连接的设备可以组成一个无线通信网络。蓝牙通信技术源于爱立信公司在 1998 年携同诺基亚、东芝、IBM 和英特尔联合发布的一份方案。目前，蓝牙通信技术已经过了 5 代 10 个版本的迭代更新。

1999年蓝牙1.0：此时不同厂商间的产品互不兼容，在协议层面上不匿名，有极大的数据安全隐患。

2001年蓝牙1.1：属于IEEE 802.15.1标准，传输率为0.7 Mbit/s，通信质量容易受到同频率产品的干扰。

2003年蓝牙1.2：针对前期版本的安全性问题，解决了协议上不匿名的问题，保护用户的数据安全。

2004年蓝牙2.0：相对1.2版本在传输速度上有所升级，传输率可达3 Mbit/s，支持双工模式，可以在进行语音通信的同时，进行文档和高像素图片传输。

2007年蓝牙2.1：新增了Sniff Subrating省电功能，蓝牙芯片的工作负载大幅降低。

2009年蓝牙3.0：在数据传输速度和能耗上均有升级。新增可选技术High Speed，使蓝牙可调用802.11 WiFi，以实现高速数据传输，传输率可达24 Mbit/s，且引入EPC增强电源控制技术，实际空闲功耗明显降低。

2010年蓝牙4.0：提出了蓝牙综合协议规范，明确了低功耗蓝牙、传统蓝牙和高速蓝牙的三种模式。

2013年蓝牙4.1：在软件方面支持与LTE无缝协作，自动协调两者的传输信息，确保协同传输，降低相互干扰。

2014年蓝牙4.2：数据传输方面再次提速，比上代提高了2.5倍，容纳的数据量也相当于此前的10倍左右，且蓝牙设备连接或者追踪用户设备必须经过用户许可。

2016年蓝牙5.0：在低功耗模式下具有更快更远的传输能力，数据传输速度是蓝牙4.2的2倍（速度上限为2 Mbit/s），有效传输距离是蓝牙4.2的四倍（理论上可达300 m），数据包容量是蓝牙4.2的8倍，而且支持室内定位导航功能，结合WiFi技术可以实现精度小于1 m的室内定位。

综上，蓝牙连接模式经历了二十多年的发展更新，提升了设备连接的安全性，更新了传输速度，提高了省电功能，增加了连接距离及设备定位功能，逐步发展成为现阶段短距离连接的主要模式。如图3-2所示，蓝牙技术如今应用在诸多与人们生活息息相关的领域。

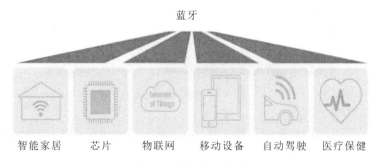

图3-2 蓝牙应用领域

1. 工作原理

蓝牙连接由底层的硬件模块、中间协议层和高层应用共三大部分构成。

1）底层的硬件模块

底层硬件模块由基带、跳频层和链路控制单元组成。基带用于完成蓝牙数据和跳频的传输;无线跳频层是不需要授权的,通过 2.4 GHz ISM 频段的微波,实现数据流传输和过滤;链路控制单元用于实现链路建立、连接和拆除的安全控制。

2) 中间协议层

中间协议层主要包括服务发现协议、逻辑链路控制和适应协议、电话通信协议、串口仿真协议四个部分。服务发现协议提供上层应用程序的机制,以便于使用网络中的服务;逻辑链路控制和适应协议负责数据拆装、复用和控制服务质量,是其他协议层作用实现的基础。

3) 高层应用

高层应用位于协议层最上部的框架部分,主要有文件传输、网络、局域网访问,通过相应的应用程序,以一定的应用模式实现无线通信。

当蓝牙设备之间想要相互交流时,首先进行配对创建网络环境,一台设备作为主设备,所有其他设备作为从设备。配对搜索建立的连接称为短程临时网络,也被称为微微网。微微网在蓝牙设备加入和离开无线电短程传输时动态、自动建立。

2. 在汽车领域的应用

蓝牙技术在汽车上的应用主要有蓝牙电话、蓝牙音响、蓝牙后视镜、汽车虚拟钥匙、车辆信息传输(胎压情况、位置等)、人体状态监测(血压、脉搏等)穿戴设备,这些蓝牙设备与车辆进行交互信息。

1) 蓝牙电话

车载蓝牙电话的蓝牙连接支持任何厂家生产的内置蓝牙模块的手机,功能主要包括拨打或识别移动电话、用语音指令控制接听或挂断电话,驾驶人在此过程中不需要触碰手机。车载蓝牙电话可以保证良好的通话效果,驾驶人可以通过车上的音响或蓝牙无线耳麦进行通话,可以提升行驶过程中的安全性和舒适性,如图 3-3 所示。

图 3-3 车载蓝牙电话

2) 蓝牙音箱

蓝牙音箱是一种基于稳定的、高度通用的蓝牙技术的无线有源音箱,内设锂电池,可以随时充电,使用方便快捷,且体积小,可牢牢固定在车内任一合理位置。蓝牙音箱可以提升车内音响效果,为语音控制提供输入端,如图 3-4 所示。

3) 蓝牙后视镜

蓝牙后视镜是车内后视镜的一种补充,可以称之为智能后视镜。它可通过蓝牙技术与手机相连,手机来电话时,后视镜显示来电信息,还可集成免提通话功能,也是提升车辆的安全性与使用舒适性的设备之一,如图 3-5 所示。

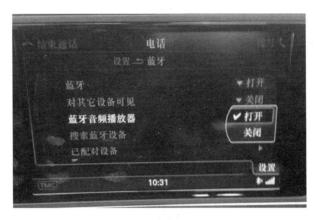

图 3-4 车载蓝牙音箱

图 3-5 车载蓝牙后视镜

3.2.3 NFC 通信技术的工作原理及应用

NFC(near field communication)技术也称为近场通信技术,是一种高频无线通信技术。它允许电子设备之间进行非接触式(在 10 cm 内)点对点数据传输,交换数据、图片和视频信息。

NFC 技术最早由飞利浦公司发起,工作在 13.56 MHz 频率,点对点的通信建立时间少于 0.1 s,传输速度有 106 Kbit/s、212 Kbit/s 和 424 Kbit/s 三种类型。

1. 工作原理

在被动模式下,NFC 通信的发起设备提供射频场,以一种固定的传输速度将数据发送到目标设备。NFC 通信的目标设备不必产生射频场,而使用负载调制技术以相同的速度将数据传回发起设备。因此,发起设备可以在该模式下以相同的连接和初始化过程检测目标设备,并与之建立联系,如图 3-6 所示。

在主动模式下,任何一台设备向另一台设备发送数据时,都必须产生自己的射频场,以便进行通信,获得快速的连接设置,如图 3-7 所示。

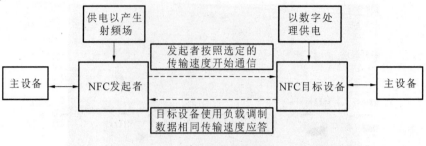

图 3-6 NFC 被动通信模式

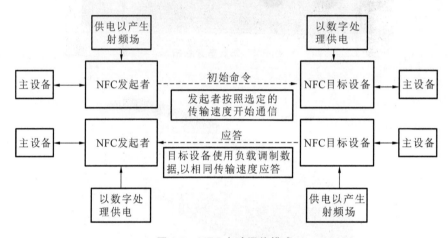

图 3-7 NFC 主动通信模式

NFC 技术是一个开放接口的平台,可以对无线网络进行快速、主动设置,通过将非接触读卡器、非接触卡和点对点功能整合进一块单芯片,为使用者的生活提供了便捷。

NFC 技术通过频谱中无线频率部分的电磁感应耦合方式传递信息,是一种方便、安全的无线通信连接技术,其传输范围较小,具有距离近、带宽大和能耗低等特点。作为一种支持近距离连接的技术,它可以提供各种设备间迅速而自动的通信,并且与现有的非接触智能卡技术兼容,在门禁、公交、手机支付等方面发挥着巨大的作用。NFC 技术已经被越来越多主要厂商采用。

2. 车联网应用

NFC 技术可以提升汽车使用的易用性和功能性。早在 2014 年,芯片厂商 NXP 就为苹果 iPhone 6 和 iPhone 6 Plus 提供了内置 NFC 芯片,首次提出希望汽车厂商们能够支持 NFC 技术。即通过智能手机解锁车门、发动汽车,将智能手机作为汽车的智能钥匙,用于解锁打开车门和关闭车门。宝马 M850i 的数字钥匙即采用该技术,使用智能手机放在车门把手上即可打开车门,然后将手机放入无线充电手机托盘即可发动车辆。

2019 年 12 月,华为钱包与比亚迪 DiLink 联合发布基于 NFC 的智能"手机车钥匙",应用于比亚迪宋 Pro 车型,实现解锁和上锁等一系列动作。

2020 年 3 月,小米手机也与比亚迪 DiLink 联合发布了手机 NFC 车钥匙功能,在此前功能的基础上,这款车钥匙还可以读取车辆实时的状态数据,如图 3-8 所示。

图 3-8 小米与比亚迪 DiLink 联合发布手机 NFC 车钥匙功能

NFC 技术实现时，设备必须靠得很近，这为数据的传输提供了天然的安全性，也可以通过增加额外的加密和解密系统提高设备之间的通信安全性，从而为用户提供更便捷智能的数字车生活方式。

3.2.4 WiFi 通信技术的工作原理及应用

WiFi 通信技术由澳大利亚研究机构 CSIRO 在 20 世纪 90 年代发明，并于 1996 年在美国成功申请专利。

WiFi 技术是一种创建于 IEEE 802.11 标准的无线局域网技术，实质上是 WiFi 联盟制造商的商业认证，已经应用于笔记本、计算机、手机和汽车等广大领域中，具有范围覆盖广、传输速率快、安装和建设成本低的优势。

但是，无线电信号遇到障碍物会发生不同程度的折射、反射和衍射，导致信号强度随着相对接入点距离的增加而减弱，而且容易受同频率电波的干扰和雷电天气的影响，造成网络信号不稳定和传输速率下降。

WiFi 技术通常使用 2.4G UHF 或 5G SHF ISM 射频频段。2.4 G 频段具有在室内环境中抗衰减能力强的优点，但是由于干扰多，不能保障足够的稳定性。5G 频段具有抗干扰能力强，吞吐率高以及可扩展性强的优点，能提供更大的带宽，但只适合室内小范围覆盖和室外网桥，容易受到各种障碍物的衰减作用。

1. 工作原理

WiFi 技术的组成元件包括站点 STA、接入点 AP、基本服务集 BSS、服务集识别码 SSID、分布式系统 DS、扩展服务集 ES5、门桥（portal）。WiFi 网络组成元件之间的关系如图 3-9 所示。

站点 STA（station）是指具有 WiFi 通信功能而且连接到无线网络中的终端设备，如手机、平板电脑和笔记本电脑等。接入点 AP（access point）也称为基站，是常说的 WiFi 热点，相当于一个转发器，用于将互联网上的数据转发给接入设备。基本服务集 BSS（basic service set）是网络最基本的服务单元，可以由一个接入点和若干个网站组成，也可以由若干个网站组成。

服务集识别码(service set identifier,SSID)是指 WiFi 账号,通过接入点广播。分布式系统(distribution system,DS)也称为传输系统,通过基站将多个基本服务集连接起来。当帧传送至分布系统时,随即被送至正确的基站,而后由基站转送至目的站点 STA。扩展服务集(ex-ended service set,ESS)由一个或者多个基本服务集通过分布式系统串联在一起构成,可扩展无线网络的覆盖范围。门桥(portal)的作用就相当于网桥,用于将无线局域网和有线局域网或者其他网络联系起来。

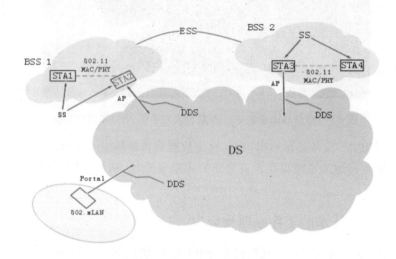

图 3-9　WiFi 网络组件关系图

WiFi 技术的工作模式主要有 STA 模式、AccessPoint 模式、Monitor 模式、Ad-hoc(IBSS)模式、WDS 模式、Mesh 模式。以 STA 模式为例:可以供任何一种无线网卡使用,是默认模式。在此模式下,无线网卡发送连接与认证消息给热点,热点接收消息完成认证后,发回成功认证消息,而后此网卡接入无线网络。

2. 在智能网联汽车中的应用

WiFi 通信技术应用于智能网联汽车时,可快速搭建移动热点,在不依赖于移动蜂窝网络的状态下实现网络连接,体验无线上网。驾驶人可以使用手机、电脑等移动设备远程查看车辆的位置、轮胎气压、剩余油量与行驶里程等信息,包括查看车辆的各种性能与检测报告。同时,可以让驾驶人与乘客把移动设备中的内容同步传输到车辆的信息娱乐系统以及后座的显示屏上,实现手机与汽车的同步互联及双屏互动操作。例如阿里巴巴集团投资的斑马智行车载互联网系统就可与手机良好地进行互动,如图 3-10 所示。

图 3-10　斑马智能车载 WiFi 系统

3.3 V2X 无线通信技术

3.3.1 V2X 通信概述

V2X 通信技术是指车用无线通信技术。它是将车辆与任何与车辆交互信息的事物相连接的新生代信息通信技术。V 代表车辆(vehicle);X 代表任何与车辆交互信息的对象,当前情况下,X 主要包含车辆、行人(person)、路侧基础设施(infrastructure)和网络(net)。

不同于 3.2 节提到的车载无线通信技术,V2X 通信技术是将车辆作为一个整体来与外界进行信息交互的,这个整体包括车辆所处的一切自然环境与网络环境。

V2X 交互的信息模式主要包括四种,即车辆与车辆(V2V)、车辆与路侧基础设施(V2I)、车辆与行人(V2P)以及车辆与网络(V2N),如图 3-11 所示。

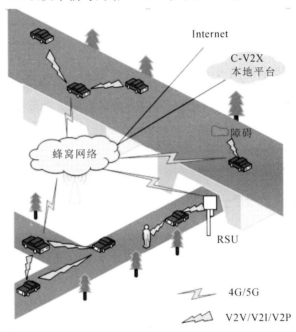

图 3-11 V2X 通信技术

1. V2V

V2V 通信是指通过车载终端进行车辆与车辆之间的通信。车载终端可以实时获取周围车辆的车速、位置以及行车情况等信息,同时车辆之间也可以构成一个互动的平台,实时交换文字、图片和视频等信息。V2V 通信主要应用于避免或减少交通事故,以及进行车辆监督管理等。

2. V2I

V2I 通信是指车载设备与路侧基础设施(包括交通信号灯、交通摄像头、路侧单元等)进行通信。同时,路侧基础设施也可以获取附近区域车辆的信息并发布各种实时信息。V2I 通信主要应用于实时信息服务、车辆监控管理、不停车收费等方面。

3. V2P

V2P通信是指弱势交通参与者(包括行人、骑行者、摩托车等非机动车等)使用用户设备(如手机或穿戴设备等)与车载设备进行通信。V2P通信主要应用于避免或减少交通事故、信息交互服务等。

4. V2N

V2N通信是指车载设备通过接入互联网、核心网或云平台,网络与车辆之间进行数据交互,并对获取的数据进行存储和处理,提供车辆所需要的各类应用服务。V2N通信主要应用于路线导航、车辆远程监控、紧急救援以及信息娱乐服务等。

V2X无线通信将"人、车、路、网"等交通参与要素通过网络有机地联系在一起,不仅可以支持车辆获得比车辆本身所感知的更多的信息,而且可以促进自动驾驶辅助技术的创新和应用,有利于构建一个更加智慧与便捷的交通体系,促进汽车和交通服务新模式的发展,对节省资源、减少污染、降低事故发生率、提高交通效率,以及改善交通管理都具有重要意义。

V2X通信是智能汽车网络发展及自动驾驶技术应用的前提,如何保证网络的传输速度、数据的实时性、交互的真实性都是V2X通信需要注意的重要问题。

3.3.2 V2X通信技术的分类

V2X通信技术根据传输距离的远近,可以分为中短距离通信技术(如DSRC通信技术和LTE-V通信技术)、远距离通信技术(如5G移动通信技术和卫星通信技术)。

3.3.2.1 中短距离通信技术

1. DSRC通信技术

1) DSRC通信技术的定义及应用

DSRC(dedicated short range communication)是专用短程通信技术的简称,它是基于IEEE 802.11p底层通信协议与IEEE1609系列标准所构成的技术,是一种高效的短程无线通信技术。它可以实现在特定小区域内对高速运动目标的识别和双向通信(包括车辆与车辆(V2V)、车辆与基础设施(V2I)间的双向通信),还可以实现实时准确可靠地传输图像、语音和数据信息,将车辆和道路有机连接,以提供车用环境中短距离通信服务。DSRC通信具备低传输延迟特性,是智能网联汽车系统最重要的通信方式之一。

2014年,美国交通部提出将大力支持DSRC技术在轻型车辆上的应用,并由美国国会、交通部、IEEE、公路交通安全管理局以及各大车企推进了DSRC的立法工作,要求从2023年起新生产的车辆都需要以DSRC标准作为V2V车辆安全标准。

DSRC通信系统包括物理层、媒体访问控制层(MAC)、网络层和应用层。其参考框架如图3-12所示。

图3-12 DSRC通信系统框架

(1)物理层。物理层是建立、保持和释放专用短程通信网络数据传输通路的物理连接的层,位于协议栈的最底层。

(2)媒体访问控制层。媒体访问控制层是提供短程通信网络节点寻址及接入共享通信媒体的控制方式的层,位于物理层之上。

(3)网络层。网络层是实现网络拓扑控制、数据路由以及设备的数据传送和应用的通信服务手段的层,位于媒体访问控制层之上。

(4)应用层。应用层是向用户提供各类应用及服务手段的层,位于网络层之上。车载单元的媒体访问控制层和物理层负责处理车辆与车辆之间、车辆与路侧基础设施之间的专用短程无线通信连接的建立、维护和信息传输;应用层和网络层负责把各种服务和应用信息传递到路侧基础设施及车载单元上,并通过车载子系统与用户进行交互;管理和安全功能覆盖整个专用短程通信框架。

2) DSRC通信系统的组成

DSRC通信系统主要由车载单元(on board unit,OBU)、路旁部署的路侧单元(roadside unit,RSU)以及DSRC协议三部分组成,如图3-13所示。RSU通过有线光纤接入互联网,通过OBU与RSU之间的无线通信实现路网与车辆之间的双向信息交流,将车辆与道路结合在一起。车辆与车辆之间的信息交换通过RSU和OBU通信实现,远程信息处理(telematics)广域业务通过802.11p通信协议与RSU回程的方式来实现。

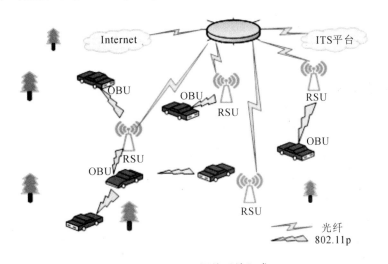

图3-13 DSRC通信系统组成

OBU是具有微波通信功能和信息存储功能的移动识别设备,既可以作为独立的数据载体,制成电子标签,也可以附加智能卡读写接口,实现数据存储和访问控制。RSU是OBU的读写控制器,由加密电路、编码解码器和微波通信控制器等组成,通过DSRC通信协议的数据交换方式和微波无线传递手段实现信息交换。

根据信息调制方式的不同,DSRC通信系统分为主动式和被动式两种。主动式DSRC通信系统又称为收发器系统,其OBU和RSU均有振荡器,用于发射电磁波。当RSU向OBU发射询问信号后,OBU利用自身的电池能量发射数据给RSU。被动式DSRC通信系统又称为异频收发系统,由 RSU 发射电磁信号,OBU 接收电磁信号后被激活,进入通信状态,并以一种切换频率将电磁信号反向发送给 RSU。被动式 DSRC 通信系统的 OBU 可以有电源也可以没有电源。

3) DSRC 通信系统的工作原理

DSRC 技术在智能网联汽车上可实现 V2X 通信。与 WiFi、蓝牙等其他通信技术采用的共享开放 2.4 GHz 频带不同,DSRC 技术专属的交通安全频谱位于 1999 年美国联邦通信委员会(FCC)分配给汽车通信使用的 5.9 GHz 频带的一段 75 MHz 的带宽上,被分为 7 个频道,目标的通信范围可达 1 km。

车辆通过 DSRC 通信系统以每秒 10~20 次的频率向路上其他车辆发送位置、车速、方向等基础安全信息,每一条基础安全信息都包含两部分信息:第一部分信息是强制性信息,包括位置、速度、方向、角度、加速度、制动系统状态和车辆尺寸;第二部分是可选信息,例如防抱死制动系统状态、历史路径、传感器数据和转向盘状态等。当车辆接收到其他车辆所发出的信号,在必要时(如马路转角有其他车辆驶出或前方车辆紧急制动、变换车道)车内装置会以闪烁信号、语音提示、座椅和转向盘振动等方式提醒驾驶人注意,紧急信息会以更高的优先级进行传播。

4) DSRC 通信系统的特点

DSRC 具有易部署和原生的自组织网络支持等优点。近几年,相关专业人士也针对 V2X 通信的终端高速移动和数据传输的高可靠性、低延时率等需求进行了优化,适合应用在一些和安全相关的交通场景。

与此同时,DSRC 也存在一些缺点。第一,车辆接入互联网的路侧设备覆盖问题。如果汽车需要接入互联网,必须依靠连接到互联网的路侧 DSRC 终端的支持,这需要在路侧大量布置能够接入互联网的终端设备,建设成本较高,商业盈利模式尚未明确。第二,车辆高速移动的环境下复杂的网络拓扑结构,数据包的多级连跳通信以及路由问题削弱了 DSRC 高可靠和低延时的性能。第三,DSRC 在高密度场景下,车辆之间的信道接入竞争会变得非常激烈,从而导致通信延迟增加和传输速率下降。

5) DSRC 通信系统的应用

DSRC 通信系统的应用在国内主要以车与路通信中,以 ETC 不停车收费系统为代表。其终端设备一般由两大硬件部分组成,分别为 OBU 部分以及 RSU 部分,如图 3-14 所示。车辆经过特定的 ETC 车道,通过 OBU 与 RSU 的通信,在无须停车和收费人员采取任何操作的情况下,自动完成收费过程。此外,DSRC 应用还可以实现电子地图下载和交通调度等。

2. LTE-V 通信技术

1) LTE-V 通信技术的定义及应用

LTE-V 通信协议是基于 TD-LTE 技术而推出的具有中国自主知识产权的智能网联汽车协议,主要参与厂商有华为、大唐电信等。LTE-V 通信技术是指基于 LTE 网络的 V2X 通信技术,是 C-V2X 现阶段主要的解决方案。

LTE-V 技术是用于按照全球统一规定的体系架构及其通信协议和数据交互标准,在车辆与车辆(V2V)、车辆与基础设施(V2I)以及车辆与行人(V2P)等间快速组网,构建数据共

(a)OBU

(b)RSU

图 3-14　DSRC 通信系统的 ETC 设备

享交互桥梁的中短距离通信技术。LTE-V 通信网络能重复使用现有的蜂巢式基础建设与频谱，营运商构建 LTE-V 通信网络时不需要重新进行基础设施建设以及提供专用频谱，组网成本可以大幅降低。LTE-V 通信技术主要用于解决交通实体之间的"共享传感"(sensor sharing)问题，可将车载探测系统(如雷达、摄像头)从数十米视距范围扩展到数百米以上以及非视距范围，实现在相对简单的交通场景下的辅助驾驶，助力实现智能化的动态信息服务、车辆安全驾驶、交通管控等，如图 3-15 所示。

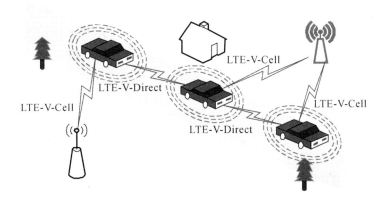

图 3-15　LTE-V 通信技术

2) LTE-V 通信系统的分类及工作原理

LTE-V 系统由用户终端、RSU 和基站三部分组成。

LTE-V 针对车辆应用定义了两种通信方式，即集中式(LTE-V-Cell)和分布式(LTE-V-Direct)两种，也可称之为蜂窝链路式(LTE-V-Cell)和短程直通链路式(LTE-V-Direct)。LTE-V 技术分为 Uu 和 PC5 两种接口，其中：Uu 为"接入网-终端"通信模式，可以通过基站进行终端之间的通信；PC5 为"用户终端-用户终端"空口短距直传通信模式，不需要通过基站即可完成终端之间的通信。相对于普通 LTE，LTE-V 增加了端到端的直接通信能力，这使 LTE-V 能够满足 V2X 的低延时通信要求。

LTE-V-Cell 通过 Uu 接口承载传统的车联网 Telematics 业务，需要基站作为控制中心，实现大带宽、大覆盖通信，定义车辆与路侧通信单元以及基站设备的通信方式，针对传统的移动宽带授权频段进行操作。

LTE-V-Direct 单元则可以不需基站作为支撑,通过 PC5 接口实现 V2V、V2I 直接通信,促进实现车辆与周边环境节点低时延、高可靠通信,保证车辆安全行驶。在 LTE-V-Direct 通信模式下,车辆之间的信息交互基于广播方式,可采用终端直通模式,也可经由 RSU 来进行交互,因此可以大大减少 RSU 的需求数量。

3) LTE-V 通信技术的特点

和 DSRC 通信系统一样,LTE-V 通信系统也有属于它本身的特点。首先,LTE-V 通信系统基于现有的移动蜂窝网络,部署时只需要在现在的 LTE-V 基站中增加一些设备,不需要额外建设基站,实现相对简单。其次它的网络覆盖范围广,可实现无缝覆盖,并且传输更可靠。受益于 3GPP 技术的持续演进,未来可支持更高级的车路协同业务需求;网络运营模式更灵活,盈利模式更多样。但是,当前的 LTE-V 通信技术成熟度相对较低,且由于蜂窝基础设施的中继性质,会导致对时间敏感的车辆操作存在安全隐患。LTE-V 通信技术在应用于车辆主动安全与车辆智能驾驶的 V2X 应用时,对其网络通信性能还需要进行充分的测试验证。

4) LTE-V 通信技术的应用

LTE-V 通信技术可应用于交叉路口的会车避让、紧急车辆优先通行、前方车辆的紧急制动警告以及多车的编队自动驾驶等情境中。

事实上,早在 2018 年 9 月的世界物联网博览会上,大众、一汽、上汽、奥迪、东风、长安等汽车厂商,就已经采用了搭载华为 LTE-V 车载终端的汽车,并进行了 V2X 智慧交通场景演示。华为 LTE-V 车载终端成为国内首个成功应用在开放道路上的 LTE-V 车联网终端,它通过集成千寻位置公司的亚米级定位服务及融合惯导算法,为汽车提供了车道级的定位能力。

LTE-V 通信终端设备一般由两大硬件部分组成,分别为 OBU 部分以及 RSU 部分,如图 3-16 所示。

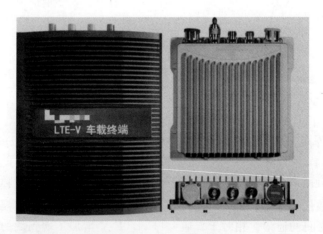

图 3-16 LTE-V 通信终端

3.3.2.2 远距离通信技术

1. 5G 移动通信技术

5G 移动通信技术即第 5 代移动通信技术(the 5th generation mobile networks),简称

为 5G 技术,是最新一代蜂窝移动通信技术。5G 技术是对现有无线接入技术(包括 3G、4G 和 WiFi)的演进,以及集成一些新增的补充性无线接入技术后的解决方案的总称。

5G 网络将融合多类现有的和未来将有的无线接入传输技术和功能网络,包括传统蜂窝网络、大规模多天线网络、认知无线网络、无线局域网、无线传感器网络,以及小型基站、可见光通信和设备直连通信网络等,并通过统一的核心网络进行管控,可提供超高速率和超低时延的用户体验及多场景的一致无缝服务。它的网络时延低于 1 ms,数据传输速率可达 10 Gbit/s,比 4 GLTE 网络快 100 倍。

如图 3-17 所示,5G 移动通信技术的供应商将覆盖的服务区域划分为许多蜂窝小地理区域,以数字信号的方式传输声音和图像等数据。5G 设备通过无线电波与蜂窝中的本地天线阵和低功率自动收发器进行通信。当用户从一个蜂窝穿越到另一个蜂窝时,移动设备将自动"切换"到新的蜂窝中。

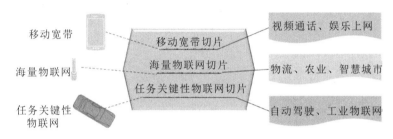

图 3-17 5G 网络切片技术

1) 5G 移动通信技术的组成

在 5G 网络中,接入网由集中单元(centralized unit,CU)、分布单元(distribute unit,DU)和有源天线单元(active antenna unit,AAU)三个部分组成。

CU 是由 4G 网络基站中负责信号调制基带处理单元(building base band unit,BBU)的非实时部分分割构成的,负责处理非实时协议和服务。

AAU 是由 4G 网络基站中负责信号调制 BBU 的部分物理层处理单元与负责射频处理射频拉远单元(remote radio unit,RUU)及无源天线合并构成的。

DU 是由 4G 网络基站中负责信号调制 BBU 的剩余功能重新定义构成的,负责处理物理层协议和实时服务。

2) 5G 移动通信技术的特点

5G 通信技术正朝着网络多元化、宽带化、综合化和智能化的方向发展,其具有以下特点:

(1) 速度高。对 5G 的基站数据传输速率峰值要求不低于 20 Gbit/s,因此用户可以 1 s 下载一部高清电影,也可以支持 VR 视频。高速度给未来对速度有很高要求的业务的实现提供了机会和可能。

(2) 网络覆盖面广。覆盖面广有两个层面的含义:一是横向覆盖面广,也就是范围广;二是纵向覆盖面广,也就是纵深深。

(3) 能耗低。5G 技术要支持大规模物联网应用,就必须要有能耗的要求。如果能把能耗降低,让大部分物联网产品可以拥有更长的充电周期,一周充一次电,甚至一个月充一次电,就能大大改善用户体验,促进物联网产品的快速普及。

(4) 低时延。5G 的一个新的应用场景是无人驾驶汽车。在智能汽车无人驾驶时,需要中央控制中心和汽车进行实时互联,车与车之间也应进行实时互联。在高速行驶时,车辆、基站或控制中心需要在最短的时间内,将信息发送至车上以控制车辆进行制动或其他车控反应。所以,低时延是保证车辆无人驾驶实施的一个不可缺少的条件,它既能保证信息的更新快,又能将实时反馈信息与实际情境极快地融合,而 5G 通信可将时延降低到 1 ms,最大可能地保证车辆的安全驾驶。

(5) 互联范围广。5G 时代,终端数量不是按人的数量来定义的,这是因为每个人、每个家庭,甚至每一个集体都可能拥有数个终端。通信业对 5G 的愿景是每平方千米可以支撑 100 万个移动终端,所以互联范围广也是 5G 通信的一个重要特征。

(6) 保安全。在 5G 基础上建立的智能互联网,不仅要实现信息的收集与传输,还要建立起一个不同于实体社会和生活的新机制与新体系,这个新体系组件实现发展的基本要求是安全、高效、易管理,这就需要构建一个全新的 5G 通信网络安全体系。

3) 5G 移动通信技术在智能汽车上的应用

5G 网络本身具有的特性让它可以实时搜集和传输更多更精确的环境信息,并使用云化的计算能力用于车辆本身自动驾驶的决策。5G 能够加速推进 C-V2X 在智能网联汽车上的应用,可以增强安全性、减少行车时间、提高能源效率以及加速网络效应。

5G 速率更快,可支持车辆与车辆之间传感器数据的分享,实现实时情境感知、全新类型传感器数据共享,提高能源效率。5G 引入协作式驾驶,不仅有 AI 支持的单车智能,还可以通过车联网以及车辆与车辆之间的协作式驾驶提高整体行驶效率,减少行车时间。5G 网络相比 4G 网络在网络容量、网络速率上有很大的提升,因此 5G 支持的 C-V2X 技术也在 4G 网络基础上有很大提升。传感器共享及路侧基础设施部署在 5G C-V2X 部署初期即可带来众多效益。

在 2019 年的 5G 智能网联无人驾驶车发布会上,无人驾驶汽车基于移动 5G 通信和网联自动驾驶技术,实现了车辆自动驾驶功能,包括循迹自动驾驶、行人识别和动态避障、区域动态限速、交通信号灯通行、超视距、车辆动态调度等场景,如图 3-18 所示。同时,它还具有远程驾驶功能,这些功能均可根据场景需求,实现自动或远程驾驶实时接管,以及网联后台的监控与管理。这是国内无人驾驶车首个在景区开放道路上实现的 5G 智能网联驾驶应用。在平台端,采用了"云-边缘-终端"三层架构,设计车路协同智能无人驾驶分级决策平台,通过人、车、路、云端等的信息交互实现了边缘计算服务能力、高精度定位服务能力、五维时空服务能力,为自动驾驶汽车智能决策、协同控制提供信息服务,进而实现不同等级智能驾驶及智慧交通。

2. 卫星通信技术

卫星通信技术(satellite communication technology)利用人造地球卫星作为中继站转发无线电波,以达到在两个或多个地球站之间进行通信的目的。卫星通信具有覆盖范围广、通信容量大、传输质量好、组网方便迅速、便于实现全球无缝连接等众多优点,被认为是建立全球通信的一种必不可少的重要手段。

图 3-18　5G 技术用于自动驾驶

1）卫星通信系统的组成

卫星通信系统由通信卫星和经该卫星连通的地面端两部分组成。运行在赤道上空 35860 km 高度上的静止通信卫星是目前全球卫星通信系统中最常用的星体。此类卫星的运转方向与地球自转方向一致，而且运转周期等于地球的自转周期，始终保持与地球的同步运行状态。其波束最大覆盖面可以达到地球表面总面积的 1/3 以上，仅需等间隔放置的三颗通信卫星即可实现全球范围内的通信。

地面端是通信卫星与地面公众网的接口，可用于接入卫星通信系统，形成数据通信链路，供用户使用。

2）卫星通信技术的特点

由于卫星距离地面远，所以覆盖地球区域大，通信距离远，是远距离越洋电话和电视广播的主要通信手段；它所覆盖区域内的所有地球站都能利用同一卫星进行相互间的通信，具有多址连接功能；卫星通信技术采用微波频段，每个卫星上可设置多个转发器，通信频段宽、容量很大；而且地球站的建立不受地理条件的限制，可建在边远地区、汽车上，选址相对灵活；电波主要在自由空间传播，噪声小，通信质量好、可靠性高；卫星通信的地球站至卫星转发器之间不需要线路投资，其成本与距离无关。

3）卫星通信技术在智能交通中的应用

在智能交通系统中，卫星通信技术主要应用于全球定位系统（GPS）导航、车辆定位、车辆跟踪及交通管理，便于智能交通系统向驾驶员提供出行线路的规划和导航、信息查询功能以及实施紧急援助等，如图 3-19 所示。

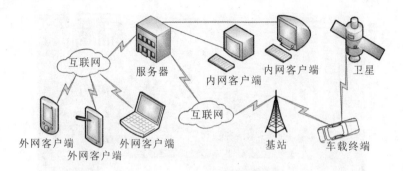

图 3-19　智能交通系统卫星通信技术

3.3.3　V2X 通信的应用场景

基于人、车、路、网络之间的全方位连接和高效信息交互，V2X 正从信息服务类应用向交通安全和提高效率的应用方向发展，并将逐步支持实现智能汽车自动驾驶及协同服务类应用演进。

1. 辅助驾驶应用场景及技术要求

1) 辅助驾驶应用场景

辅助驾驶应用场景基于 V2X 信息交互，可实现车辆、基础设施和行人等交通参与者之间的实时状态共享，辅助驾驶人进行决策。

基于 V2V 的交叉路口碰撞预警是指当主车驶向交叉路口，与侧向车辆在交叉路口存在碰撞危险时，对主车驾驶人进行预警，以避免或减轻侧向碰撞，如图 3-20 所示。交叉路口包括十字路口、丁字路口、环岛和高速匝道等各种形式的交叉路口。

图 3-20　V2V 交叉路口碰撞预警

基于 V2P 的弱势交通参与者碰撞预警是指汽车在行驶过程中，如遇弱势交通参与者存在碰撞危险时则对驾驶人进行预警，以避免或减轻碰撞危险，如图 3-21 所示。其中 P 可以是行人、自行车等，P 可以具有短程无线通信能力，也可以不具有通信能力（路侧单元 RSU 经雷达、视觉传感器检测到 P，并发送 P 的相关信息）。

2) 辅助驾驶应用场景技术要求

辅助驾驶应用场景对通信网络提出的具体要求如下：

(1) 通信时延要求小于 100 ms，在特殊情况下小于 20 ms，可靠性需满足 90%～99%，

图 3-21 V2P 弱势参与者碰撞预警

典型数据包大小为 50~300 B,最大为 1200 B。

(2) 单车每日数据处理量在 GB 级,当车辆、道路、交通等数据大量汇聚时,需要保证具备处理海量数据储存的能力,同时还需要满足这些数据的实时共享、分析以及开放需求。

(3) 定位精度应满足车道级定位精度即米级定位精度,车辆可获取道路拓扑结构。

2. 自动驾驶应用场景及技术需求

1) 自动驾驶应用场景

5G 技术通过 V2X 通信技术的应用,对自动驾驶技术和智慧交通的发展具有极大的促进作用。面向自动驾驶增强型应用场景的研究应用得到了汽车产业相关方的关注与支持,一方面从基础应用场景的实时状态共享过渡到 V2V、V2I 以及 V2N 的协同控制,提升了信息交互的复杂程度,实现了协同自动驾驶与智慧交通的应用;另一方面,基于通信与计算技术的提升,交通参与者之间可以实时传输数据,提高了感知精度与数据丰富程度。

2) 自动驾驶应用场景技术要求

自动驾驶应用场景对通信网络、信息交互、数据处理以及定位等提出新的要求:

(1) 单车上下行的通信数据速率需求大于 10 Mb/s,部分场景需求大于 50 Mb/s,延时需求为 3~50 ms,可靠性需大于 99.999%。

(2) 需实时交互车辆、道路、行人的全量数据,利用多传感器融合技术获取实时动态交通高精度地图。

(3) 单车每日数据处理量在 TB 级,因此对数据的存储、分析等计算能力有更高的要求。

(4) 定位精度需达到亚米级甚至厘米级。

3.4 车路协同控制技术

3.4.1 车路协同控制的定义

车路协同控制是指基于无线通信、传感探测等技术进行车辆、道路信息获取,通过 V2V、V2I 之间的信息交互和信息共享,实现车辆和基础设施之间的智能协同与配合,达到合理利用系统资源、提高道路交通安全性和缓解交通拥堵的目标，如图 3-22 所示。

图 3-22　车路协同控制

车路协同控制已成为智能交通发展的新方向，而新一代的通信技术则是车路协同控制的关键，它能为智能交通提供 V2V、V2I 的高速可靠的智能传输通道。该通道的畅通及信息传输速度，将直接影响到车辆的行驶效率，甚至是社会交通的整体效率。

一般来说，车路协同系统由车载感知子系统、路侧感知子系统、数据传输子系统、数据处理及预警子系统、交通控制与信息发布子系统这五个部分组成，各子系统之间的信息共享及共同作用实现车路协同。

车载感知子系统是由安装在车辆上的各种车辆运行参数传感器、车载摄像头、雷达、GPS 卫星定位装置以及车载微处理单元等组成的。该子系统又分为车辆感知模块、环境感知模块和 GPS 定位模块三个部分，是车路协同控制技术中获取车辆信息的主要途径。

路侧感知子系统是由安装在道路上的地磁、超声波、红外、RFID、信标、视频检测器和道路气象站、路面路况检测器等部分组成的，该子系统又分为道路交通感知模块、道路气象感知模块和路面状况感知模块三部分，是车路协同控制技术中获取路面信息的主要途径，如图 3-23 所示。

图 3-23　道路交通感知情况

车载通信模块 OBU、路侧通信模块 RSU、移动通信基站以及其他通信设施共同组成数据传输子系统，用于实现短距离无线通信及中远距离无线通信与数据传输，是连接车辆与道路的主要手段,用于信息的输入和输出。

在交通管理中心,各种信息显示设备、处理设备及报警装置等组成了数据处理和预警子系统。该子系统分为数据处理模块、预警和报警模块,这些设备是信息的处理中心,能够快速处理信息并根据算法提供相应的预警或报警信号,以保证车辆行驶的安全性及提高交通的通行效率。

交通控制与信息发布子系统是由安装在道路沿线的信号控制装置、可变信息板、路旁广播以及车载信息提示与发布装置等组成的,这些信号控制装置通过接收交通管理中心的信息来反馈给终端,使终端(包括车辆和道路等)及时获取信息。

上述五个子系统紧密联系,相互协调,将人、车、路统一在一起,共同形成一个基于车联网技术的有机的车路协同整体,从而实现车路协同系统的总体目标与功能。

3.4.2 车路协同控制的架构

总的来说,智慧交通车路协同控制的架构通过终端—通路—数据处理三层架构实现环境感知、数据融合计算和控制以及决策的传输,从而提供安全、高效、便捷的智慧交通服务。

1. 终端

终端是指参与智慧交通服务系统的实体元素,包括具有通信功能的 OBU、RSU 等,也包括具有感知功能的摄像头、雷达等,以及路侧交通设备(包括红绿灯、电子指示牌等)。

2. 通路

通路是指可以实现交通各实体元素互联互通的网络,包括中短距离网络中的 DSRC 通信网络、LTE-V 通信网络以及远距离通信网络中的 4G/5G 网络、卫星通信系统等,网络支持可以根据业务需求灵活选择,各网络之间相互配合,同时保障通信的安全性和可靠性。

3. 数据处理

数据处理是指实现数据汇集、计算、分析、决策以及基本运维管理功能的平台,根据各业务的实际需求可部署在边缘侧或中心云端。数据处理是智慧交通车路协同系统的最重要的环节,它是接收信息、处理信息及输出决策的主要环节,主要影响到终端的反馈(即车辆行驶信息的反馈及路侧交通设备的信息反馈),进而影响车辆行驶的安全性及效率。

在终端—通路—数据处理的新型交通架构下,车端和路端都将实现基础设施的全面信息化,形成底层和顶层的数字化映射,可构建广覆盖蜂窝通信与直联通信协同的融合网络,保障智慧交通业务的连续性;人工智能和大数据技术也可实现海量数据分析与实时决策,构建一个新型的智慧交通一体化管控平台。

3.4.3 车路协同控制技术的应用

1. 自动泊车

智慧车辆的自动泊车能够实现车位的数据化管理,自动寻位、精准导航以及盲区监测等功能,与 5G 网络、边缘计算的有机结合是实现自动泊车不可或缺的技术手段。

智慧停车场系统架构由车端、场端和边缘云构成,如图 3-24 所示。车辆驶入智慧停车场,启动自动驾驶泊车模式,便可接收到边缘云下发的指定空车位信息和准确的定位导航路径,车辆沿着规划路径行驶,并结合路侧高精度定位进行实时路径校正。同时场端感知单元可检测到行人和障碍物,并通过网络控制车辆进行制动及避让,待障碍物消失后,车辆恢复行驶状态,最终到达指定位置后自主停入停车位。

在智慧停车场场景中,边缘云实现感知融合、导航和消息分发,实现障碍物超低延时的实时感知。另一方面,边缘云的超大算力可以支撑车辆实现轨迹对比,实现自动循迹驾驶。

自动泊车功能已经在部分车辆及停车场上实现,是较为基础的车路协同的应用方式。

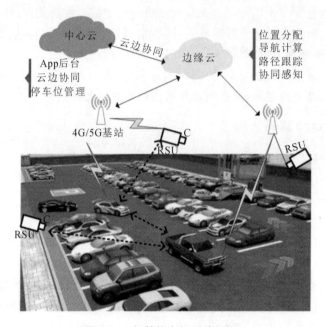

图 3-24　智慧停车场系统架构

2. 智慧公交系统

智慧公交系统具有快速、舒适、低能耗等特点,利用车路协同技术提升智能公交管理水平。沿公交专用道部署 RSU,可以实现公交专用道沿线的网络覆盖,形成智能公交车联网。公交车辆安装 OBU,交通信号控制系统可监测到公交车辆到达与驶离,为智慧公交车辆提供信号优先服务。智慧公交协同控制已经在部分城市得到了广泛应用,以解决公交车辆较多、公交车满座率低、行驶安全等问题。智慧公交的车路协同系统可以为公交车提供按需行驶服务,以减少车辆间隔,提升公交车的运行能力,并为公交车辆提供主动安全服务。

智慧公交系统应用于快速公交(bus rapid transit,BRT)系统,其拥有专用道路和车站,是 5G 车路协同技术应用落地的最优示范场景之一,通过 V2I、V2V 以及车与智慧公交大数据平台(V2N)等实时的信息交互与信息传输,终端(包括车辆与路侧基础设施等)可获取更广范围内的交通信息,实现信息的感知和共享,也可通过接收信息辅助车辆进行决策和控制。智慧公交大数据平台通过乘客流量分析和车站人流监控信息,调整智慧公交的运行密度和效率,通过智能公交运行过程中海量实时数据的智能、高效分析,实现公交系统运量及使用效率的最大化,如图 3-25 所示。

3. 景区的无人驾驶

景区的无人驾驶车辆,顾名思义,就是指应用在某个特定景区中的车辆,它并不适用于

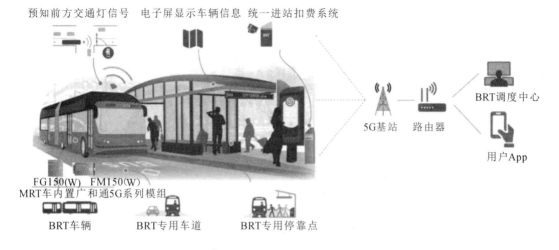

图 3-25　BRT 车路协同系统示意图

所有的景区,而是根据每个景区的不同需求而量身定制的。

图 3-26 为景区无人驾驶车辆,其运用了 5G 网络、边缘计算、车路协同以及无人驾驶等前瞻技术,将无人驾驶与 5G 应用进行了有机结合。依据车路协同控制系统,无人驾驶车辆可以根据景区道路信息规划合理路径,设置车站位置,在行驶过程中,车辆能够及时感知周围环境并做出正确的驾驶判断,可以保证车辆自动、安全、稳定地运行。同时,借助高速低时延 5G 网络,车辆运营监控系统可实时采集车内外高清视频和车辆运营的状态信息数据,以便于工作人员远程即时监控车辆并采取相应措施,也可根据实时人流信息规划车辆行驶密度,保证车辆行驶的高效率与低能耗。

图 3-26　景区无人驾驶车辆

4. 智慧交叉口车路协同控制

智慧交叉口车路协同控制的本质是依据实时交通状况对交叉口中冲突点的通行时空资源进行合理分配,最终实现减少车辆在交叉口的等待时间,提高交叉口通行效率的目的。

部署智慧交叉路口功能后,交叉路口处的路侧智能传感器(如摄像头、雷达等)将路口处探测到的信息发送给智慧交叉口协同系统,同时相关车辆可以将车辆状态信息发送给智慧交叉口协同系统,智慧交叉口协同系统通过对信息及信号处理、视频识别信息综合等应用功能,可以对交叉路口周边的车辆、行人的位置,车辆速度和密度等进行分析和预测,并将分析结果实时发送至相关车辆,这样,可以综合提升车辆通过交叉路口的安全性及舒适性;同时可以通过收集和分析的相关信息,对交通信号灯的相关参数进行优化,提高交叉路口的通行效率。

智慧交叉口协同系统需要在路口布设 RSU,用于接收附近智能联网汽车的信息和从云端接收数据中心的数据,并不断向附近的所有联网车辆传输实时数据信息,从而提前预告或警告潜在的安全问题。与此同时,智能环境感知系统本身也能对道路进行观察并提供进一步的信息。智能网联汽车接收到 RSU 发出的信息后对自动驾驶包括路径、速度、制动等进行调整,并将调整后的数据实时发送给 RSU。RSU 与 OBU 建立连接后,OBU 向 RSU 发送包括车辆速度、车辆位置的车辆状态消息。RSU 收到车辆状态消息后进行解析处理,实现对车辆运行参数的实时监测,然后根据监测数据判定交叉口当前安全等级,并将判定结果与当前交叉口动态信息(包括当前信号灯状态、信号保持时间等)或预警消息向处于其通信队列的车载单元实时发送,其中预警消息定向发布至潜在事故车辆,提醒其调整驾驶行为,避免事故发生;状态消息则以广泛传播方式发布,接收到消息的是非事故车辆,其可根据状态消息调整驾驶行为。

5. 车队协同调度

车队协同调度是根据区域内车辆密度、道路拥堵严重程度、拥堵节点位置以及车辆目标位置等信息,利用路径优化的算法对车辆开展导航调度,通过控制手段实现自动驾驶汽车的自动组队,使其以较小间距沿相同路径行驶,提高道路车辆密度,简化交通控制无人驾驶的复杂程度,避免拥堵状况进一步恶化,在缓解交通压力的同时,还可以降低汽车油耗,节约能源。通过对路况分析和车辆的统一调度,实现一定范围内大规模车辆协同、车辆编队行驶等功能,可应用于城市级导航场景中。

智能网联汽车将先进的信息采集技术、通信技术、计算机技术和无人驾驶车辆技术集成在一起,基于车辆及车队周围的环境信息感知,通过车辆队列和单体车辆整体和局部决策规划,利用协同控制策略和方法,实现多个智能体的协同驾驶。

车队协同调度系统主要由交通控制层、车辆管理层和车辆控制层构成,如图 3-27 所示。交通控制层位于路侧,由搭建的路侧设备构成,包括情报板、交通标示牌和通信设备等,均用于支持车辆的协同驾驶;车辆管理层和车辆控制层位于车载端,用于协同驾驶策略的决策与执行。车辆控制层架构是采用分层设计的方式,由数据收发单元、协同轨迹规划单元和自车轨迹跟踪单元三部分组成。

车队协同调度系统的实现方式如下:

数据接收单元处理车辆信息,规划行车轨迹后发送信息。场景中的车辆根据各自的传感器,如速度传感器、加速度传感器、横摆角速度传感器等获得车辆的位置、速度、横摆角(或者横摆角速度)等状态变量,并根据地图信息计算得出车辆所在车道、车道宽度、车辆与车道中线的夹角等数据。通过车-车通信将其和换道决策信息发送到协同轨迹规划车辆上。在

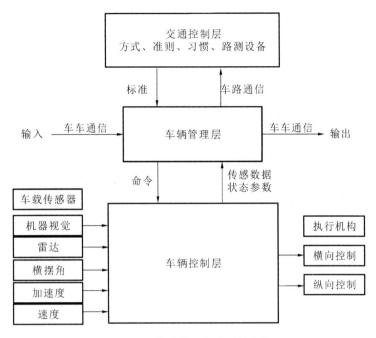

图 3-27　车队协同驾驶系统结构

协同轨迹规划车辆上，一方面，数据处理模块凭借地图信息，计算得到车辆之间的相对距离和速度等信息，并根据车辆的换道决策将车辆区分为换道车辆和直行车辆，并同时将相关信息传递到协同轨迹规划层，为其提供相关数据。

无线通信发射模块把规划好的车辆轨迹发送到各个车辆。协同轨迹规划层可以根据两辆换道车辆的原始车道和目标车道信息，进行两车的协同轨迹规划，得到多条换道车辆的时间及位置序列。

协同轨迹规划层包括安全距离模型和轨迹制定两个方面。安全距离模型分为换道车辆之间安全距离模型和换道车辆与直行车辆之间的安全距离模型，前者可以保证换道车辆之间的安全性，后者用来保证换道车辆与直行车辆之间的安全性。

轨迹的制定以保证车辆换道的舒适性和安全性等为主要目标，以安全距离模型和动力学限制为约束，制定两条安全、舒适且高效的换道轨迹。轨迹制定后，将规划轨迹信息分类，通过数据收发模块分别发送给各个车辆。车辆的轨迹跟踪器可以实时跟踪车辆的规划轨迹信息，实现协同换道。

协同轨迹规划车辆的轨迹跟踪器直接从轨迹规划层得到参考轨迹信息进行跟踪；其他车辆通过 V2V 获得规划轨迹，经数据收发处理单元后，直接下发给轨迹跟踪器进行轨迹跟踪。如此，便可实现车辆的换道，将行驶路径相同的车辆形成一个小型的车队，提升车辆行驶效率。

6. 自动驾驶

自动驾驶主要依靠车辆智能传感器来感知车辆信息和环境信息，通过自主决策驾驶行为，来达到控制车辆到达既定目的地的目的。自动驾驶汽车使用各种内置传感器来收集数据，在自动驾驶汽车中，来自各种内置传感器的数据可以在毫秒内得到处理和分析，这将保证汽车可以从起始点到终点的安全行驶。与此同时,车辆信息和路况信息还将传递至云端平台,从而传递给相关的其他车辆,最终,来自智慧互联汽车的大数据将与其他智能汽车共享,实现车辆与道路的最佳运行效率。图 3-28 所示为现阶段自动驾驶车辆调试实景。

图 3-28　自动驾驶车辆调试实景

　　为了观察和感知自身周围的一切,自动驾驶汽车通常使用三种类型的传感器:摄像头、毫米波雷达和激光雷达。摄像头可帮助汽车获得周围环境的 360°全景影像,技术先进的摄像头还可以提供逼真的 3D 图像用来识别物体和人,并能通过一定的算法确定物体和人之间的距离。但是,气象环境恶劣、交通标志的损坏或对比度不足也会影响摄像头的性能。毫米波雷达不受天气条件的影响,它可以检测到移动的物体,还可以实时测量距离和速度。激光雷达可以创建周围环境的 3D 图像并绘制地图,可以在汽车周围创建全方位无遮挡的视图影像。

　　自动驾驶技术更为关键的是帮助分析自动驾驶汽车中数据的软件,其核心在于深度的 AI 算法,算法又依靠海量的数据信息。连接到网络后,自动驾驶汽车不仅可以将所有传感器的数据传递到云端,还能立即对各种情况做出响应,所以,自动驾驶汽车必须拥有传感器、人工智能软件和云服务器。

　　自动驾驶汽车通过定位技术确定自己的坐标,并结合来自内部传感器的数据来确定自身的速度和方向;同时,自动驾驶汽车还需要在地图中定位,并将道路标志所处车道和各种实时障碍物信息都考虑在内。利用收集到的数据,自动驾驶汽车可以针对道路上的可能情况制定策略。自动驾驶汽车之间的数据共享有助于避免交通堵塞,并可应对突发紧急情况。

　　自动驾驶汽车可以通过大数据分析,做出明确、合理的决策,保障汽车安全行驶。随着自动驾驶程度的提高,为自动驾驶提供支持的技术将变得更加复杂,这就需要更多的数据来感知周围环境、决策驾驶行为和定位车辆及道路情况,从而提升了自动驾驶的安全性,降低事故发生率,大数据让自动驾驶汽车具备熟练驾驶员的经验;同时,自动驾驶汽车实际运行过程中产生的各类数据和对远程故障诊断、数据存储、备份和分析则需要超高的云计算能力,实现在云端实时地处理自动驾驶汽车传来的各种道路数据并更新,让自动驾驶汽车在行驶中具有整个交通全局的信息视野和决策能力。

练习题

一、名词解释
1. 蓝牙通信技术
2. V2X 通信技术
3. 5G 移动通信技术
4. NFC 通信技术
5. DSRC 通信技术
6. 卫星通信技术
7. WiFi 通信技术
8. LET-V 通信技术
9. 车路协同控制

二、简答题
1. 智能网联汽车有哪些特点?
2. 简述 NFC 通信系统的工作原理。
3. 画出 WiFi 通信技术的网络组件关系图。
4. 简述 DSRC、LET-V 通信技术的组成及特点。
5. 简述 5G 移动通信技术与卫星通信技术的特点与应用。
6. 简述智慧交通车路协同控制架构。
7. 举例说明车路协同控制技术的主要应用场景。

第4章　智能汽车车载网络技术

【教学目标】

通过对本章的学习，学生能够掌握智能汽车车载网络总线技术的分类，其分类包括 CAN、LIN、MOST、FlexRay 总线、以太网等，掌握各种总线技术的特点及结构。

4.1　概述

4.1.1　车载网络技术发展历程

汽车电子技术在经历了零部件层次的汽车电器时代、子系统层次的单片机（汽车电脑）控制时代之后，已经开始进入汽车网络化时代，并向汽车信息化时代迈进。

按照电子产品和电子控制系统的技术特点，可将汽车电子技术的发展粗略划分为四个阶段。

1. 第一阶段

1965—1980 年属于零部件层次的汽车电器时代。汽车发电机晶体管电压调节器和晶体管点火装置等开始装配于汽车，而且电子控制装置又逐步实现了由分立元件向集成化的过渡。

这一阶段，应用于汽车的其他电子装置还有转向系统电子式闪光器、电子控制式喇叭（见图 4-1）、电子式间歇刮水控制器、数字时钟（见图 4-2）及高能点火线圈和集成电路点火系统等。

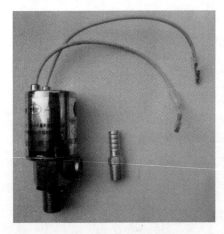

图 4-1　电子控制式喇叭

图 4-2　数字时钟

2. 第二阶段

1980—1995 年属于子系统层次的汽车单片机控制时代。在这一时期，单片机在汽车上得到广泛应用，以单片机为控制核心，以实现特定控制内容或功能为基本目的的各种电子控制系统得到了迅速发展,如图 4-3 所示为电子点火控制系统。进入 20 世纪 90 年代后,出现了全面、综合的电子控制系统。

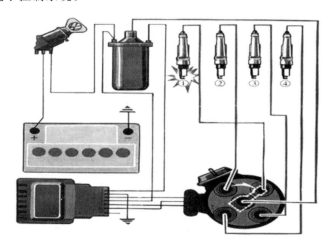

图 4-3　电子点火控制系统

电子控制技术在汽车上的广泛应用,不仅拓展了电子控制的功能和控制内容,提高了控制精度和汽车性能,也为汽车网络技术的发展奠定了坚实的基础。

3. 第三阶段

1995—2010 年属于整车联网层次的汽车网络化时代。在这一时期,出现了采用先进的单片机技术和车载网络技术的分布式、网络化的电子控制系统。整车电气系统被连成一个多 ECU、多节点的有机整体,使得其性能也更加完善。

目前,世界主要汽车制造商生产的多数汽车上均采用了以控制器局域网(controller area network,CAN)、局部连接网络(local interconnect network,LIN)、多媒体定向系统传输(media orientel system transport,MOST)等为代表的网络控制技术,将车辆控制系统简化为节点模块化。

在基于现场总线的分布式控制中,任何传统意义上的传感器和执行器都可以与同一现场的节点相组合,构成节点模块。汽车网络技术进一步优化了汽车的控制系统,极大地提升了汽车的整体控制水平。典型的汽车网络系统布置如图 4-4 所示。

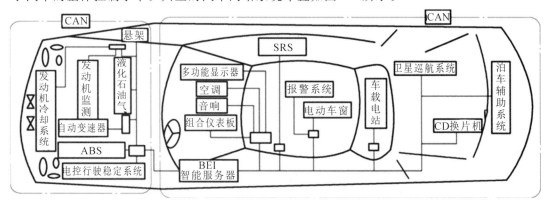

图 4-4　汽车网络系统布置

4. 第四阶段

2010年至今属于汽车信息化时代。2010首届国际 Telematics 产业发展高峰论坛在广东佛山隆重举行，以此为标志，2010年成为汽车信息化时代开创之年。汽车网络技术是现代汽车电子技术的重要组成部分，也是现代汽车通信与控制的基础。伴随着汽车网络技术的日趋成熟，汽车电子技术开始向信息化时代迈进（见图4-5）。

图 4-5　汽车信息化时代

网络化时代的汽车电子技术注重解决汽车内部各个系统之间的信息交换问题，而信息化时代的汽车电子技术则可以实现车内网络与车外网络之间的信息交换，全面解决人、车、外部环境之间的信息交流问题，如图4-6所示。

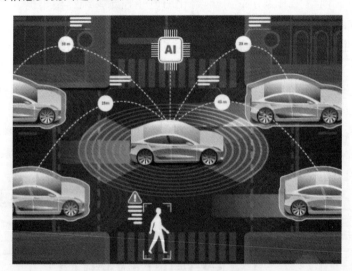

图 4-6　人、车、外部环境信息交流

通过对智能汽车的研究，可以提高车辆的控制与驾驶水平，保障车辆行驶的安全畅通、高效。对智能化的车辆控制系统的不断研究完善，相当于延伸了驾驶员的感官功能，扩展了驾驶员的控制能力，能极大地促进道路交通的安全性。智能汽车的主要特点是以技术弥补人为因素的缺陷，使得即使在很复杂的道路情况下，也能自动地操纵和驾驶车辆绕开障碍物,沿着预定的道路轨迹行驶。

4.1.2 车载网络优点

为了简化线路,降低线路故障频率,提高信息传输的速度和可靠性,车载网络技术如CAN、LIN和FlexRay等应运而生。一辆汽车可以采用多少个电控单元,每个电控单元只需引出两条线接在两个节点上,这两条导线称作数据总线,也称为网线。

车载网络可采用常规方法布线或总线方式布线,如图4-7所示。

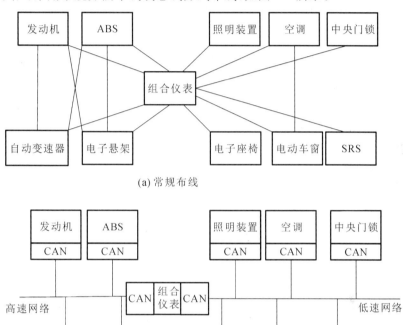

图 4-7 常规方法布线与总线方式布线

采用车载网络的优点如下。

1. 降低整车自重

减少电线用量,耗铜量下降,整车自重得以降低。同时,全车线束变细,也为安装其他新的部件预留了空间。

2. 降低生产成本

除了电线用量减少带来的成本降低之外,基于网络技术所秉持的"信息共享、一线多能"的特点,也充分发挥了每一条电线的作用,实现了物尽其用。

3. 提高工作可靠性

电线数量的减少,也使汽车电气系统的线束插接器数量大大减少,由线束和插接器引发的断路、短路、接触不良等故障的发生率也大大降低,整车电气系统的工作可靠性得以提高。

4. 便于后续开发

采用开放式的车载网络技术,为后续技术的开发留有充分的余地。以后,随着技术的不断进步,新的电子控制系统可以很方便地融入已有的系统,而不必对现有系统做太大的改动。

同时,也便于实现控制器与执行器的就近安装,甚至采用控制器与执行器的一体化安装,进一步节省了安装空间,提高了控制的实时性和控制精度,从而实现了良性循环。

4.1.3 车载网络系统的功能

1. 多路传输功能

为了减少车辆电气线束的数量,多路传输通信系统可使部分数字信号通过共用传输线路进行传输。当系统工作时,由各个开关发送的输入信号通过中央处理器(CPU)被转换成数字信号,该数字信号由传感器以串行信号方式传输给接收装置,发送的信号在接收装置处被转换为开关信号,再由开关信号对有关元件进行控制。

2. "唤醒"和"休眠"功能

"唤醒"和"休眠"功能用于减少在关闭点火开关时蓄电池的额外能量消耗。当系统处于"休眠"状态时,多路传输通信系统将停止如信号传输和CPU控制等功能,以节约蓄电池的电能;当系统有人为操作时,处于"休眠"状态的有关控制装置立即开始工作,同时还将"唤醒"信号通过传输线路发送给其他控制装置。

3. 失效保护功能

失效保护功能包括硬件失效保护功能和软件失效保护功能。当系统的CPU发生故障时,硬件失效保护功能使其以固定的信号进行输出,以确保车辆能继续行驶;当系统某控制装置发生故障时,软件失效保护功能将不受来自有故障的控制装置的信号影响,以保证系统能继续工作。

4. 故障自诊断功能

故障自诊断功能包括多路传输通信系统的自诊断功能和各系统输入线路的故障自诊断功能,既能对自身的故障进行自诊断,又能对其他系统进行故障诊断。

4.1.4 车载网络发展趋势

1. DDB Optical 光纤

DDB Optical 是一种光纤通信系统,使用者可以将娱乐及信息产品与中央控制系统整合,不会与中央控制系统相互抵触。DDB 光纤网络采用光纤以光波传输数据,数据按次序在光纤网络中传输,主要用于收音机、卫星导航、CD、音控放大器、移动电话和道路交通导航系统等。

采用 DDB Optical 光纤网络可减少传输信号失真,线路无损耗。车辆其他用电设备产生高频干扰电流以及静电等对 DDB 光纤传输网络不构成干扰。

目前,DDB Optical 应用在车身网络上,特别是数字影音和导航系统,其特点在于激活时即自我组态,且新、旧的 DDB Optical 装置都相融于车身网络。

2. COMMAND 网络

COMMAND 网络是一种独立的网络,用于连接交通状况记录模块与电视频道译码模块,由中央通信控制单元播放电视并结合卫星导航和地图系统,指示驾驶人如何避开交通拥塞道路。

3. CellPort Labs 移动电话网络

移动电话与 DDB 光纤永久连接,当移动电话使用 TMC/GSM 与交通信息中心连接时,通过移动电话网络与交通状况记录模块传递信息,进行导航指示,与汽车使用共通的接口,行车时也可同时打电话。

4. TOKEN BUS

TOKEN BUS 是一种通过网络到实体层寻找资料的方式。对加装与实时的配备而言,局域网络不需要太多软件支持便能提供实体层、数据链路层和开放式相互连接系统的传输功能,如流量控制和硬件封包等。

5. OSEK 开放式标准化系统

OSEK 开放式标准化系统兼容于车内的电子产品接口,将实时的操作系统、软件接口及管理网络与通信功能都规范化,在戴姆勒-克莱斯勒与 IBM 的协议下,该系统已成为车上的基本操作系统。

4.1.5 车载网络分类

1. 按网络拓扑结构分类

网络的拓扑结构是指网上计算机或设备与信息传输介质形成的节点与数据传输线的物理构成模式。车载网络的拓扑结构主要有线形拓扑结构、星形拓扑结构、环形拓扑结构等几种。

1) 线形拓扑结构

线形拓扑结构是一种信道共享的物理结构。这种结构中总线具有信息的双向传输功能,普遍用于控制器局域网的连接,总线一般采用同轴电缆或双绞线。线形拓扑结构如图4-8 所示。

2) 星形拓扑结构

星形拓扑结构是一种以中央节点为中心,把若干外围节点连接起来的辐射式互连结构。这种结构适用于局域网。星形拓扑结构如图4-9 所示。

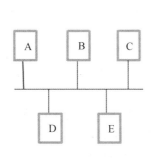

图 4-8 线形拓扑结构

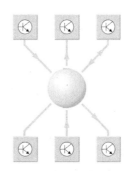

图 4-9 星形拓扑结构

3) 环形拓扑结构

环形拓扑结构由各节点首尾相连形成一个闭合环形线路。环形网络中的信息传送是单向的,即沿一个方向从一个节点传到另一个节点;每个节点需安装中继器,以接收、放大、发送信号。环形拓扑结构如图 4-10 所示。

2. 按联网范围和控制能力分类

总线按联网范围分为主总线系统、子总线系统。

主总线系统负责跨系统的数据交换,其相关参数如表 4-1 所示。子总线系统负责系统内的数据交换,其相关参数见表 4-2,子总线系统用于交换特定系统内数据量相对较少的数据。

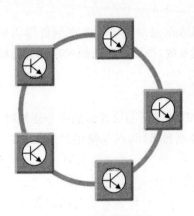

图 4-10 环形拓扑结构

表 4-1 主总线系统相关参数

主总线系统名称	数据传输速率	总线拓扑结构	传输介质
K 总线	9.6 Kbit/s	线形,单线	铜质电线
D 总线	10.5～115 Kbit/s	线形,单线	铜质电线
CAN	100 Kbit/s	线形,双线	铜质电线
K-CAN	100 Kbit/s	线形,双线	铜质电线
F-CAN	100 Kbit/s	线形,双线	铜质电线
PT-CAN	500 Kbit/s	线形,双线	铜质电线
Byteflight	10 Mbit/s	星形	光纤
MOST	22.5 Mbit/s	环形	光纤

表 4-2 子总线系统相关参数

子总线系统名称	数据传输速率	总线拓扑结构	传输介质
K 总线	9.6 Kbit/s	线形,单线	铜质电线
BSD	9.6 Kbit/s	线形,单线	铜质电线
DWA 总线	9.6 Kbit/s	线形,单线	铜质电线
LIN 总线	9.6～19.2 Kbit/s	线形,单线	铜质电线

3. 按信息传输速度分类

为方便研究和设计应用,美国汽车工程师学会(SAE)的汽车网络委员会按照系统的复杂程度、传输流量、传输速度、传输可靠性、动作响应时间等参量,将汽车数据传输网络划分为 A、B、C、D、E 五类。

A 类网络是面向传感器/执行器控制的低速网络,数据传输网络传输速率通常小于 10 Kbit/s,主要用于车外后视镜调整,电动车窗、灯光照明控制等。

B 类网络是面向独立模块间数据共享的中速网络,网络传输速率为 10～125 Kbit/s,主要应用于车身电子舒适性模块、仪表显示系统等。

C 类网络是面向高速、实时闭环控制的多路传输网络,网络传输速率在 125 Kbit/s～1 Mb/s 之间,主要用于牵引力控制、发动机控制、ABS、ESP 等系统。

D 类网络是智能数据总线(intelligent data BUS,IDB)网络,主要面向影音娱乐信息、多媒体系统,其网络传输速率在 250 Kbit/s～100 Mbit/s 之间。按照 SAE 的分类,IDB-C 为低速网络,IDB-M 为高速网络,IDB-Wireless 为无线通信网络。

E 类网络是面向汽车安全系统的网络,其网络传输速率为 10 Mbit/s。

随着汽车智能化的发展,对网络宽带和传输速率的要求越来越高,车载网络类型会不断增加。智能汽车各种网络之间是一种相辅相成的配合关系,整车厂可以从实时性、可靠性、经济性等多方面出发,选择合适的网络配合使用,充分发挥各类网络技术的优势。

4.1.6 车载网络总线技术

总线即传输信息的公共通道,现场总线是指安装在制造或过程区域的现场装置与控制室内的自动控制装置之间的数字式、串行、多点通信的数据总线。数据总线是电控单元之间传递数据的通道。数据总线可以实现在一条数据线上传递的信息能被多个系统(电控单元)共享的目的,从而最大限度地提高系统整体效率,充分利用有限的资源。现场总线技术是一种全数字化、全分散式、可互操作和开放式互联网络的新一代控制技术,是计算机技术、通信技术和控制技术的综合与集成。

车载网络总线主要有 CAN、LIN、FlexRay、MOST、以太网等总线。

1. CAN 总线

CAN 总线是德国博世公司在 1985 年为解决汽车上众多测试仪器与控制单元之间的数据传输而开发的一种支持分布式控制的串行数据通信总线。

2. LIN 总线

LIN 是专门为汽车开发的一种低成本串行通信网络,用于实现汽车中的分布式电子系统控制。LIN 网络的数据传输速率最大为 20 Kbit/s,属于低速网络,媒体访问方式为单主多从,是一种辅助总线,辅助 CAN 总线工作。在不需要 CAN 总线的带宽和多功能的场合,使用 LIN 总线可大大降低成本。

3. FlexRay 总线

FlexRay 是一种用于汽车的高速可确定性的、具备故障容错功能的总线系统。汽车中的控制器件、传感器和执行器之间的数据交换主要是通过 CAN 网络进行的。然而新的 X-by-wire(线控技术)的出现,导致车辆系统对信息传输速度,尤其是对故障容错与时间确定性的需求不断提高了。FlexRay 总线通过在确定的时间槽中传送信息,以及在两个通道上的故障容错和冗余信息的传达,可以满足这些新增的要求。

4. MOST 总线

MOST 总线是使用光纤或双绞线作为传输介质的环形网络,可以同时传输音频/视频流数据、异步数据和控制数据,支持高达 150 Mbit/s 的传输速率。

5. 以太网

以太网是美国施乐公司创建并由英特尔、DEC(数字装备)等公司联合开发的基带局域网规范,是现有局域网采用的最通用的通信协议标准。以太网包括标准以太网(10 Mbit/s)、快速以太网(100 Mbit/s)、千兆以太网(1000 Mbit/s)和万兆以太网(10 Gbit/s)。

4.2 CAN 总线

目前,CAN 总线已经是国际上应用最广泛的网络总线之一,它的数据信息传输速率属于中速,通信距离最远可达 10 km。

4.2.1 数据信号及其传输

1. 数制

在计算机和数据传输技术中有三种重要数制,即十进制、二进制、十六进制。

1) 十进制

十进制是常用的阿拉伯数制。这种数制的基数是 10,与此相适应,每个数位有十个不同的符号。十进制数 365 的结构如图 4-11 所示。

2) 二进制

二进制是数据处理中最常用的数制之一。在二进制中只有两个数字值:0 和 1。或接通或关闭,或高电压或低电压,即所谓的二进制符号或位。在通信领域,也把这两个值称为逻辑 0 和逻辑 1。

每个数据信号都由一个二进制符号(位)的排列构成,如 1001,0110,1010。图 4-12 所示为 1010 的结构,换算为十进制数为 10。二进制有两种状态 0 和 1,因此基数为 2。十进制记数法中的数字 5 在转换为二进制数为 0101。

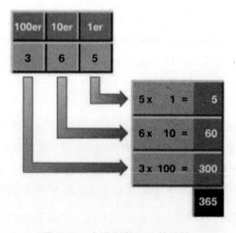

图 4-11 十进制数 365 的结构

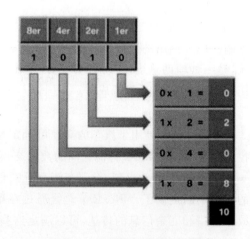

图 4-12 二进制数 1010 的结构

3) 十六进制

十六进制数用作二进制数的简化表示。这种数制包括十六个符号,即 0、1、2、3、4、5、6、7、8、9、A、B、C、D、E、F。

十六进制的基数是 16。字母 A 至 F 对应十进制中的数字值 10 至 15。用一个一位的十六进制数可以表示一个四位的二进制数(四位组)。十六进制数与二进制数的对应关系如表 4-3 所示。

表 4-3　十六进制数与二进制数的对应关系

二进制				十六进制数	十进制数
位 3	位 2	位 1	位 0		
0	0	0	0	0	0
0	0	0	1	1	1
0	0	1	0	2	2
0	0	1	1	3	3
0	1	0	0	4	4
0	1	0	1	5	5
0	1	1	0	6	6
0	1	1	1	7	7
1	0	0	0	8	8
1	0	0	1	9	9
1	0	1	0	A	10
1	0	1	1	B	11
1	1	0	0	C	12
1	1	0	1	D	13
1	1	1	0	E	14
1	1	1	1	F	15

例如,将二进制数 1100 0001 转换成十六进制数时,第 1 个四位组(1100)对应十六进制数值 C;第 2 个四位组(0001)对应十六进制数值 1。把这两个结果合并在一起,就可以得到十六进制数字 C1。

2. 数据信号的类别

1) 模拟信号

模拟信号是指通过直接与数据成比例的连续变化物理量表示的信息。

2) 数字信号

数字信号是以数字形式表示不断变化的物理量。在计算机内,所有数据都以"0"和"1"的序列形式表示出来(二进制)。

3) 二进制信号

一个二进制信号只能识别两种状态,即 0 和 1 表示车灯未亮或车灯点亮;继电器触电断开或继电器触点闭合;供电或未供电;车门打开或车门关闭;等等。

每个符号、图片甚至声音都可由特定顺序的二进制字符来表述,如 10010110。根据这些二进制编码,计算机或控制单元可以处理信息或将信息发送给其他控制单元。

4) 信号电压

为了能够清楚地区分高电压和低电压这两种状态,在汽车网络技术中对信号电压做了明确的规定,高电压为 6~12 V,低电压为 0~2 V,2~6 V 之间的电压属于信号禁电压,只用于识别故障。

5) 比特和字节

计算机中的所有信息都以位(比特)为单位进行存储和处理的。因此,必须将所有数据(字母、数字、声音、图片等)转换成二进制代码,以便在计算机中进行处理。最常用的系统和代码用 8 个位构成一个字节。因此,可以对 256 个字节进行设码。

1 千字节(KB)= 2^{10} 字节,即 1024 B;

1 兆字节(MB)= 2^{20} 字节,即 1024 KB;

1 千兆字节(GB)= 2^{30} 字节,即 1024 MB。

3. 总线与接口

1) 总线

总线技术最早应用在计算机内部。电信号在计算机系统组件、微处理器、存储器与输入/输出器件之间以并行方式传输,为此目的而使用的线路称为总线。计算机系统内总线路线如图 4-13 所示。

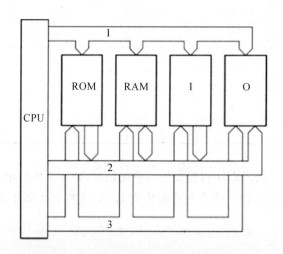

图 4-13 计算机系统内总线路线的示意图

1—地址总线;2—数据总线;3—控制总线;CPU—中央处理器;
ROM—只读存储器;RAM—随机存储器;I—输入单元;O—输出单元

2) 接口

接口负责建立计算机与周围环境(其他设备)之间的连接。

通过接口连接不同设备时有点对点连接和多点连接两种连接方式。

4. 数据传输方式

1) 并行传输和串行传输

根据发送装置向接收装置传输信息时各字节的传输方式不同,数据传输方式分为并行传输和串行传输两种形式。

并行传输指的是数据以成组的方式,在多条并行信道上同时进行传输,是在传输中有多个数据位同时在设备之间进行的传输。并行传输如图 4-14 所示。

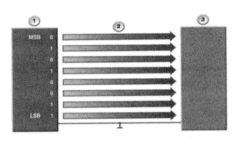

图 4-14　并行传输

1—发送装置；2—数据；3—接收装置；MSB—最高值数位；LSB—最低值数位

串行传输指使用一条数据线,将数据一位一位地依次传输,每一位数据占据一个固定的时间长度。只需要少数几条线就可以在系统间交换信息,特别适合用于计算机与计算机、外设之间的远距离通信。串行传输如图 4-15 所示。

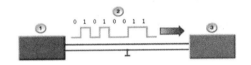

图 4-15　串行传输

1—发送装置；2—数据；3—接收装置

串行传输速度慢,但费用低,适合远距离传输；并行传输速度相对较快,但成本高,适合短距离传输。

目前汽车上并行数据传输方式多在控制单元内部线路中使用,而在控制单元外部传输信息则大都以串行传输方式进行。

串行数据传输既可以采用同步传输方式,也可以采用异步传输方式。

2) 同步传输和异步传输

同步传输方式使用一个共同的时钟脉冲发生器,这样可保持发送装置和接收装置时间管理的同步性。同步传输的字节分组要大得多。同步传输不是独立地发送每个字符,每个字符都有自己的开始位和停止位,而是把多个字符组合起来一起发送。我们将这些组合称为数据帧,或简称为帧。同步传输方式如图 4-16 所示。

数据帧的开始部分包含一组同步字符,它是一个独特的字节组合,类似于前面提到的起始位,用于通知接收方一个帧已经到达,但它同时还能确保接收方的采样速度和字节的到达速度保持一致,使收发双方同步。帧的最后一部分是一个帧的结束标记,表示这一帧的传输结束。

发送和接收装置之间最常用的数据传输方式是异步传输方式。进行异步数据传输时,发送和接收装置之间没有共同的系统节拍。异步传输方式如图 4-17 所示。

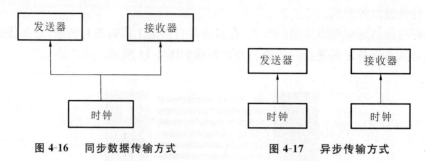

图 4-16　同步数据传输方式　　　图 4-17　异步传输方式

异步传输将字节分成小组进行传输,小组可以是一个 8 位的或者更长的字符。发送方可以在任何时候发送这些字节小组,而接收方不知道什么时候这些小组会到达。

为了使接收方可以知道什么时候消息到达,在不接收消息的时候,接收方通常接收的都是高电平,即"1"。在有消息到达之前,会有一个开始位"0"先发送到接收方,它提醒接收方数据已经到达了,这就给了接收方响应、接收和缓存数据的时间。在传输结束时,会有一个结束位"1"表示传输结束。每个小组都有一个开始位和结束位,例如传输一个 8 位的字符,前面添加一个开始标志位、后面添加一个结束标志位,一共 10 位。

常见的异步传输的例子是电脑键盘和主机之间的传输。异步传输的实现比较容易,由于每个信息都加上了"同步"信息,但是异步通信每个小组都要添加开始位和结束位,会产生较大的开销。

3) 多路传输

多路传输(multiplex control systems)是指在同一条通信线路上,同时传输多种数据信号的通信技术。多路传输可分为时分多路复用、频分多路复用和波分多路复用。

时分多路复用(time division multiplexing,TDM)是指多路数据信号按时间顺序,先后交替利用复用的传输介质进行数据信号传输的技术,即多路数据源的输入复合成一个数据流在同一条通信线路上进行数据传输。采用时分多路复用技术传输数据信号时,将时间分成窄小的时间段,每一个窄小的时间段由复用的一路数据信号占用。各路数据信号在微观上进行串行传输,在宏观上进行并行传输。

频分多路复用(frequency division multiplexing,FDM)是指先将各路输入信号调制到不同的载波频率上,然后利用同一条通信线路进行数据传输。每路调制后的数据信号占用以载波频率为中心的一定的频带,只要各路信号的载波频率足够分离,信号频带彼此不交叉、重叠,各路数据信号就不会互相干扰。

波分多路复用(wave-length division multiplexing,WDM)是指在光波频率范围内,将不同波长的光波按照一定的时间间隔在同一条光导纤维内进行数据传输。

4.2.2　CAN 总线的特点

1. 符合国际标准

CAN 总线符合国际标准,便于一辆车上不同生产厂家的电控单元间进行数据交换。

2. 多主方式

CAN 总线采用多主方式工作,网络上任意一节点均可在任意一时刻主动向网络上其他节点发送信息,而不分主从。

3. 采用标志符报文

报文是网络中交换与传输的数据单元,即节点一次性要发送的数据块。

4. 采用总线仲裁技术

当 CAN 网络中多个节点在同一时刻向总线发送报文产生冲突时,优先级较低的节点会主动退出发送,而最高优先级的节点不受影响继续传输数据,从而可大大节省总线冲突仲裁时间。

5. 数据传输方式多样

CAN 节点只需要通过对报文的标志符滤波即可实现以点对点、一点对多点及全局广播等几种方式传送和接收数据。

6. 多节点

CAN 总线可同时连接多个节点,且节点总数理论上没有限制,但实际上受总线上的时间延迟及电气负载限制。

7. 有两种帧格式

在 CAN 2.0B 的版本协议中有两种不同的帧格式,不同之处为标志符域的长度,含 11 位标志符的帧称为标准帧,含 29 位标志符的帧称为扩展帧。

8. 校验及检错能力强

CAN 总线传输的每帧信息都有 CRC 校验及其他检错措施,错误检测校正能力强,系统可靠性高。

9. 通信介质多样

CAN 通信介质可以为双绞线、同轴电缆或光纤,选择灵活。

10. 传输线颜色的规定

CAN 总线基本颜色为橙色,CAN-L(低位)传输线均为棕色,CAN-H(高位)、驱动系统传输线为黑色,舒适系统传输线为绿色,信息系统传输线为紫色。

11. 故障封闭

CAN 能判断暂时错误(如外部噪声等)和永久错误(如模块内部故障、驱动器故障和断线等)的节点,具有故障节点自动脱离功能。

12. 电控单元实时监测

可采用电控单元对所连接的 CAN 总线进行实时监测,当出现故障时,该电控单元存储相应的故障码。

13. 组网自由,功能扩展能力强

采用 CAN 总线时,若系统需增加新功能,仅需软件升级即可。

14. 传输速率高、距离远

总线利用率高,数据传输距离长,可达 10 km;数据传输速率高,可达 1 Mbit/s。

4.2.3 CAN 总线组成

CAN 是国际标准化的串行通信协议。目前,CAN 总线是汽车网络系统中应用最多,也最为普遍的一种总线技术。

控制单元间的数据交换都在同一平台上进行。这个平台称为协议,CAN 总线起到数据交换"高速公路"的作用。CAN 总线示意见图 4-18。通过 CAN 总线可以很方便地实现用控制单元来对系统进行控制,如进行发动机控制、变速器控制、ESP 控制等。可以方便地加装选装装置,为新装备的使用创造了条件。CAN 总线是一个开放系统,可以与各种传输介质进行适配,如铜线和光导纤维(光纤)。可同时通过多个控制单元进行系统诊断。

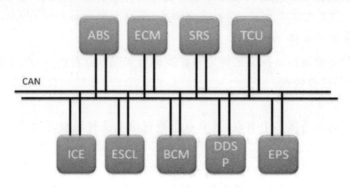

图 4-18 CAN 总线示意图

1. CAN 总线的基本结构

CAN 总线由一个控制器、一个收发器、两个数据传输终端以及两条数据传输线组成。除了数据传输线,其他元件都置于控制单元内部,控制单元功能不变。这些控制单元通过收发器并联在总线导线上。CAN 总线的数据传输与公交车载运乘客相似,CAN 总线数据基本组成见图 4-19。

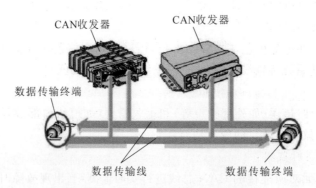

图 4-19 CAN 总线数据传输基本组成

1) CAN 控制器

CAN 控制器用于接收控制单元中的微电脑传来的数据,对这些数据进行处理并将其传往 CAN 收发器。同样,CAN 控制器也接收由 CAN 收发器传来的数据,对这些数据进行处理并将其传往控制单元中的微电脑。

2) CAN 收发器

CAN 收发器是一个发送器和接收器的组合,安装在控制器内部,它将 CAN 控制器提供的数据转化成电信号并通过数据总线发送出去,同时,它也接收 CAN 总线数据,并将数据传到 CAN 控制器。

3) 数据传输终端

数据传输终端实际是一个电阻器,作用是避免数据传输终了反射回来,产生反射波而使数据遭到破坏。

在高速 CAN-BUS 中,只有两个数据传递终端,它装在 CAN 高位(CAN-high)和低位(CAN-low)数据线之间,总电阻为 50～70 Ω,将点火开关断开后,可以用万用表测量 CAN 高位线与 CAN 低位线之间的电阻值。

4) CAN 数据总线

CAN 总线系统采用双绞线进行数据传输,见图 4-20。在双绞线上,信号是按相反相位传输的,这样可有效抑制外部干扰。

图 4-20　CAN 总线双绞线

2. CAN 总线的数据结构

在 CAN 总线上传输的信息称为报文(message)。报文由以下四种不同的帧类型所表达和控制:数据帧、远程帧、错误帧和过载帧。数据帧将数据从发送器传输到接收器。数据帧是报文传输的具有具体意义的数据信息,其结构视 CAN 协议的具体版本不同而异。接收数据的节点(接收数据的控制单元)可通过发送远程帧请求数据源节点(发送数据的控制单元)发送数据。错误帧用来检测 CAN 总线数据传输过程中的错误。CAN 总线控制单元检测到总线错误时,就会发出错误帧。过载帧用于在先行的和后续的数据帧(或远程帧)之间提供一个附加的延时。为确保报文传输的正常进行,在数据帧(或远程帧)之间通过帧间空间(frame space)与前一帧隔开,而不管前一帧是何种类型的帧。而在超载帧与错误帧前面不需要帧间空间,多个超载帧之间也不需要帧间空间来做分隔。

CAN 总线所传输的数据帧如图 4-21 所示,CAN 总线所传输的数据帧由 7 个不同的位场组成,即帧起始、仲裁段、控制段、数据段、CRC 段、ACK 段和帧结束。

数据帧的最大长度为 108 bit。在两条 CAN 导线上,所传输的数据帧的内容是相同的,但是两条导线的电平状态相反,即成镜像。

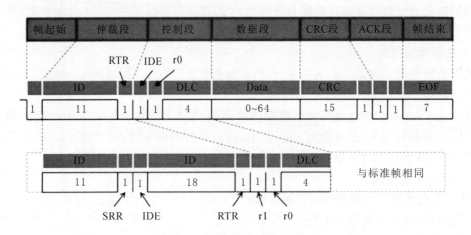

图 4-21 CAN 总线所传输的数据帧

(1) 帧起始(start of frame,SOF)。帧起始标志数据帧和远程帧的开始,由单个显性位构成,长度为 1 bit。在显性位,CAN-high 导线的电压大约为 5 V(具体数值视系统而定),CAN-low 导线的电压大约为 0 V。只有当总线处于空闲状态时,才允许节点开始发送数据,所有节点必须同步于首先发送报文(数据)的帧起始引起的上升沿。

(2) 仲裁段(arbitration field,AF)。仲裁段用于确定所传数据的优先级,如果在同一时刻有两个控制单元都想发送数据,则优先级高的数据先行发出。

(3) 控制段(control field,CF)。控制段(长度为 6 bit)用于显示数据场中的数据数量,以便让接收器(接收数据的控制单元)检验自己接收到的、来自发送器(发送数据的控制单元)的数据是否完整。

(4) 数据段(data field,DF)。数据段由数据帧中被发送的数据组成,是数据帧的实质内容。数据场可包括 0~8 个字节,每个字节由 8 个位组成。数据场的长度视具体情况而定,最大长度为 64 bit。其中,首先发送最高有效位(MSB)。

(5) 循环冗余校验段(cyclic redundancy check,CRC)。CRC 段由 15 位 CRC 序列和 1 位 CRC 界定符(隐性)组成,总长度为 16 bit,用于检验数据在传输过程中是否出现错误。

(6) ACK(acknowledge,ACK)段。ACK 段为两位(长度为 2 bit),即应答间隙(ACK slot)和应答界定符(ACK delimiter)。

在应答场里,发送器发送两个隐性位。当接收器接收到有效的报文时,接收器就会在应答间隙期间发送应答信号,向发送器发送一个显性位以示应答(称为帧内应答)——接收器已经正确、完整地收到了发送器发送的数据。如果检测到在数据传输中出现错误,则接收器会迅速通知发送器,以便发送器重新发送该数据。

(7) 帧结束(end of frame,EOF) 帧结束 EOF 由 7 个隐性位组成(长度为 7 bit),标志着数据的结束。

3. CAN 总线数据传输

CAN 总线的数据传输像一个电话会议,一个电话用户(控制单元)将数据"讲入"网络中,其他用户通过网络"接听"这个数据,对于这个数据感兴趣的控制单元就会利用数据,而其他控制单元则选择忽略。在该网络中,任一控制单元都既可发送数据,又可接收数据。

1) CAN 总线传输速率

目前,CAN 总线系统中的信号是采用数字方式经铜导线传输的,其最大稳定传输速率可达 1 Mbit/s。

大众和奥迪公司将最大标准传输速率规定为 500 Kbit/s,并将 CAN 总线系统分为三个专门的系统:动力 CAN 总线、舒适 CAN 总线和信息 CAN 总线。

动力 CAN 总线(高速)亦称驱动 CAN 总线,其标准传输速率为 500 Kbit/s,可基本满足实时要求,主要用于发动机、变速器、ABS、转向助力等汽车动力系统的数据传输。

舒适 CAN 总线(低速)其标准传输速率为 100 Kbit/s,主要用于空调系统、中央门锁(车门)系统、座椅调节系统的数据传输。

信息 CAN 总线(低速),其标准传输速率为 100 Kbit/s,主要用于对时间要求不高的领域,如导航系统、组合音响系统、CD 转换控制等。

2) CAN 总线传输过程

数据的传递包括以下五个过程:

(1) 提供数据。控制单元向 CAN 控制器提供数据用于传输。

(2) 发出数据。CAN 收发器从 CAN 控制器处接收数据,将其转化为电信号发出。这些数据以数据列的形式进行传输,数据列由一长串二进制(高电平与低电平)数字组成(0110100100111011)。

(3) 接收数据。所有与 CAN 数据总线一起构成网络的控制单元成为接收器。

(4) 检验数据。控制单元对接收到的数据进行检测,看是否是其功能所需。

(5) 认可数据。如果所接收的数据是重要的,它将被认可并及时处理,反之将被忽略。

以发动机电脑向某电脑 CAN 收发器发送数据为例,如图 4-22 所示。该电脑 CAN 收发器接收到由发动机电脑传来的数据,转换信号并发给本电脑的控制器。CAN 数据传输系统的其他电脑收发器均接收到此数据,但是要判断此数据是否所需要的数据,如果不是将忽略掉。

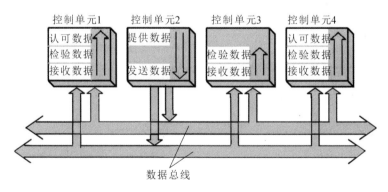

图 4-22 发动机电脑向 CAN 收发器发送数据示意图

3) 数据传输原理

CAN 收发器收到 CAN 控制器送来的信号后控制三极管导通或截止,使总线上的电平也不断跟随变化。电信号传送示意图如图 4-23 所示。

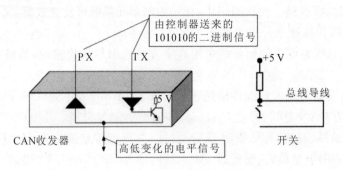

图 4-23 电信号传送示意图

4.3 LIN 总线

LIN 总线网络是专门为汽车开发的一种低成本串行通信网络,用于实现汽车中的分布式电子系统控制。LIN 总线网络的数据传输速率约为 20 Kbit/s,属于低速网络,媒体访问方式为单主多从,是一种辅助总线,辅助 CAN 总线工作。在不需要 CAN 总线的带宽和多功能的场合,使用 LIN 总线可大大降低成本。LIN 总线是基于 SCI(UART)数据格式,仅使用一根 12 V 信号总线和一根无固定时间基准的节点同步时钟线。

4.3.1 LIN 总线的特点

LIN 总线的主要特性如下。

1. 系统配置灵活

采用单主机、多从机的运行机制,无须总线仲裁,系统配置灵活。

2. 低成本硬件

以基于通用异步收发/串行通信接口 UART/SCI(universal asynchronous receiver/transmitter and serial communication interface)的低成本硬件实现 LIN 协议。

3. 多点广播接收信息

带时间同步的多点广播接收,从机节点不需石英或陶瓷谐振器,可以实现自同步。

4. 保证最差状态信号传输

可以保证最差状态下的信号传输延迟时间。可选的报文帧长度为 2、4 和 8 字节。

5. 自动检测故障节点

可通过数据校验和错误检测,自动检测网络中的故障节点。

6. 单线传输

使用低成本的半导体组件,如单芯片系统等,采用单线传输,系统成本低。

7. 传输速率 20 Kbit/s

位传输速率可达 20 Kbit/s,完全可以满足某些对传输速率要求不高的场合的控制要求。

8. 网络通信具有可预期性

网络通信具有可预期性,信号传播时间可预先计算。一个 LIN 网络由一个主节点以及一个或多个从节点组成,所有节点都有一个通信任务。该通信任务分为发送任务和接收任务,主节点还有一个主发送任务。一个 LIN 网络上的通信总是由主发送任务发起的。主控制器发送一个起始报文,该起始报文由同步断点和同步字节消息标志符组成。相应地,在接收并且滤除消息标志符后,一个从任务被激活并且开始本消息的应答传输。该应答由 2/4/8 个数据字节和一个校验码所组成。起始报文和应答部分构成一个完整的报文帧。报文帧由报文标志符指示该报文的组成。这种通信规则可以用多种方式来交换数据:由主节点到一个或多个从节点;由一个从节点到主节点或其他的从节点,通信信号可以在从节点之间传播而不经过主节点或者主节点广播消息到网络中的所有节点。报文帧的时序由主控制器控制。

目前,LIN 总线在汽车上的应用主要有防盗系统、自适应大灯、前照灯、驾驶人侧开关组件、外后视镜、中控门锁、电动天窗、空调系统的鼓风机、加热器等。

4.3.2 LIN 总线组成

车上各个 LIN 总线系统之间的数据交换是由控制单元通过 CAN 数据总线实现的。LIN 总线系统可让一个 LIN 主控制单元与最多 16 个 LIN 从控制单元进行数据交换。

1. LIN 总线的基本结构

LIN 总线系统的构成有三个部分:LIN 上级控制单元,亦即 LIN 主机电控单元;LIN 从属控制单元,亦即从机电控单元;单根导线。LIN 总线结构详见图 4-24。

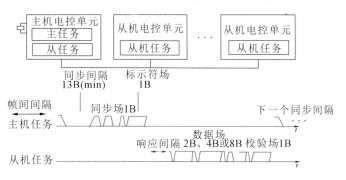

图 4-24 LIN 总线结构

1) LIN 主机电控单元

LIN 主机电控单元监控数据传输过程和数据传输速率,发送报文头。LIN 主机电控单元的软件内已经设定了一个周期,该周期用于决定何时将哪些信息发送到 LIN 数据总线上多少次。LIN 主机电控单元在 LIN 数据总线系统的 LIN 电控单元与 CAN 总线之间起"翻译"作用,它是 LIN 总线系统中唯一与 CAN 数据总线相连的电控单元。通过 LIN 主电控单元进行 LIN 从机电控单元的自诊断。

2) LIN 从机电控单元

在 LIN 总线系统内,单个的电控单元、传感器及执行元件都可看作 LIN 从机电控单元。

传感器内集成有一个电子装置,用于对测量值进行分析。数值作为数字信号通过 LIN 总线传递。有些传感器和执行元件只使用 LIN 主机电控单元插接器上的一个端子。

2. LIN 总线的信息传输结构

LIN 总线的信息传输结构见图 4-25。LIN 总线的信息是以报文的形式在网络上传输的,报文以报文帧的格式形成和被传输的。通过报文帧由主机任务向从机任务传送同步和标识符信息,并将一个从机任务的信息传送到所有其他从机任务。主机任务由主机节点完成,主机节点负责报文的进度表、发送报文头。从机任务由所有的(即主机和从机)节点中的任意一下完成,发送报文的响应。

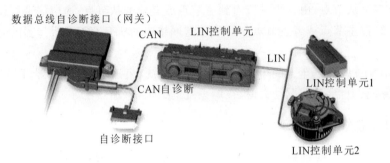

图 4-25　LIN 总线信息传输结构

LIN 总线的报文帧结构如图 4-26 所示,是由一个主机节点发送的报文头(header)和一个主机或从机节点发送的报文响应(response)组成的。

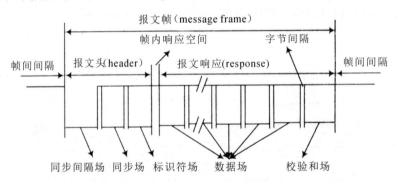

图 4-26　LIN 总线报文帧结构

报文头由主机电控单元发送,用于实现数据同步传输并监控系统工作状态;而报文响应既可由从机电控单元发送,也可由主机电控单元发送。主机电控单元发送到 LIN 总线上的报文响应,其内容多为查询、指令信息;从机电控单元发送到 LIN 总线上的报文响应,其内容多为针对主控制单元查询、指令信息的汇报和反馈,诸如开关的状态、电动机的转速等。报文头由 LIN 主控制单元按周期发送。

报文帧的报文头由同步间隔场(synch break field)、同步场(synch field)和标识符场(identity field)组成。报文帧的报文响应(response)由 3~9 个字节组成,即由 2 B、4 B 或 8 B 的数据场(data field)和一个校验和场(check sum field)组成。相邻的数据场由字节间隔分隔开来,报文帧的报文头和报文响应之间则由一个帧内响应空间分隔开来。字节间隔和帧内响应空间的最小长度为 0,最大长度则由报文帧的最大长度限制。从上一报文帧发送完毕,到下一报文帧启动发送之间的时间间隔,称为帧间间隔(inter-frame space)。亦即 LIN 总线的两个报文帧由帧间间隔分隔开。

在每条报文的开始处都通过 LIN 总线主控单元发送一个报文头。该报文头由一个同步相位(同步间隔和同步场)构成,后面是标识符场。标识符场包括 LIN 从控制单元地址、报文长度和用于信息安全的两个位等信息。标识符场用于确定主机电控单元是否将数据传输给从机电控单元,或主机电控单元是否在等待从机电控单元的报文响应(答复)。数据场包含主机电控单元发送给从机电控单元的信息。校验和场用于确保数据传输的安全性。

LIN 总线的数据传输速率为 1~20 Kbit/s,在 LIN 控制单元的软件内已经设定完毕。如果无信息发送到 LIN 数据总线上或者发送到 LIN 数据总线上的是一个隐性电平,那么数据总线导线上的电压就是蓄电池电压。LIN 总线在收发隐性电平和显性电平时,通过预先设定公差值来保证数据传输的稳定性。为了能在有干扰辐射的情况下仍能收到有效的信号,实际接收的允许电压值要稍高一些。

4.4 MOST 总线

多媒体定向系统传输(media oriented systems transport,MOST)为车辆中使用的一种多媒体应用通信技术。MOST 利用一根光纤,可以同时传送多个频道的 CD 质量的非压缩音频数据。在一个局域网上,最多可连接 64 个节点。MOST 总线可以同时传输音频流数据、视频流数据、异步数据和控制数据,可以支持高达 150 Mbit/s 的传输速度。

MOST 总线采用塑料光纤的网络协议,将音响、电视、全球定位系统及电话等相互连接起来,给用户带来了极大的便利。MOST 对通信协议给出了定义,说明了分散的构建方法。MOST 总线是多媒体时代的车载电子设备所必需的高速网络,提供了遥控操作和集中管理的方法。MOST 总线不需要额外的主机电控单元,结构灵活,性能可靠且易于扩展。MOST 总线支持即插即用的方式,可随时添加和去除设备。

4.4.1 MOST 总线特点

MOST 总线网络具有以下特点:

(1) 成本低、数据传输可靠。在保证低成本的条件下,可达到约 25 Mbit/s 的数据传输速率。

(2) 工作方式简单,无论是否有主机电控单元都可工作。

(3) 采用塑料光纤网络协议,给用户带来便利。

(4) 支持声音和压缩图像的实时处理。

(5) 支持数据的同步和异步传输。

(6) 发送器/接收器嵌有虚拟网络管理系统。

(7) 支持多种网络连接方式。

(8) 提供 MOST 设备标准。

(9) 应用系统界面方便、简洁。

(10) 传输类型多样。MOST 总线不仅能传输控制数据和传感器数据,还能传输数字音频信号、视频信号以及其他数据。

(11) MOST 总线网络不会受到电磁辐射干扰与搭铁环的影响。

4.4.2 MOST 总线结构

MOST 总线采用的是环型的网络结构,如图 4-27 所示。控制单元通过光纤沿环形方向将数据发送到下一个控制单元,直至首先发出数据的控制单元又接收到这些数据为止,这样就形成了一个封闭环。根据汽车配置的不同,控制单元数量也不同。

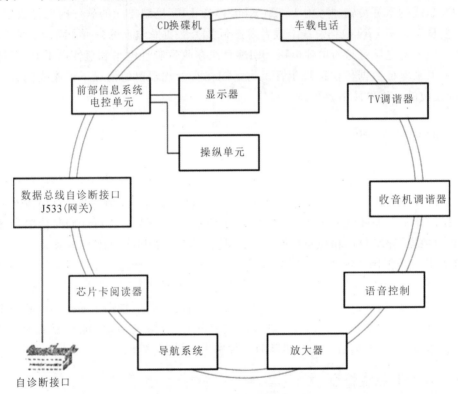

图 4-27 MOST 总线的环形结构

1. 光纤

光纤的任务是将某一控制单元发射器内产生的光波传送到另一个控制单元的接收器。光导纤维应具有如下特点:光波在光导纤维中传送时的衰减应很小,因为汽车上发射器和接收器之间的距离可能达数米;光波是直线传播的,且不可弯曲,但光波应能通过弯曲的光导纤维来传送;光导纤维应是柔性的,在安装和使用过程中不易被损坏;在-40℃~85℃的温度范围内能保证功能正常,适应车内的各种温度变化。

光导纤维的外形如图 4-28 所示。光导纤维由纤芯、反射涂层、黑色包层和彩色包层组成。纤芯是光导纤维的核心部分,它是用有机玻璃制成的光导线,能根据全反射的原理进行几乎无损失的传导。透光的反射涂层是用氟聚合物制成的,它包在纤芯周围,对全反射起到关键作用。黑色包层由尼龙制成,它用来防止外部光的照射。彩色包层起识别、保护及隔热的作用。

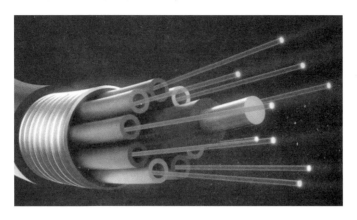

图 4-28 光导纤维的结构

2. MOST 总线控制单元部件

MOST 总线控制单元部件的结构如图 4-29 所示，它由光导插头、内部供电装置、电气插头、专用部件、标准微控制器、MOST 收发机、收发单元-光导发射器等组成。

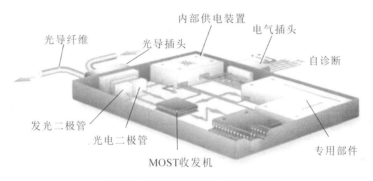

图 4-29 MOST 总线控制单元部件

1）光导插头和电气插头

光导插头由一进一出两条光纤组成，光信号通过这个插头进入控制单元，或产生的光信号传往下一个总线用户。电气插头主要用于供电、环断裂自诊断以及输入/输出信号。

2）收发单元-光导发射器

收发单元-光导发射器由一个光电二极管和一个发光二极管组成。光电二极管用于把光信号转换成电信号后传至 MOST 收发机；发光二极管的作用则是把 MOST 收发机的电信号再转换成光信号。

3）MOST 收发机

MOST 收发机由发射机和接收机两个部分组成。发射机将要发送的信号作为电压信号传至光导发射器，接收机接收到该信号后将所需的数据传至控制单元内的标准微控制器，而其他不需要的信息将原封不动被发至下一个控制单元。

4）标准微控制器和专用部件

标准微控制器是控制单元的核心部分，它的内部有个微处理器，用于实现控制单元的所有基本功能。专用部件如 CD 播放机和收音机调谐器,用于实现某些专用功能。

4.4.3 MOST 总线数据类型

在 MOST 总线网络中,传输的信息有同步数据、异步数据和控制数据三种类型,分别由一个信息帧的同步数据场、异步数据场和控制数据场传送,见图 4-30 所示。

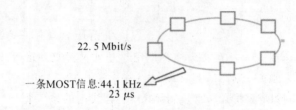

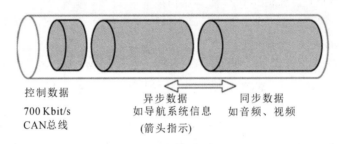

图 4-30　MOST 总线数据类型

同步数据场用于传送实时数据,数据访问采用分时多路传输方式。在一个帧中,异步传输用于传送大块的数据,异步数据以令牌环的方式访问。控制数据场传输媒体和其他控制用数据。

4.4.4 MOST 总线工作状态

1. 休眠模式

休眠模式下的 MOST 总线内没有数据交换,所有装置处于待命状态,只能由系统管理器发出的光启动脉冲来激活,静态电流被降至最小值。休眠模式的使用条件如下:

(1) 总线上的所有电控单元显示为准备进入休眠模式。

(2) 其他总线系统不经过网关向 MOST 提出要求。

(3) 诊断功能不被激活。

2. 备用模式

在备用模式下 MOST 总线系统无法为用户提供任何服务,只在后台运行,所有的输出介质都不工作或不发声。这种模式在 MOST 总线系统启动及持续运行时被激活,备用模式的激活方式如下:

(1) 由其他数据总线经由网关激活,如驾驶座位旁车门打开/关闭时。

(2) 由总线上的一个电控单元激活,如接听电话时。

3. 通电工作模式

通电工作模式下,电控单元完全接通,MOST 总线上有数据交换,用户可使用所有功能。通电工作模式使用的前提条件如下：

(1) MOST 总线处于备用模式。

(2) 由其他数据总线激活。

(3) 激活可通过使用者的功能选择、多媒体的操纵单元实现。

4.4.5 MOST 总线控制原理

MOST 总线采用环形结构，电控单元通过光纤沿环形方向将数据发送到下一个电控单元。该过程持续进行，直至首先发出数据的电控单元又接收到这些数据为止，即形成一个封闭环。MOST 总线通过数据总线自诊断接口和诊断 CAN 对自身进行诊断。

系统管理器与诊断管理器同时进行 MOST 总线内的系统管理。系统管理器用于控制系统状态、发送 MOST 总线信息和管理传输容量。

控制数据和传感器数据与数字音频信号和视频信号图形最大的区别在于数据容量，数字音频信号和视频信号的数据容量非常大，采用高速 CAN 也无法及时、快速地传递。

MOST 目前提供的带宽约为 23 Mbit/s。为了满足数据传输的各种不同要求，每一个 MOST 信息分为控制数据、异步数据和同步数据三部分。

汽车行业已将 MOST 技术作为汽车媒体的一个标准。MOST 总线性能可靠、成本低、系统简单、结构灵活、数据兼容性好，为将来加入新媒体设备节点提供了基础，尤其适合于车载媒体和信息设备的声控技术应用。

随着车载信息设备的不断增加，驾驶中使用车载设备的情况越来越多，通过声控系统访问这些设备是最安全和最经济的方式，是将来车载设备使用的首选入机接口方式。通过 MOST 总线网络把人机语音接口与车载媒体设备、通信设备以及其他信息设备连接起来，是实现车载设备语音访问技术的有效方式。

4.5 FlexRay 总线

4.5.1 FlexRay 总线概述

FlexRay 总线是一种用于汽车的高速、可确定性的、具备故障容错能力的总线技术，它将事件触发和时间触发两种方式相结合，具有高效的网络利用率和系统灵活性，可以作为新一代汽车内部的主干网络。

FlexRay 是 Daimler Chrysler AG 的注册商标。1999 年，BMW、Daimler Chrysler、Freescale 和 Philips 合作创建了 FlexRay 协会，以开发新型通信技术。后来 Bosch 和 General Motors 也加入了该协会。从 2002 年至今，Ford、Mazda、Elmos 和 Continental VDO 也相继加入该协会。此后，世界范围内几乎所有有影响的汽车制造商和汽车电子产品供应商都加入了 FlexRay 协会。

FlexRay 总线系统是一种新型通信系统，其作用是在电气与机械电子组件之间实现可靠、实时、高效的数据传输，以确保满足未来新的汽车网络技术的需要。

4.5.2 FlexRay 总线的特点

FlexRay 总线的特点主要体现在总线拓扑结构、冗余数据传输、信号特性、确定性数据传输、总线信号等方面。

1. 总线拓扑结构

FlexRay 总线系统既可以采用线形总线拓扑结构，也可以采用星形总线拓扑结构，还可以采用混合总线拓扑结构。

在线形总线拓扑结构中，所有的控制单元都通过一个双线总线连接。该总线采用两个铜芯双绞线。线形拓扑结构在两根导线上传输相同的信息，但电平不同。线形拓扑结构适用于电气数据传输。

在星形总线拓扑结构中，卫星式控制单元分别通过一个独立的导线与中央控制单元连接。这种星形总线拓扑结构既适合于电气数据传输，也适合于光学数据传输。

采用混合总线拓扑结构时，在同一个总线系统中可以使用不同的拓扑结构。总线系统中一部分采用星形结构，另一部分采用线形结构。

2. 冗余数据传输

具有冗余数据传输能力的总线系统中有两个相互独立的信道。每个信道都由一组双线导线组成。一个信道失灵时，该信道应传输的信息可在另外一条没有发生故障的信道上传输。即使某一总线导线断路，也可确保数据能继续可靠传输。

3. 信号特性

FlexRay 总线信号必须在规定范围内传输。FlexRay 总线系统是数据传输速率较高且电平变化较快的一种总线，对电平高低以及电压上升和下降沿的斜率都有严格的规定，要求其必须达到规定数值，且信号波形不得进入所标记的区域。系统接通时，如果无总线通信，则其电压为 2.5 V；高电平信号的电压为 3.1 V；低电平信号的电压为 1.9 V。

4. 确定性数据传输

FlexRay 是一种基于时间触发方式的总线系统，它也可以通过事件触发方式进行部分数据传输。也就是说，FlexRay 采用柔性时间触发方式工作，可以很好地兼容时间触发和事件触发这两种触发方式，从而更好地兼顾重要的确定性数据的传输和非确定性数据的传输。

在时间触发区域内，时隙分配给确定的信息。时隙是指一个规定的时间段，该时间段对特定信息开放。在 FlexRay 总线系统内重要的周期性信息以固定的时间间隔传输，因此不会造成 FlexRay 总线过载。

对时间要求不高的其他信息则在事件触发区域内传输。确定性数据传输用于确保时间触发区域内的每条信息都能实现实时传输，即每条信息都能在规定时间内进行传输。FlexRay 总线系统内确定性数据的传输过程如图 4-31 所示。

FlexRay 总线将一个通信周期分为时间触发区域、事件触发区域、网络空闲时间三个部分。

时间触发区域使用时分多址访问机制(TDMA)，每个节点会均匀分配时间片(时隙)，每个节点只有在属于自己的时隙内才能向总线上发送数据，即使某个节点当前无数据可发，其时隙依然会保留给该节点。这样会造成一定的总线资源浪费，但是却能保证每个节点在

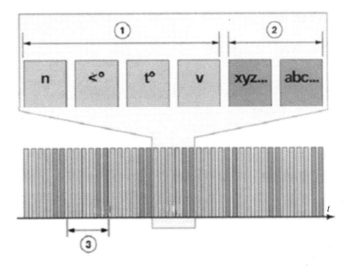

图 4-31 FlexRay 总线系统内确定性数据的传输过程

规定的时间内都能有发送数据的机会。时间触发区域用于发送使用频率高且对系统非常重要的数据。

在事件触发区域使用柔性灵活的时分多址访问机制 FTDMA,系统会轮流问询每个节点有没有消息要发,有就发,没有就跳过。事件触发区域用于发送使用频率不确定、相对不重要的数据。

4.6 以太网

4.6.1 以太网概述

作为一种局域网(local area network,LAN)技术,以太网技术最早由施乐公司于 1973 年创建,1980 年由美国数字设备公司、英特尔公司和施乐三家公司联合开发成为局域网标准标准。以太网的标志见图 4-32。

历经 40 多年的发展,以太网已经成为应用最为普遍的局域网。以太网主要由 IEEE802.3 工作组负责标准化,最初仅支持 10 Mbit/s 的数据传输速率,经过不断的发展,现已可支持 100 Mbit/s(快速以太网)、

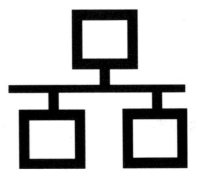

图 4-32 以太网标志

1 Gbit/s(千兆以太网)、10 Gbit/s(万兆以太网)及 100 Gbit/s 的数据传输速率。

以太网技术不仅支持双绞线的铜线传输,也支持光纤传输;不仅仅局限于局域网的应用,还可以更广泛地应用到城域网(metropolitan area network,MAN)和广域网(wide area network,WAN)等领域。

4.6.2 以太网的特点

以太网具有以下特点。

1. 数据传输速度快

现在以太网的最大传输速率能达到 100 Gbit/s，并且随着技术的不断发展，以太网传输速率将比任何一种现场总线都快。

2. 应用范围广

以太网是一种标准的开放式网络，不同厂商的设备很容易互联，这种特性非常有利于解决不同厂商设备的兼容和互操作问题。以太网技术是目前应用最为广泛的局域网技术，遵循国际标准规范，受到广泛的技术支持。目前所有的编程语言都支持以太网的应用开发，如 C++、VB 等。

3. 便于资源共享

由于具有相同的通信协议，以太网能实现与互联网的连接，方便车辆网络与地面网络的通信。车辆网络与互联网的连接解除了为获取车辆信息而带来的地理位置的束缚，便于资源共享。这一性能是目前其他任何一种现场总线都无法匹敌的。

4. 支持多种传输介质

以太网支持多种传输介质，包括同轴电缆、双绞线、光缆等，还支持无线连接，用户可根据带宽、距离和价格等因素选择。

5. 支持多种拓扑结构

以太网支持多种拓扑结构，包括总线型拓扑结构、星型拓扑结构等，可扩展性强，同时可采用多种冗余连接方式，从而提高网络的性能。

6. 资源丰富

以太网应用多年，人们在以太网设计、应用等方面经验丰富，相关技术也较为成熟。拥有大量的软件资源和设计经验，有利于降低系统的开发成本，加快系统的开发及推广速度。

7. 发展潜力大

车载网络采用以太网，可以使车载网络技术与信息网络技术互相促进，共同发展，发展潜力巨大。

练习题

1. 简述车载网络的特点。
2. 简述车载网络的分类。
3. 简述车载网络总线技术的分类。
4. 简述 CAN 总线的特点。
5. 简述 LIN 总线的特点。
6. 简述 MOST 总线的特点。
7. 简述 FlexRay 总线的特性。
8. 简述以太网的特点。

第5章 智能汽车导航定位技术

【教学目标】

通过对本章的学习,学生能够了解智能汽车导航定位的定义及方法,掌握智能汽车导航定位的精度要求;了解全球卫星导航定位系统、北斗卫星导航定位系统、惯性导航系统及基站通信定位技术,并了解相关技术在智能汽车上的应用。

5.1 汽车导航定位

5.1.1 导航定位的定义与作用

导航定位系统主要用来提供车辆的位置和姿态等信息,它的发展与智能汽车的发展息息相关。它主要是利用电、磁、光、力学等科学原理与方法,通过测量与运动物体实时位置有关的参数,实现对运动物体的定位,并能够选择最优模式将运动物体从出发点准确地引导到目的地。

传统无自动化车辆的导航定位系统与智能汽车的导航定位系统存在很大的不同,这是由汽车本身对定位导航的依赖程度决定的。无自动化车辆对定位精度的要求很低,一般道路级定位即可,且发射/接收频率较低,结合地图,驾乘人员即可自己完成道路识别,更注重地图的准确程度。

智能汽车对导航定位的精度要求较高,一般为车道级别定位,且发射/接收频率极高,既需要全局的路线规划,又需要局部的车辆实时高精度位置。以车辆的高精度定位信息作为智能汽车决策控制的重要输入信息,是实现车辆其他网联功能的基础。导航定位可以帮助车辆了解自身相对于外界环境的精准位置,同时以车辆感知系统加以辅助,得到更为准确的检测结果,在保证安全的前提下,更多地考虑时间成本与经济成本,从而做出当下最适合车辆的决策。车辆导航定位的准确性和精确度将直接影响后续的自动驾驶和无人驾驶的实现。

定位是导航的第一步,导航涉及路径规划和决策引导。所以,定位是导航的关键,其核心指标就是定位精度。智能汽车的导航定位技术是指通过全球卫星导航系统(global navigation satellite system,GNSS,见表 5-1),包括美国的全球定位系统、中国的北斗卫星导航定位系统(Beidou navigation satellite system,BDS)、俄罗斯的格洛纳斯(GLONASS)卫星定位系统以及欧洲空间局的伽利略(GALILEO)卫星定位系统,以及常用的惯性导航系统等,来获取智能汽车的位置及路径信息。

表 5-1 全球四大卫星导航系统

名称	北斗	GPS	GLONASS	GALILEO
图标				
所属	中国	美国	俄罗斯	欧盟
卫星数	35颗（27MEO+5GEO+3IGSO）	33颗 MEO	28颗 MEO	30颗 MEO
服务对象	军民两用	军民两用	军民两用	民用为主
特点	安全性强、精度高、支持短报文通信，中国主导	发展成熟、精度高，美国主导控制	建设较早，但发展缓慢	欧盟管理建设，精度高，亦受到美国影响

5.1.2 导航定位的方法

智能汽车导航定位的方法主要有全球定位系统（GPS）定位、差分全球定位系统（differential global positioning system，DGPS）定位、北斗卫星导航系统（BDS）定位、惯性导航系统（INS）定位、航迹推算（DR）技术定位、视觉传感器定位、激光雷达定位以及组合定位等。

1. 全球定位系统定位

全球定位系统是由美国国防部研制的全球首个定位导航服务系统，1990—1999年为系统建成并投入使用的完全运作能力阶段，1993年实现24颗在轨卫星满星运行，其中，24颗导航卫星平均分布在6个轨道面上，保证在地球的任何地方可同时见到4～12颗卫星，使地球上任何地点、任何时刻均可实现三维定位、测速和测时，使用世界大地坐标系（WGS-84）。基于GPS的定位方法的优点在于，GPS能连续为世界各地的陆海空用户提供精确的位置、速度和时间信息，最大的优势是覆盖全球且全天候工作，可以为高动态、高精度平台服务；缺点是受环境影响较大，高楼、树木、隧道等都会屏蔽GPS信号，而且GPS定位精度低、更新周期长，远远不能满足自动驾驶的需求。

2. 差分全球定位系统定位

差分全球定位系统（DGPS）是在GPS的基础上利用差分技术使用户能够从GPS系统中获得更高的精度。DGPS技术通过在一个精确的已知位置（基准站）上安装GPS监测接收机，计算得到基准站与GPS卫星的距离，然后再根据误差修正结果提高定位精度。其基本原理就是车辆在行驶过程中用GPS作为基准，在GPS更新的时候，通过差分辅助完成车辆厘米级的精确定位。

3. 北斗卫星导航系统定位

北斗卫星导航系统是由我国自主研发、独立运行的全球卫星定位与通信系统，空间段包括5颗静止轨道卫星和30颗非静止轨道卫星,采用我国独立建设使用的CGCS2000坐标系。目前该系统在汽车领域还没有大面积推广应用,但国家制定的智能汽车发展规划中,已明确提出要大力推广北斗卫星导航系统在智能网联汽车和无人驾驶汽车中的应用。

4. 惯性导航系统(inertial navigation system,INS)定位

惯性导航系统由陀螺仪、加速度传感器及软件构成,通过测量运动载体的角速度和加速度数据,并将这些数据对时间进行积分运算,从而得到运动载体的速度、位置和姿态。汽车在驶入深山隧道时,汽车上安装的惯性导航系统的定位导航作用会非常重要。

5. 航迹推算(dead reckoning,DR)技术

航迹推算是利用载体上一时刻的位置,结合无人驾驶汽车的航向、速度等信息,推算出当前时刻的位置。DR导航是一种自主式导航,一般不会受到外界环境的干扰,但其定位误差会随着时间增长而累积,因此不能长时间独立工作,一般用来辅助其他导航系统。

6. 视觉传感器定位

视觉传感器提供了丰富的颜色和图像信息,处理这些信息正是深度学习技术的强项。通过深度学习模型识别车道线、道路上文字、停止线等固定的标识,并与高精度地图数据进行对比,从而获取车辆的当前位置。该定位方法的优势在于成本低,缺点在于精度低、误差大,并且在强光、逆光、黑夜场景下的效果不好。

7. 激光雷达定位

激光雷达定位是指事先通过采集车采集道路的3D点云地图数据,在智能网联汽车行驶过程中实时利用激光雷达采集点云数据,并与事先采集的点云数据进行比较,从而获取当前的车辆位置。该定位方法的优势在于探测精度高、探测距离远且对GPS的初值依赖度低,在没有GPS信号的场景下也能实现精准的车辆定位。缺点在于基于点云的地图数据时效性差,维护成本高。

8. 组合定位

高精度定位是无人驾驶汽车的核心关键技术。所谓高精度是指定位精度要达到厘米级,这一要求上述任何一种定位方法都很难达到,因此,无人驾驶汽车必须使用组合定位方法。组合定位可以利用上述的所有定位方式,对其加以组合,以推算出更为精确的定位及导航模式。

精确定位和导航是无人驾驶车辆在未知或已知环境中能够正常行驶的最基本要求,是实现在宏观层面上引导无人驾驶车辆按照设定路线或者自主选择路线到达目的地的关键技术。

5.1.3 智能汽车导航定位的精度要求

定位分为绝对定位、相对定位和组合定位。绝对定位是指通过全球卫星导航系统获得车辆在地球上的绝对位置和路径信息的定位;相对定位是指根据车辆的初始位置,通过惯性导航获得车辆的加速度和角加速度信息,得到相对于初始位置的当前位置信息的定位;组合定位是将绝对定位和相对定位进行结合,以弥补单一定位方式的缺点,实现高精度定位。

汽车导航定位的精度分为导航级精度和车道级精度。L1 和 L2 级别的智能网联汽车，主要实现 ADAS 功能，定位的精度只需要导航级精度即可；L3 级别以上的智能网联汽车，要求在高速公路、停车场泊车等特殊场景实现全自动驾驶，这需要高精度定位技术实现厘米级的定位，才能真正做到在高速公路上变道超车、上下匝道以及定点泊车等功能。无人驾驶汽车的导航定位精度应控制在 10 cm 以内，才能保障无人驾驶汽车行驶的安全性。

L1～L3 级别的智能汽车以先进驾驶辅助为主，对定位精度的要求见表 5-2。

表 5-2　L1～L3 级别的智能汽车在不同应用场景的定位精度要求

应用	具体场景	通信方式	定位精度/m
保证交通安全	前向碰撞预警	V2V	≤1.5
	交叉路口碰撞预警	V2V	≤5
	路面异常预警	V2I	≤5
提高交通效率	车速引导	V2I	≤5
	前方拥堵预警	V2V、V2I	≤5
	紧急车辆让行	V2V	≤5
提供交通信息	汽车近场支付	V2I、V2V	≤3
	动态地图下载	V2N	≤10
	泊车引导	V2V、V2P、V2I	≤2

高精度定位在自动驾驶中起决定作用，是实现无人驾驶或者远程驾驶的基本前提，因此对定位性能的要求也非常严苛，其中 L4、L5 级别自动驾驶对于定位的需求更高。随着智能网联汽车等级的提高，汽车行业对高精度定位的需求将会越来越迫切，高精度定位服务在汽车行业的应用将会具有非常广阔的前景。L4、L5 级别自动驾驶对定位的要求见表 5-3。

表 5-3　L4、L5 级别自动驾驶汽车对定位的要求

项目	指标	理想值
位置精度	误差均值	<10 cm
位置鲁棒性	最大误差	<30 cm
姿态精度	误差均值	<0.5°
姿态鲁棒性	最大误差	<2.0°
场景	覆盖场景	全天候

智能汽车对定位系统的基本要求如下：

(1) 高精度。达到厘米级精度。

(2) 高可用性。智能汽车驾驶辅助的测试已经从较封闭的场景转移到更开放的场景中，这就要求定位系统能够处理更多更复杂的情况。

(3) 高可靠性。智能汽车定位的输出是感知、规划与控制的数据输入的综合处理结果，

如果定位系统出现偏差将会导致很严重的后果。

（4）自主完好性。由于系统的可靠性难以达到真正的100%，只能做到无限接近于100%，这就要求系统在无法提供准确输出的时候，能及时地对用户提出警告以便驾驶人员可以自主采取措施避免事故发生，这就要求定位系统能保证尽可能低的虚警率与漏警率。

5.2 智能汽车高精度定位的关键技术

5.2.1 智能汽车高精度定位系统

高精度定位系统主要包括终端层、网络层、平台层和应用层，如图5-1所示。

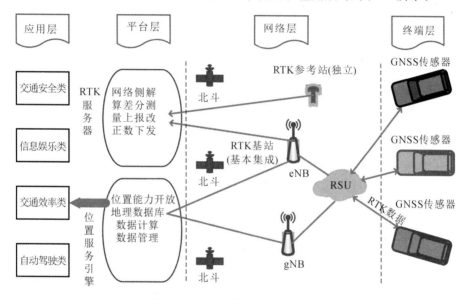

图5-1 车辆高精度定位系统架构

1. 终端层

为满足车辆在不同环境下的高精度定位需求，需要在终端采用多源数据融合的定位方案，多源数据包括基于差分技术的GNSS定位数据、惯性导航系统数据、传感器数据、高精度地图数据以及蜂窝网数据等。终端层包括卫星、车辆传感器、蜂窝网数据。

2. 网络层

系统网络层主要实现信号测量和信息传输，包括5G基站、RTK基站和RSU。5G技术作为新一代的通信技术，可以保证较高的数据传输速率，满足高精度地图实时传输的需求。5G基站也可完成对终端的信号测量，上报平台，在平台侧完成基于5G信号的定位计算，为车辆高精度定位提供辅助。基于5G边缘计算，可实现高精度地图信息的实时更新，提升高精度地图的实时性和准确性。

RTK基站主要完成RTK测量，可以与运营商基站共建，降低网络部署以及运维成本。同时可通过5G网络实现RTK基站测量数据的传输，实现参考站快速灵活部署。

RSU一方面可实现RTK信息播发,避免传统的RTK定位中终端初始位置的上报,同时RSU可提供局部道路车道级地图、实时动态交通信息广播。

3. 平台层

平台层可实现功能模块化,主要包括以下内容。

1) 高精度地图

静态高精度地图的信息包括车道线、车道中心线、车道属性变化等,还包含道路的曲率、坡度、航向、横坡等参数,能让车辆准确地转向、制动和爬坡等,此外,还包含交通标志牌、路面标志等道路部件,还可标注出特殊的点,如GNSS消失的区域和道路施工状态等。

2) 交通动态信息

交通动态信息主要包括道路拥堵情况、施工情况、交通事故状况、交通管制情况和天气情况等动态交通信息。

3) 差分解算

平台层通过RTK基站不断接收卫星数据,对电离层误差、对流层误差、轨道误差以及多路径效应等误差在内的各种主要系统误差源进行优化分析,建立整网的电离层延迟、对流层延迟等误差模型,并将优化后的空间误差发送给移动车辆。

4) 数据管理

平台层的数据包括全国行政区划数据、矢量地图数据、基础交通数据、海量动态应急救援车辆位置数据、导航数据、实时交通数据、POI(point of interest)数据等,这里的数据是经过数据生产工艺,进行整合编译后的运行数据。

5) 数据计算

平台层的数据计算功能包括路径规划、地图静态数据计算、动态实时数据计算、大数据分析、数据管理等功能。

4. 应用层

应用层为用户提供地图浏览、路径规划显示、数据监控和管理等功能,以及基于位置的其他车联网业务相关功能,包括驾驶辅助和自动驾驶等功能。

5.2.2 GPS

1. GPS的组成

GPS是由美国国防部建设的基于卫星的无线电导航定位系统,由导航卫星、地面监控设备和用户端组成,如图5-2所示。

1) 导航卫星

导航卫星由24颗卫星组成,其中21颗为工作卫星,3颗为备用卫星。24颗卫星均匀分布在6个轨道平面上,即每个轨道平面上有4颗卫星。这些卫星每12 h环绕地球一圈,相邻轨道之间的卫星彼此呈30°,在距离地球约20000 km的高空上进行监测。这种布局的目的是保证在全球任何地点、任何时刻至少可以观测到4颗卫星。而最少只需要其中3颗卫星,就能迅速确定用户端在地球上所处的位置及海拔,所能连接到的卫星数越多,解码出来的位置就越精确,从而提供连续的全球导航能力。导航卫星的任务是接收和存储来自地面

第5章 智能汽车导航定位技术

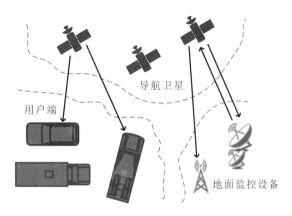

图 5-2　GPS 的组成

监控设备发送来的导航定位控制指令,通过微处理器进行数据处理,以原子钟产生的基准信号和精确的时间为基准向用户连续发送导航定位信息。

2）地面监控设备

地面监控部分主要由 1 个主控站、5 个监测站和 3 个注入站组成。主控站负责从各个监控站收集卫星数据,计算出卫星的星历和时钟修正参数等,并通过注入站注入卫星;向卫星发布指令,控制卫星,当卫星出现故障时,调度备用卫星。监测站在主控站的直接控制下,自动对卫星进行持续不断的跟踪测量,并对自动采集的伪距观测量气象数据和时间标准等进行处理,然后存储并传送到主控站。注入站则负责将主控站计算的卫星星历、钟差信息、导航电文、控制指令发送给卫星。

3）用户端

GPS 用户端主要由 GPS 接收机和 GPS 数据处理软件组成。GPS 接收机的主要功能是接收、追踪和放大卫星发射的信号,获取定位的观测值,接收信号并利用传来的信息计算用户地理位置的纬度、经度、高度、速度和时间等信息,提取导航电文中的广播星历以及卫星时钟改正参数等。GPS 数据处理软件的主要功能是对 GPS 接收机获取的卫星测量记录数据进行预处理,并对处理的结果进行平差计算、坐标旋转和分析综合处理,计算用户所在位置的三维坐标、速度、方向和精确时刻等。

2. GPS 的工作原理

GPS 的工作原理是 GPS 卫星不断地传送轨道信息和卫星上的原子钟产生的精确时间信息,GPS 接收机上有一个专门接收无线电信号的接收器,同时也有自己的时钟。当接收机收到一颗卫星传来的信号时,接收机可以测定该卫星离用户端的空间距离(用户端就位于以观测卫星为球心、以观测距离为半径的球面与地球表面相交的圆弧的某一点);当 GPS 接收机观测到第二颗卫星的信号时,以第二颗卫星为球心、以第二个观测距离为半径的球面也与地球表面相交于一个圆弧,上述两个圆弧在地球表面会有两个交会点,但是还不能确定出用户端唯一的位置;当 GPS 接收机观测到第三颗卫星的信号时,以第三颗卫星为球心、以第三个观测距离为半径的球面也与地球表面相交于一个圆弧,上述三个圆弧在地球表面相交于一点,该点即为 GPS 用户端所在的位置。如果没有时钟误差,用户接收机只要利用接收到的三颗卫星的距离观测值,就可以唯一确定出用户端所在的位置。但由于 GPS 接收机的时钟有误差,从而会使测得的距离含有误差,所以定位时要求接收机至少观测到 4 颗卫星的距离观测值才确定用户所在空间位置及接收机时钟差。当 GPS 接收机接收到四颗以上卫星的信号时,就可以得到更为精确和可靠的位置、速度和时间信息。

GPS 定位的基本原理是三球交汇原理,如图 5-3 所示。GPS 用户端位置在 A 点,用户端距卫星 1 的距离是 R_1,距卫星 2 的距离是 R_2,距离卫星 3 的距离是 R_3。

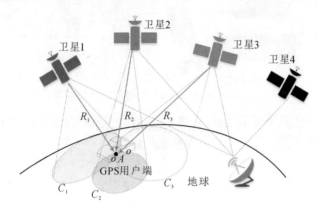

图 5-3　GPS 定位原理示意图

以卫星为球心,用户端到卫星的距离可以记作

$$R_1 = \sqrt{(x_1-x)^2+(y_1-y)^2+(z_1-z)^2} \tag{5-1}$$

式中:R_1 表示卫星 1 与 GPS 接收机的距离,因此 R_1 已知;(x_1,y_1,z_1) 为卫星 1 的坐标,也是已知量;(x,y,z) 表示 GPS 接收机位置,是需要解得的未知量。

如果有三颗卫星,则可以列出三组方程以解得 GPS 接收机的坐标,但由于无法保证 GPS 用户接收机的时钟准确性,所以卫星与 GPS 用户之间的距离 R 并非真实距离,此距离称为伪距。假设 GPS 接收机与 GPS 的时钟差为 t,则此时公式(5-1)可改写为

$$R_1 = \sqrt{(x_1-x)^2+(y_1-y)^2+(z_1-z)^2}+ct \tag{5-2}$$

式中:c 为光速,是已知量。

此时式中含有四个未知量,即 x、y、z、t,因此需列出四组方程才可解得 GPS 接收机的坐标,这样便需要接收到四个以上的卫星才能解得 GPS 接收机的位置。

根据以上原理,只要得到卫星几何平面的参数及无线电传播时间,就能计算得到智能汽车的位置。但在实际应用中,卫星信号的传播还受大气电离层、云层、树木、高楼、城市、隧道、峡谷等的遮挡、反射和折射,再加上多路径干扰,这些都会影响 GPS 信号的传播,从而影响测距信息的准确度。为了降低天气、云层对 GPS 信号的影响,又研制出了 DGPS。如图 5-4 所示,DGPS 实际上是把一台 GPS 接收机放在位置已精确测定的点上,并组成基准站。基准站接收机通过接收 GPS 卫星信号,将测得的位置与该固定位置的真实位置的差值作为公共误差校正量,通过无线数据传输设备将该校正量传送给移动站的接收机,移动站的接收机用该校正量对本地位置进行校正,最后得到厘米级的定位精度。附近的 DGPS 用户接收到修正后的高精度定位信息,从而大大提高其定位精度。

DGPS 分为两大类，即位置差分和距离差分。距离差分又分为两类，即伪距差分和载波相位差分。目前，很多智能网联汽车公司都采用了实时动态载波相位差分技术，即 RTK(real-time kinematic) 技术。RTK 技术是实时处理两个基站载波相位观测量的差分方法，即将基准站采集的载波相位发送给用户接收机，通过求差解算坐标，RTK 技术可使定位精度达到厘米级，这也是很多智能网联汽车公司采用 RTK 技术定位的原因。但 RTK 技术也存在一定的问题：基站铺设成本较高；非常依赖卫星数量，比如在一些桥洞和高楼大厦的环境下，可视的卫星数量会急剧下降；容易受到电磁环境干扰。在受到遮挡时，信号丢失，没有办法做定位。因此目前采用 RTK 定位技术实现大规模量产商用的可行性不高。

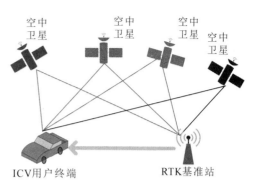

图 5-4　DGPS 工作示意图

3. GPS 的特点

GPS 具有以下特点：

(1) 能够全球全天候定位。因为 GPS 卫星的数目较多，且分布均匀，保证了地球上任何地方、任何时间至少可以同时观测到四颗 GPS 卫星，确保实现全球、全天候连续的导航定位服务。

(2) 覆盖范围广。能够覆盖全球 98% 的范围，可满足位于全球各地或近地空间的用户连续精确地确定三维位置、三维运动状态和时间的需要。

(3) 定位精度高。GPS 相对定位精度在 50 km 以内可达 6～10 m，100～500 km 以内可达 7～10 m，1000 km 以内可达 9～10 m。

(4) 观测时间短。20 km 以内的相对静态定位仅需 15～20 min，快速静态相对定位测量时，如果每个流动站与基准站距离在 15 km 以内，流动站观测时间只需 1～2 min；采取实时动态定位模式时，每站观测仅需几秒。

(5) 可提供全球统一的三维地心坐标，并可同时精确测定测站平面位置和大地高程。

(6) 测站之间无须通信，只要求测站上空开阔，这既可大大减少测量工作所需的经费和时间，也使选点工作更灵活，省去了经典测量中的传算点、过渡点等的测量工作。

当然，GPS 应用于智能汽车的定位也存在以下不足：首先，GPS 开放的民用精度较低，不能满足 L4 和 L5 级别智能汽车定位的要求，误差通常在 10 m 左右；其次，GPS 的更新频率较低，通常只有 10 Hz 左右，当车辆在快速行驶时，不能提供实时的准确位置信息；再次，GPS 受建筑物、树木的遮挡，如在天桥、隧道、地下车库等场景下，定位精度会严重降低，甚至无法提供定位信息。

为完善 GPS 定位的不足，提高定位精度，在实际应用中除了可以运用之前提到的 DGPS 外，还可以运用结合 IMU、里程计(odometry)及 DR 定位等技术，提高定位更新频率及精度，在 GPS 信号受建筑物遮挡时，仍能及时准确地获得定位信息。另外，在地下车库等场景下，由于无法接收到 GPS 信号，利用视觉 SLAM、激光 SLAM 等定位手段，可得到相对准确的定位信息。

4. GPS 的作用

1) 车辆定位功能

GPS 通过接收卫星信号,能够准确定位车辆所在的位置,误差保持在 10 m 以内。

2) 车辆跟踪功能

利用 GPS 和电子地图可以实时显示出车辆的实际位置,并可任意放大、缩小、还原或换图;还可实现多窗口、多车辆及多屏幕同时跟踪。可以随目标移动,使目标始终保持在屏幕上。

3) 提供出行路线规划和导航功能

GPS 可提供出行路线规划,这是汽车导航系统的一项重要的辅助功能,它包括自动线路规划和人工线路设计。自动线路规划是由驾驶人确定起点和目的地,由计算机软件按要求自动设计最佳行驶路线,包括最短行驶时间的路线、最短行驶路径的路线和最少通行费用的路线等。驾驶人员可以根据实际情况选择最适合自己的路线。人工线路设计是由驾驶人根据自己的目的地设计起点、终点和途经点等,自动建立路线库。线路规划完毕后,显示器能够在电子地图上显示设计路线,并同时显示汽车运行路径和运行时间。

4) 信息查询功能

GPS 为用户提供主要物标(如景点、医院、住宿、餐饮、加油站等)数据库,用户能够在电子地图上显示其位置。同时,监测中心可以利用监测控制台对区域内的任意目标所在位置进行查询,车辆信息将以数字形式在控制中心的电子地图上显示出来。

5) 智能语音指挥功能

智能语音指挥功能可以根据车辆的定位情况及路径信息,对车辆进行合理调度,包括行驶方向的改变、行驶路径的变更、剩余时间的提示等。智能语音功能也可随时与车辆通话,根据用户需求进行实时管理。

6) 紧急援助功能

通过 GPS 定位和监控管理系统可以对遇有险情或发生事故的车辆进行紧急援助。监控台的电子地图可以显示求助信息和报警目标,规划最优援助方案,并以报警声光提醒值班人员进行应急处理。首先,GPS 模块接收 GPS 卫星数据,获得经纬度信息;其次,导航定位软件通过 GPS 模块得到位置信息,不停地刷新电子地图;最后,导航软件计算、规划路径,然后引导车辆前往目的地。

5.2.3 北斗卫星导航定位系统

1. BDS 的组成

BDS 由空间段、地面段和用户段三部分组成,如图 5-5 所示。

1) 空间段

BDS 空间段由若干地球静止轨道卫星、倾斜地球同步轨道卫星和中圆地球轨道卫星三种轨道卫星组成混合导航系统。

2) 地面段

BDS 地面段包括主控站、时间同步/注入站和监测站等若干地面站。

3）用户段

BDS 用户段包括北斗兼容其他卫星导航系统的芯片、模块、天线等基础产品，以及终端产品、应用系统与应用服务等。

BDS 与 GPS 虽然都是导航定位系统，但还是存在着以下差异：首先，BDS 是一个有源系统，用户在定位过程中必须发射信号，具备通信能力，这是 BDS 与 GPS 最大的不同。BDS 具有低速通信功能，可以在中心站与任意一个用户机之间或任意两个用户机之间一次发送包含 36 个汉字字符的信息，经过授权的用户一次可以发送包含 120 个汉字字符的信息，这个功能是 GPS 所无法实现的。其次，BDS 每次定位作业都是由用户机发出请求，经过中心站解算出坐标，然后发给用户机，这种工作方式使得 BDS 存在用户容量限制，凡是未经授权的用户都无法利用 BDS 进行定位作业，因此具备极好的保密性。最后，BDS 一次定位需要测距信号经中心站—卫星—用户机往返两次，费时较长，用户机从发出定位请求到收到定位数据大约需要 1s，因此它不适合飞机、导弹等高速运动的物体，而更适合人员、车辆、船舰等低速运动目标的定位。

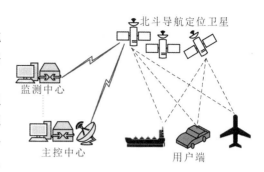

图 5-5　BDS 的组成

相信不久的将来，BDS 将在我国智能汽车的发展以及汽车驾驶辅助、自动驾驶功能的使用中发挥重要的作用。

2．BDS 的定位原理

BDS 的定位原理与 GPS 的定位原理基本相同。BDS 在进行定位时，会通过对卫星信号站点之间的传播时间进行推算，进而确立相应的卫星站点距离，这样就能对接收机进行较为准确的定位。一般采用载波相位测量法进行定位，其原理大致如下：首先用 a 来表示卫星所发射的载波信号相位数值，用 b 来表示地面基站所接收的载波信号相位数值，卫星站点之间的距离 $x=n(a+b)$，其中 n 指的是载波信号的波长。在实际操作中，值是无法进行测算的，往往是采用接收机所产生的基准信号来代替，该基准信号的频率与卫星所发射的载波信号相位是一致的，所以并不会影响到后续定位的精准程度。

通过载波相位测量法进行定位时，整个定位过程中会受到多种误差因素的影响，进而降低定位精度。在相同时间点，在不同观测站观测同一卫星，进行信号接收时所受到的误差影响具有较强的关联性，通过不同方式对同步观测量进行差值计算，就能够最大化地减少误差。

3．BDS 的特点

BDS 具有以下特点：一是空间段采用三种轨道卫星组成的混合系统，与其他卫星导航系统相比，高轨卫星更多，抗遮挡能力强，尤其在低纬度地区性能优势更为明显；二是可以提供多个频点的导航信号，能够通过多频信号组合使用等方式提高服务精度；三是融合了导航与通信功能，具备定位导航授时、星基增强、地基增强、精密单点定位、短报文通信和国际搜救等多种服务能力。

4. BDS 的服务功能

BDS 具备导航定位和通信数传两大功能,主要提供以下七种服务:

1) 定位导航授时

北斗系统利用 3 颗高轨道(GEO)卫星、3 颗倾斜地同步轨道(IGSO)卫星、24 颗中轨道(MEO)卫星,向位于地表及其以上 1000 km 空间的全球用户提供定位导航授时免费服务。

2) 全球短报文通信

BDS 利用 MEO 卫星,向位于地表及其以上 1000 km 空间的特许用户提供全球短报文通信服务。

3) 国际搜救

BDS 利用 MEO 卫星,按照国际搜救卫星组织标准,与其他搜救卫星系统联合向全球航海、航空和陆地用户提供免费遇险报警服务,并具备返回链路确认服务能力。

4) 星基增强

BDS 利用 GEO 卫星,向中国及周边地区用户提供符合国际民航组织标准的单频增强和双频多星座增强免费服务,旨在实现一类垂直引导进近指标和一类精密进近指标。

5) 地基增强

BDS 利用移动通信网络或互联网络,向北斗基准站网覆盖区内的用户提供米级、分米级、厘米级以及毫米级高精度定位服务。

6) 精密单点定位

BDS 利用 GEO 卫星向中国及周边地区用户提供高精度定位免费服务。

7) 区域短报文通信

BDS 利用 GEO 卫星,向中国及周边地区用户提供区域短报文通信服务。其中 1~3 项服务面向全球范围,4~7 项服务面向中国及周边地区。

5.2.4 惯性导航系统及航位推算

1. 惯性导航系统(INS)

1) 惯性导航系统的定义

惯性导航系统(inertial navigation system,INS)是一种利用惯性传感器测量载体的角速度信息,并结合给定的初始条件实时推算速度、位置、姿态等参数的自主式导航系统,是一种不依赖于外部信息,也不向外部辐射能量的自主式导航系统。具体来说,惯性导航属于一种推算导航方式,即从一已知点的位置根据连续测得的运动载体航向角和速度推算出其下一点的位置,因而可连续测出运动体的当前位置。

在 GPS 为车辆提供精度为米级的绝对定位,DGP 为车辆提供精度为厘米级的绝对定位的基础上,智能汽车在驾驶辅助和自动驾驶领域不得不考虑的一个问题便是在没有良好的 GPS 信号的路段(比如高楼、隧道、地下空间等),如何在信号欠缺的情况下依然保证自动驾驶的安全性和准确性。因此,在自动驾驶领域,定位信号的输入/输出一般都要与汽车的惯性导航系统进行融合。

汽车的惯性导航系统是基于陀螺仪和加速度传感器的信号组合进行自主式导航的,二者一个测量速度,一个测量方向。加速度传感器测量物体三轴的线加速度,可用于计算载体速度和位置；陀螺仪测量物体三轴的角速率，用于计算载体姿态。加速度传感器和陀螺仪结合就是惯性测量单元(inertial measurement unit，IMU)，IMU 的一个重要特征在于它能以高频率更新，其频率可达到 1000 Hz，所以 IMU 可以提供接近实时的位置信息。

惯性导航系统可以看成是 IMU 与软件的结合，如图 5-6 所示。通过内置的微处理器，能够以最高 200 Hz 的频率输出实时的高精度三维位置、速度和姿态信息。基于 GPS 或 BDS 和惯性传感器的融合是无人驾驶汽车一种重要的定位技术。

惯性导航系统主要有两个作用，一个是在 GPS 信号丢失或很弱的情况下暂时替代 GPS，用 IMU 进行定位；另一个作用是配合激光雷达进行精准定位。

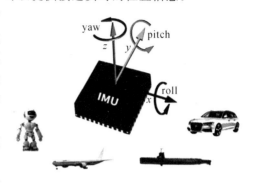

图 5-6 IMU 产品实物

2) 惯性导航系统的工作原理

惯性导航系统的基本工作原理是：以牛顿力学定律为基础，测量载体在惯性参考系的加速度和角加速度信息，再将这些测量值对时间进行一次积分，求得运动载体的速度和角速度，之后进行二次积分，求得运动载体的位置信息，然后将其变换到导航坐标系，得到在导航坐标系中的速度、偏航角和位置等信息。惯性导航系统的工作原理如图 5-7 所示。在大多数情况下，惯性导航系统会结合 GPS 使用，并融合经纬度信息，以提供更精确的位置信息。

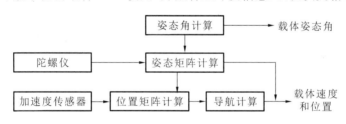

图 5-7 惯性导航系统的工作原理示意图

3) 惯性导航系统的特点

总的来说，惯性导航系统是 GPS 的补偿导航系统，它能在 GPS 信号所不能到达的地方利用汽车自身的系统为智能汽车提供定位及导航功能。惯性导航系统优点众多，但是同样也会存在一定的缺点。

惯性导航系统主要优点：隐蔽性好，也不受外界电磁波干扰，不依赖于任何外部信息，也不向外部辐射能量。可全天候在任何地点工作，不管是在空中还是在地面或是地下。能提供位置、速度、航向和姿态角等数据，导航的信息连续性好且噪声低。数据更新率高，短期精度和稳定性好。

惯性导航系统主要缺点：不能给出时间信息；每次使用之前需要较长的初始对准时间；导航信息经过积分产生，定位误差随时间而增大，长期精度差。

2. 航位推算方法

航位推算(dead reckoning，DR)方法是一种常用的自主式车辆定位技术。相对 GPS 系统而言,应用 DR 技术在未发射或接收信号的情况下,只要是车辆能到达的位置都能定位,另外还不受到电磁波影响且机动灵活。由于这种定位方法的误差随时间推移而发散,所以要确保较高的精度在时间上有局限,即不宜长时间单独使用。

DR 是利用载体上某一时刻的位置,根据航向和速度信息,推算得到当前时刻的位置,即根据实测的汽车行驶距离和航向计算其位置和行驶轨迹。外界环境影响对其干扰小,但本身误差会随时间积累而增大,所以单独工作时无法长时间保持精度。

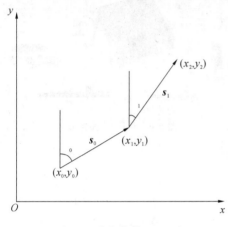

图 5-8 航位推算原理图

DR 主要原理是利用 DR 传感器测量位移矢量,从而推算出车辆的位置。如图 5-8 所示,车辆在 t_i 时刻的初始位置在 (x_i, y_i),航向角及行驶距离 s_i 分别是车辆从 t_i 时刻到 t_{i+1} 时刻的绝对航向和位移矢量长度。由图 5-8 可得

$$x_n = x_0 + \sum_{i=0}^{n-1} s_i \sin \theta_i \quad (5-3)$$

$$y_n = y_0 + \sum_{i=0}^{n-1} s_i \cos \theta_i \quad (5-4)$$

式中,(x_n, y_n) 是车辆 t_n 时刻的位置。

综上可知,航位推算需得知车辆初始位置和初始航向角,这需要通过其他手段获得。位移和航向角的变化量具有实时性,因此要求有足够高的采样频率,这样便可将采样周期内车辆加速度近似判为零。航位推算的误差会随距离和时间不断积累,因此 DR 技术不宜长期单独使用;不过可以通过 GPS 系统对其定位误差进行补偿。

GPS-DR 组合导航定位系统的组成有:GPS 以及电子罗盘、里程计和导航计算机,如图 5-9 所示。

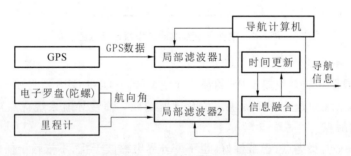

图 5-9 GPS-DR 导航系统组成

车辆的位置(绝对经度、纬度和海拔高度)由 GPS 独立给出;作为航向传感器的电子罗盘确定车辆航向;里程计测量汽车单位时间内行驶的里程;导航计算机采集各传感器数据并进行航位推算,最后由融合算法估算出车辆的实时位置。在 GPS-DR 组合导航定位系统上进行 GPS-DR 数据融合可以实现较高精度的导航定位,且导航定位系统成本相对较低,非常有利于推广应用。

要想能使 GPS-DR 组合导航定位系统达到最优的定位效果,将两者的数据融合是关

键。目前,关于 GPS-DR 数据融合的方法众多,其中卡尔曼滤波法应用最为广泛。将卡尔曼滤波应用于 GPS-DR 组合导航定位系统中,就是将 GPS 和 DR 的定位信息综合用于定位求解,通过卡尔曼滤波来补偿修正 DR 系统状态,继而滤波之后的输出又能够为 DR 系统提供较为准确的初始位置和航向角,最终够获得比单独使用一种定位方法更高的定位精度和稳定性。

5.2.5 基站通信定位技术

随着移动通信网络的迅速发展,基站的建设已经越来越多,几乎遍布世界的每一个角落,为终端用户提供通信服务。基站作为移动通信网络不可缺少的单元,是移动终端与移动网络之间交互的重要组成部分。目前有越来越多的移动终端接入移动通信网络,所以基于基站的通信定位技术成为移动通信网络中最基本的定位技术。

常用的无线定位方法包括到达角(angle of arrival,AOA)定位法、到达时间(time of arrival,TOA)定位法、到达时间差(time difference of arrival,TDOA)定位法等。

1. AOA 定位法

AOA 定位法也称方位测量定位方法,是由两个或多个基站接收到移动台的角度信息,然后对其计算移动台的位置,如图 5-10 所示。

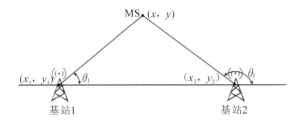

图 5-10 AOA 定位法

假设有两个基站分别是基站 1 和基站 2,且基站 1 位置 (x_1,y_1) 与基站 2 的位置 (x_1,y_2),移动台 MS 到达两个基站的角度 θ_1 和 θ_2 均是已知量。则有

$$\tan\theta_i = \frac{x-x_i}{y-y_i} \tag{5-5}$$

为了估算出移动台的位置 (x,y),需要分别将 (x_1,y_1)、θ_1 和 (x_1,y_2)、θ_2 分别代入式(5-5)求解。

2. TOA 定位法

TOA 定位法是基于时间的定位方法,又称为圆周定位法。它通过测量两点间电波传播时间来计算移动台的位置。如果能够获取三个以上基站到移动台的传播时间,那么移动台在以 (x_i,y_i) 为圆心、将电磁波传播在空气中传播速度 c 乘以电磁波从移动台到基站的时间 t_i 得出半径 R_i,在以 R_i 为半径的圆上就能找出移动台的位置。

如图 5-11 所示,基站 1、基站 2、基站 3 是三个基站,R_i 表示基站 i 与移动台 MS 之间的直线距离,则移动台应该位于半径为 R_i、圆心在基站 i 所在位置的圆周上。记移动台的位置坐标为 (x_0,y_0),基站的位置坐标为 (x_1,y_1),则两者之间满足如下关系:

$$(x_i-x_0)^2+(y_i-y_0)^2=R_i^2 \tag{5-6}$$

在实际无线电定位中,电磁波在空中的传播速度为 c 为已知量,若能测得电磁波从移动台到达基站 i 的时间 t_i,则可以求出基站与目标移动台的距离 $R_i = ct_i$,取 $i = 1,2,3$,分别将 (x_1, y_1)、(x_2, y_2)、(x_3, y_3) 代入式(5-6)中,构成三个方程组,可以求出移动台的位置坐标 (x_0, y_0)。

3. TDOA 定位法

TDOA 定位法也称双曲线定位法,定位原理如图 5-12 所示:利用移动台 MS 到达不同基站的时间不同,获取到达各个基站的时间差,通过建立方程组并求解移动台 MS 的位置。这种定位方法要求各基站的时间必须同步。移动台 MS 位于以两个基站为交点的双曲线上,通过建立两个以上的双曲线方程,求解双曲线交点即可得到移动台 MS 的二维坐标位置。

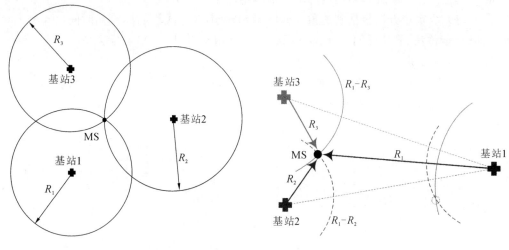

图 5-11　TOA 定位法　　　　　　图 5-12　TDOA 定位法

基站与移动台之间的距离差,通过测量信号从两个基站同时出发到达移动台或从移动台出发到达两基站的时间之差 t_{21} 和 t_{31} 来确定,即 $R_{21} = R_2 - R_1 = ct_{21}$,$R_{31} = R_3 - R_1 = ct_{31}$。则移动台坐标 (x_0, y_0) 和基站坐标 $(x_i, y_i)(i = 1,2,3)$ 之间的关系式为

$$\left(\sqrt{(x_0 - x_2)^2 + (y_0 - y_2)^2} - \sqrt{(x_0 - x_1)^2 + (y_0 - y_1)^2}\right)^2 = R_{21}^2 \quad (5-7)$$

$$\left(\sqrt{(x_0 - x_3)^2 + (y_0 - y_3)^2} - \sqrt{(x_0 - x_1)^2 + (y_0 - y_1)^2}\right)^2 = R_{31}^2 \quad (5-8)$$

求解式(5-7)和式(5-8)便能获得移动台 MS 的坐标,而后根据先验信息消除位置的模糊性,从而求得移动台实际位置。目前 TDOA 定位方法广泛应用于各种蜂窝网络定位。

除以上三种方法以外,还有混合定位法,混合定位法就是把各种不同的测量信息和特征值融合后对移动台进行定位的方法。常见的混合定位技术有 TDOA/AOA、TDOA/TOA、TOA/AOA 以及 TDOA/场强定位等。

5.2.6　即时定位与地图构建系统

1. 即时定位与地图构建的定义

即时定位与地图构建(simultaneous localization and mapping,SLAM)通常是指在机器

人或者其他载体上,通过对各种传感器数据进行采集和计算,生成对其自身位置姿态的定位和场景地图信息的技术。搭载特定传感器的主体在没有环境先验信息的情况下,尝试从一个未知位置开始移动,在移动过程中根据自身位姿估计和地图匹配进行自身定位,建立环境的模型,然后在自身定位的基础上实现运动中拓展地图,最终实现自主定位和导航。

如图 5-13 所示,黑色线为传感器探测到的障碍物边界,表示此处有障碍不可继续行走,浅灰色色区域则是可自由行驶的区域,放射性状的线条表示该处有窗户或门,使部分点散射了出去。通过扫描整个环境,可以形成一幅 2D 的激光雷达视觉地图。通过与环境的匹配对比,机器人或车辆可判断自身目前在地图中所处的位置,灰色线条则是规划和行驶路线。

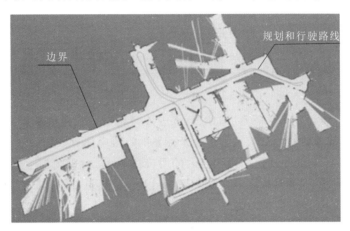

图 5-13　SLAM 的 2D 示意图

2. SLAM 系统的分类

一般来说,SLAM 系统通常由多种功能模块和多种传感器组成。按核心功能模块来区分类型,目前常见的智能汽车 SLAM 系统一般具有两种形式:基于激光雷达的激光 SLAM 系统(简称激光 SLAM 系统)和基于视觉的 SLAM 系统(简称视觉 SLAM 系统)。简单来说:如果使用的传感器为激光雷达,则为激光 SLAM 系统;如果使用的传感器为摄像头,则为视觉 SLAM 系统。

1) 激光 SLAM 系统

激光 SLAM 系统通过收集一帧帧连续运动的点云数据,利用不同时刻两片点云的匹配与比对,来计算激光雷达相对运动的距离和姿态的改变,从而推断出激光雷达自身的运动及周围环境的情况,完成对自身的定位。激光 SLAM 根据其所用的激光雷达的线束不同可细分为 2D 激光 SLAM 和 3D 激光 SLAM。

激光雷达对距离的测量比较准确,能够比较精准地测量环境中目标点的角度与距离,且无须预先布置场景;能在光线较差环境中工作,并能够生成便于导航的环境地图;误差模型简单,点云的处理也比较容易。激光雷达 SLAM 是目前即时定位领域不可或缺的新技术。

激光 SLAM 主要分为定位与建图两个部分,主要需要解决三个基本问题。第一个问题为特征值提取问题。众所周知,激光雷达可感应到的环境信息量非常大,有非常多的无用信息,如何判断信息是否有用并提取出有用信息则非常关键。第二个问题为数据关联问题,即不同时刻观测到的环境信息之间的关系问题。第三个问题为地图表示问题,即如何来描述周围的环境问题。

在 SLAM 过程中，智能车辆通过激光雷达感知周围环境，并对周围环境进行重建，然后通过观测数据计算车辆当前的位置。再融合车内里程计、加速度计等传感器推算得到的位置及姿态的改变，来对智能车辆进行精准的定位。与此同时，通过智能车辆的定位信息以及外部传感器在当前时刻观测到的信息对地图进行增量式更新，再把构建好的地图作为先验信息进行进一步的定位与建图，此过程循环往复。

激光 SLAM 的基本原理就是点云拼接。激光 SLAM 的框架如图 5-14 所示。

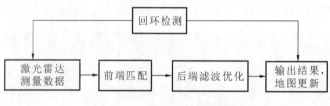

图 5-14 激光 SLAM 原理图

激光雷达通过发射激光束来测量周围环境中障碍物对应的角度和距离信息，再通过一定的算法，将这些信息转换为以激光雷达为坐标系的三维坐标点数据，并构成点云数据。

前端匹配实际上就是寻找前后两帧点云的对应关系，在给定无人车移动前后的两组激光测量点数据的条件下，可以从点云数据中提取出有用的信息，并通过迭代运算求得激光雷达的旋转平移参数，使前后两帧数据尽可能地对准。

由于数据会受到噪声的影响，所以前端匹配一定会存在一定的误差。要通过带噪声的数据推断出位姿和地图，这构成了一个状态估算问题。过去主要使用滤波器，尤其是扩展卡尔曼滤波器求解这个问题，但是卡尔曼滤波器只关心当前时刻的状态估算，而对之前的状态则没有太多考虑。近年来普遍使用的非线性优化方法，因其使用所有时刻采集到的数据进行状态估算，被认为优于传统的滤波方法，成为目前的主流方法。

虽然后端能够估算最大后验误差，但是只有相邻关键帧数据时，能做的事情并不多，也无法消除累积误差。回环检测模块却能够给出除了相邻帧之外的一些时隙更大的约束。当察觉激光雷达经过同一个地方时，会采集到相似的数据。而回环检测的关键就是有效地检测出激光雷达经过同一个地方这件事。如果能够成功地检测这件事，就可以为后端的位姿优化提供更多的有效数据，更好地完成状态估算。

通过上述过程得到了每帧点云数据及其对应的位姿，就可以将这帧点云拼接到全局地图中完成地图的更新，输出六自由度位姿和所需格式的地图。

2）视觉 SLAM 系统

视觉 SLAM 系统可以从环境中获取海量的、冗余的纹理信息，拥有超强的场景辨识能力。视觉 SLAM 系统的优点是可以获取丰富纹理信息，在重定位、场景分类上具有无可比拟的巨大优势。例如两块尺寸相同内容却不同的广告牌，激光 SLAM 系统无法区别它们，而视觉 SLAM 系统可以轻易分辨。

同时，视觉信息可以被用来跟踪和预测场景中的动态目标，如行人和车辆等，这在复杂动态场景中的应用是至关重要的。此外，视觉的投影模型理论上可以让无限远处的物体都进入视觉画面，在合理的配置下（如长基线的双目相机）可以进行很大范围场景的定位与地图构建。

视觉 SLAM 根据所用的摄像头个数可分为单目 SLAM、双目 SLAM 两个大类。

单目 SLAM 仅用一个摄像头就能完成 SLAM,最大的优点是传感器简单且成本低廉,但一个大问题是不能确切地得到深度。一方面是绝对深度不可知,单目 SLAM 系统不能得到目标的运动轨迹及地图的真实大小,如果把轨迹和地图同时放大两倍,也看不出差异,因此,单目 SLAM 系统只能估算一个相对深度,导致深度数据精度不高;另一方面,单目相机无法依靠一张图像获得图像中物体离自己的相对距离。为了估计这个相对深度,单目 SLAM 要靠运动中的三角测量来求解相机运动并估算像素的空间位置。也就是说,它的轨迹和地图只有在相机运动之后才能收敛,如果相机不运动,就无法得知像素的位置。单目 SLAM 不受空间大小的影响,因此既可以用于室内,又可以用于室外。

双目相机的特点在于能通过某种手段测量物体的距离,克服了单目相机无法测量距离的缺点。只有知道了距离、场景的三维结构,才可以将图像恢复出来,从而消除尺度不确定性。双目相机由两个单目相机组成,这两个相机之间的距离是已知的,可以通过该距离来估算每个像素的空间位置。但是,计算机上的双目相机需要进行大量的计算才能计每一个像素点的深度,并且双目相机测量到的深度范围与基线距离相关,基线距离越大,能够测量的距离就越远,所以智能车辆上搭载的双目相机基线距离通常会较大。双目相机的距离估算是通过比较左右眼的图像实现的,并不依赖其他传感设备,所以它既可以应用于室内,也可应用于室外。

因此,从可靠性来说,双目 SLAM 要比单目 SLAM 好一些。一般来说,视觉 SLAM 都结合惯性测量元件(IMU 等传感器)使用,以更大程度地提高建图精度和姿态估计精度。

视觉 SLAM 系统的工作原理如图 5-15 所示,它由视觉传感器数据、前端视觉里程计、后端非线性优化、回环检测和建图构成。

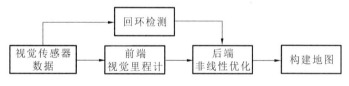

图 5-15 视觉 SLAM 系统的工作原理

视觉传感器数据在视觉 SLAM 中主要为读取的相机图像信息和预处理数据。如果视觉 SLAM 在机器人中,则还可能需要进行码盘、惯性传感器等信息的读取和同步。

视觉里程计的任务是估算相邻图像间相机的运动以及局部地图形貌,最简单的是估计两张图像之间的运动关系。在图像上,只能看到一个个的像素,知道它们是某些空间点在相机的成像平面投影的结果。因此,要了解计算机是如何通过图像确定相机运动的,必须先了解相机与空间点的几何关系。

前端视觉里程计能够通过相邻帧间的图像估算相机运动,并恢复场景的空间结构。被称为里程计是因为它只计算相邻时刻的运动,而和过去信息没有关联。把相邻时刻的运动串联起来,就构成了无人车的运动轨迹,从而解决定位问题。另一方面,根据每一时刻的相机位置计算出各像素对应的空间点的位置,就得到了地图。

后端非线性优化主要是处理 SLAM 过程中的噪声问题。任何传感器都有噪声,所以除了要解决如何从图像中估算出相机运动这个问题,还要关心估算带有多大的噪声。

前端给后端提供待优化的数据以及这些数据的初始值,而后端负责整体的优化过程并得到与全局一致的轨迹和地图。前端往往面对的始值,而后端负责整理这些数据的来源。在视觉 SLAM 中,前端和计算机视觉研究领域更为相关,比如图像的特征提取与匹配等,后端则主要是负责滤波和进行非线性优化。

回环检测也可以称为闭环检测,是指识别曾到达场景的能量。如果检测到回环,无人机会把信息提供给后端进行处理。回环检测实质上是一种检测观测数据相似性的算法。对于视觉 SLAM,多数系统采用目前较为成熟的词袋模型。词袋模型把图像中的视觉特征聚类,然后建立词典,进而寻找每个图中含有哪些"单词"。也有研究者使用传统模式识别的方法,把回环检测建构成一个分类问题,训练分类器进行分类。

构建地图主要是根据估算的轨迹,获得与任务要求对应的地图。地图是对环境的描述,但这个描述并不是固定的,而是需要视 SLAM 的应用而定的。地图的表示主要有 2D 栅格地图、2D 拓扑地图、3D 点云地图和 3D 网格地图,如图 5-16 所示。

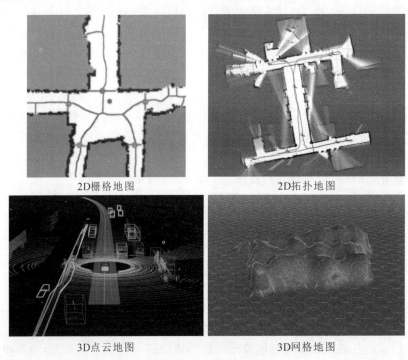

图 5-16 构建地图的类型

大多数视觉 SLAM 系统的工作方式是通过连续的相机帧数,跟踪设置关键点,以三角算法定位其 3D 位置,同时使用此信息来推测相机的姿态。简单来说,这些系统的目标是绘制与自身位置相关的环境地图。这个地图可以用于智能车辆在该环境中的导航。与其他形式的 SLAM 技术不同,视觉 SLAM 只需一个 3D 视觉摄像头就可以做到这一点。

通过跟踪摄像头视频帧中足够数量的关键点,可以快速了解传感器的方向和周围物理环境结构。所有视觉 SLAM 系统都在不断地工作,以减少投影误差,从而使投影点与实际点之间的差异最小化。视觉 SLAM 系统可进行实时操作、大量计算。

视觉 SLAM 主要用于 GPS 缺失场景下的长时间定位,如室内、楼房中;也可用于补偿行驶过程中 GPS 信号不稳定造成的定位跳跃,如在山洞、高楼群或野外山区等环境中时。

SLAM 在智能车辆(如无人清扫车、园区无人摆渡车、园区无人快递车等低速智能汽车)、服务型机器人、无人机,以及 AR/VR 等领域有着广泛的应用。

5.3 导航定位技术在智能汽车上的应用

从前两节的学习中可以看出,不同的定位方式都有其自身独有的优点和缺点,这些特点让相应导航定位技术都不足以独立支撑智能汽车的驾驶辅助和未来的自动驾驶模式。

在智能汽车的实际应用中,一般采用多传感器融合的定位,在做到优势互补的同时提高了导航定位的稳定性,进一步提升了定位精度。L4 无人车运营商常用的定位方案大多使用多线束的激光雷达和高精度的 GPS/IMU。然而,虽然这些高精密的传感器能够提供丰富的信息,但成本却十分高昂,并且也无法满足车规的要求。

在智能汽车中,车辆的高精度导航定位一般需要以下模块,如图 5-17 中左边列出了定位模块依赖的硬件以及数据,包括 IMU、车端天线、基站、激光雷达,以及定位地图等;中间是 GNSS 定位以及激光点云定位模块,GNSS 定位设备负责输出车辆的位置及速度信息,点云定位模块负责输出车辆的位置及航向角信息。右边是融合框架,融合框架包括两部分——惯性导航解算、卡尔曼滤波;融合定位的结果会反过来用于 GPS 定位和点云定位的预测;融合定位的输出是一个 6 自由度的位置和姿态,以及协方差矩阵。

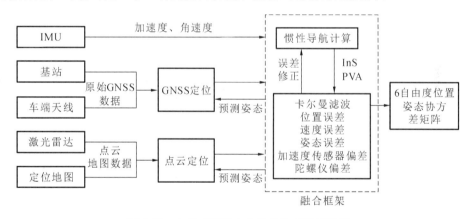

图 5-17 多传感器融合定位模块系统示意图

因此,智能汽车的导航定位相对传统车辆需要更多的硬件支持、更丰富的数据传输、更快捷的定位算法及更低的容错率。智能汽车本身的硬件支持和与外界的数据交换成就了驾驶人员在车辆行驶过程中的逐步退出,为未来的无人驾驶技术奠定了基础。车辆驾驶系统即将很快呈现有理可依、有据可循的更高效的运行状态,就像我们的手机 App 运行一样自然且独特,它可以根据驾驶人员的不同的喜好,收集常用的路线,了解车辆通行的规划及时间,再根据实时数据进行调整,使得每一次出行都变得更安全、高效且经济。

智能汽车导航定位要求的实现是大数据时代发展的必然结果,它将是车辆导航历史上的一次里程碑式的飞跃,更是创造我们未来的生活模式的一次极为重要发展。

练习题

一、名词解释
1. GPS
2. INS
3. TOA 定位法
4. DGPS
5. DR
6. TDOA 定位法
7. BDS
8. AOA 定位法

二、简答题
1. 简述智能汽车对定位系统的基本要求。
2. 简述 GPS 的工作原理及特点。
3. 简述 BDS 的工作原理及特点。
4. 简述 INS 的作用与特点。
5. 简述 GPS-DR 导航系统的组成。
6. 简述通信基站的定位方法。
7. 简述 SLAM 的定义及分类。
8. 画出多传感器融合定位模块系统示意图。

第6章 智能汽车先进驾驶辅助技术

【教学目标】

通过对本章的学习,学生能够掌握智能汽车先进驾驶辅助系统的结构;掌握前向碰撞预警技术、车道偏离预警技术、自适应巡航控制技术、自动刹车辅助技术、车道保持辅助技术等先进驾驶辅助技术。

6.1 概　　述

6.1.1 先进驾驶辅助系统定义

先进驾驶辅助系统 ADAS 是利用安装在车上的各种传感器,在汽车行驶过程中随时来感应周围的环境,收集数据,进行静态、动态物体的辨识、侦测与追踪,并结合导航地图数据,进行系统的运算与分析,从而预先让驾驶者察觉到可能发生的危险,有效增加汽车驾驶的舒适性和安全性,先进驾驶辅助系统如图 6-1 所示。

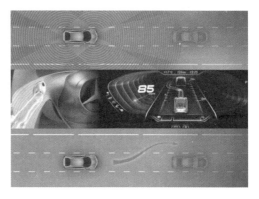

图 6-1　先进驾驶辅助系统

ADAS 采用的传感器主要有摄像头、雷达、激光和超声波等,可以探测光、热、压力或其他用于监测汽车状态的变量,通常位于车辆的前后保险杠、侧视镜、驾驶杆内部或者挡风玻璃上。早期的 ADAS 技术主要以被动式报警为主,当车辆检测到潜在危险时,会发出警报提醒驾车者注意异常的车辆或道路情况。对于最新的 ADAS 技术来说,主动式干预也很常见。

6.1.2 先进驾驶辅助系统结构

先进驾驶辅助系统主要由 GPS 和 CCD(charge-coupled device,电解耦合元件)相机探测模块、通信模块和控制模块等组成。其中,GPS 和 CCD 相机探测模块通过 GPS 接收机接收 GPS 卫星信号,求出该车的经纬度坐标、速度、时间等信息,利用安装在汽车前部和后部的 CCD 相机,实时观察道路两旁的状况;通信模块可以发送检测到的相关信息并在相互靠近的汽车之间实时地传输行驶信息;控制模块可以在即将出现事故的时候做出主动控制,从而避免事故的发生。

1. GPS 模块和 CCD 相机探测模块

GPS 是由美国国防部建设的基于卫星的无线电导航定位系统。它能连续为世界各地的用户提供精确的位置、速度和时间信息,最大的优势是覆盖全球,可以为高动态、高精度的平台服务。

图 6-2　CCD 图像传感器外形

CCD 主要由网格、聚光镜片以及电子线路矩阵组成,其外形见图 6-2 所示。CCD 是一种特殊的半导体器件,能够把光学影像转化为数字信号。一块 CCD 上包含的像素数越多,其提供的画面分辨率就越高。CCD 上有许多排列整齐的光电二极管,能感应光线,将光信号转变为电信号。经外部采样放大及模数转换电路转换成数字图像信号。CCD 体积小、成本低,广泛应用于扫描仪、数码照相机以及数码摄像机中。

在汽车驾驶过程中,最容易出现碰撞事故的地方就是拐角处,这是因为汽车设计过程中,其前视窗有视野死角,使得驾驶者在转弯时没有很好的视野,从而不能对即将发生的事故做出迅速明确的判断。为了最大限度地消除视野死角问题,驾驶辅助系统利用 GPS 和 CCD 相机探测模块得到车辆的行驶数据,包括车辆的位置、速度、两车接近速度等。为了反映车间的距离位置信息,这里将地理信息系统(geographic information system,GIS)中的道路信息融入 GPS 定位数据系统,构成融合 GPS 信息系统。在 GIS 中,为了真实地反映地理实体,记录的数据不仅包含实体的位置、形状、大小和属性,还记录了实体间的相互关系,这样结合能够很好地满足本系统的需要。因此,GPS 卫星传递的位置信息不仅包括汽车所处的经度和纬度,还包括海拔高度以及车辆间的位置关系,这样就能够更为精确地表示出汽车所处的地理位置,避免两车间信息传递出现"立交桥"情况,不会使汽车做出错误判断,而导致不必要的状况发生。

安装在汽车前部和后部的 CCD 相机即盲区探测器,其作用是能够实时观察道路两旁的状况。其中,前部 CCD 可以在转角处提前探测转弯后的路况,判断有无驶近的车辆;后部 CCD 可以看到后面车辆行驶情况,判断有无车辆影响本车转弯、超车等操作。

利用 GPS 和 CCD 相机判断危险发生并根据危险做出判断操作的过程如下。首先,判断是否有车辆驶近本车,并且将最危险的接近车辆作为通信对象;其次,通过无线网络通信,获得本车与目标车的行驶信息,包括速度、位置、刹车扭矩等。根据这些信息,判断目标车的行驶状况是否正常。当监测到的信息显示目标车运行不正常,则两车间互相传递诸如刹车扭矩等的重要信息,并且根据具体情况,实时地通过 CCD 相机获得两车间的距离信息,在特定情况下,两车 MCU 控制器均会采取主动或自动刹车,从而避免两车相撞,同时司机也可以通过车内的监视屏来看到这些信息。即使在行驶过程中,出现不同的危险状况,驾驶辅助系统都能够根据从 GPS 和 CCD 相机得到的信息,针对不同的行驶状况,做出正确精确的操作。

2. 通信模块

Ad hoc 网络是一种有特殊用途的网络。Ad hoc 结构是一种省去了无线中介设备 AP 而搭建起来的对等网络结构,只要安装了无线网卡,计算机彼此之间即可实现无线互联;其原理是网络中的一台计算机主机建立点到点连接,相当于虚拟 AP,而其他计算机就可以直接通过这个点对点连接进行网络互联与共享。Ad hoc 网络是一种特殊的无线移动网络。网络中所有节点的地位平等,不需要设置任何的中心控制节点。网络中的节点不仅具有普通移动终端所需的功能,而且具有报文转发能力。

移动 Ad hoc 网络由汽车上装载的无线终端相互作用而形成。其中,每辆汽车都是移动网络中的移动结点,而且可以自由地加入或离开网络。移动网络中没有网络基础设施,所有移动节点分布式运行,具有路由功能,利用一定的协议,使得移动节点自身可以发现和维护其他节点的路由。除适合本驾驶辅助系统的数据信息传输外,还具有一些蜂窝移动网络不具备的优点:可以随时建立网络,在没有其他通信设施的情况下使用,大大节省运营成本;不受固定拓扑结构的限制,具有很强的容错性和鲁棒性,在某些极端恶劣的情况下,即使部分探测汽车出现故障,网络仍能正常运行。先进驾驶辅助系统依靠车辆间的状态信息相互传递,监测行车状态,可以保护行车的安全性,包括调节行驶状态,避免恶性碰撞。

目前,现有的系统能够警告驾驶者危险状况的来临,但不能自主做出预防措施,而本系统则弥补了这个缺陷。利用 Ad hoc 网络传送的信息主要包括两种:一种是定时传输由 GPS 和 CCD 相机以及车内部分传感器得到的状态信息,如:车辆的位置、行驶速度、刹车扭矩等。根据研究,这些状态信息应以非常高的频率传递,网络中的每辆车每秒大约传输 5~50 次。另外一种是危险情况的警告信息。与上面定时发送的信息不同,这些警告信息有可能来自通信范围内的通信车辆,节点离得较远,因此需要多跳传输,所以这种信息只有当危险情况出现时才发出。因此利用移动 ad hoc 网络传输的系统能对车辆行驶状况实施实时动态采集,具有建设成本低、周期短、维护费用低的特点,适合我国智能交通发展的现状。但移动 Ad hoc 网络拓扑结构和物理层协议设计、采集信息的处理与其对未来路况预测等问题还有待解决。

3. 控制模块

通过 Ad hoc 网络传递过来的车辆信息进入车内整车控制器时,会对所得到的数据进行分析处理。如果分析的结果为安全,不做出任何措施;当分析的结果为警告时,则做出主动预防措施,其过程如下:整车控制器是汽车控制的核心,它根据输入信号,判断汽车当前状态,并经过一定的控制逻辑和控制算法的判断分析,确定向各子系统发出当前控制信号的量值。速度信号表征当前整车对输出驱动扭矩的需求量,同理,制动踏板信号表示对整车制动扭矩的需求。发动机 MCU 根据总成控制器发出的发动机油门信号,结合当前的发动机转速,确定出所需供油量和喷油定时,使电喷发动机通过有效组织燃烧向扭矩耦合器输出扭矩。驱动系统根据输入的表征电动机扭矩大小的油门信号,以及工作模式信号决定的驱动扭矩输出。整车控制器根据驾驶员制动踏板及当前车速计算出所需机械制动扭矩值,以得到机械制动系统的制动指令,与原车相比,车轮制动力分别来自产生摩擦制动的制动系统和产生回馈制动的动力传动系统,增加的回馈制动功能由混合动力及传动系统实现,回馈制动力来自电机的制动力矩,并通过传动系统施加于驱动轮上,而回馈制动的能量则通过传动系统传回电动机。这样提高了制动的可靠性,从而增加了驾驶辅助系统的可靠性和安全性。

6.1.3 先进驾驶辅助系统分类

先进驾驶辅助系统按照环境感知技术的不同分为自主式先进驾驶辅助系统和网联式先进驾驶辅助系统。自主式先进驾驶辅助系统是基于车载传感器完成环境感知,依靠车载中央控制单元系统进行分析决策的;网联式先进驾驶辅助系统是基于 V2X 通信完成环境感知,依据云端大数据进行分析决策。通过现代通信与网络技术,汽车、道路、行人等都已经互联,成为智能交通系统中的信息节点,见图 6-3 所示。

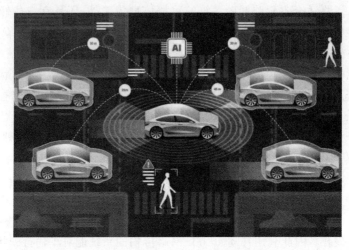

图 6-3　网联式先进驾驶辅助系统

自主式先进驾驶辅助系统根据用途可以分为自主预警类先进驾驶辅助系统、自主控制类先进驾驶辅助系统和视野改善类先进驾驶辅助系统等。

1) 自主预警类先进驾驶辅助系统

自主预警类先进驾驶辅助系统是指自动检测车辆可能发生的危险并提醒,从而防止发生危险或减轻事故伤害的先进驾驶辅助系统。自主预警类先进驾驶辅助系统包括前向碰撞预警系统(forward collision warning, FCW)、车道偏离预警系统(lane departure warning system, LDWS)、盲区检测预警系统、驾驶员疲劳预警系统(driver fatigue monitor system, DFMS)等。前向碰撞预警系统识别潜在的危险情况并通过提醒帮助驾驶员避免或减缓碰撞事故,见图 6-4 所示。车道偏离预警系统在车辆可能偏离车道时给予驾驶员提示,减少因车道偏离而发生的事故,见图 6-5 所示。盲区监测预警系统检测盲区内行驶的车辆及行人,及时告知驾驶员。驾驶员疲劳预警系统推断驾驶员的疲劳状态进行报警提示或者采取相应的措施,见图 6-6 所示。

2) 自主控制类先进驾驶辅助系统

自主控制类先进驾驶辅助系统是指自动监测车辆可能发生的危险并进行实时提醒,必要时系统会主动介入和干预,从而防止发生危险或减轻事故的危害程度。自主控制类先进驾驶辅助系统包括车道保持辅助系统(autonomous emergency braking, AEB)、自动刹车辅助系统(electronic brake assist, EBA)、自适应巡航控制系统(adaptive cruise control system, ACC)、自动泊车辅助系统(auto parking assist, APA)等。车道保持辅助系统用来修正即将越过车道标线的车辆,使车辆保持在车道线内,见图 6-7 所示。自动刹车辅助系统用于当车辆与前车处于危险距离时,主动产生制动效果,让车辆减速或紧急停车,减少因距离过短而发生的事故,见图 6-8 所示。自适应巡航控制系统使车辆始终与前车保持安全车距,见图 6-9 所示。自动泊车系统可以使车辆自动泊车入位,见图 6-10 所示。

图 6-4 前向碰撞预警系统

图 6-5 车道偏离预警系统

图 6-6 驾驶员疲劳预警系统

图 6-7 车道保持辅助系统

图 6-8 自动刹车辅助系统

图 6-9　自适应巡航控制系统

图 6-10　自动泊车辅助系统

3）视野改善类先进驾驶辅助系统

视野改善类先进驾驶辅助系统是指提高在视野较差环境下的行车安全性的系统。视野改善类先进驾驶辅助系统包括汽车自适应前照明系统、汽车夜视辅助系统（adaptive front-lighting，AFS）、全景泊车系统等。汽车自适应前照明系统可以自动调节前照明系统工作模式，适应外界视野的需求，见图 6-11 所示。汽车夜视辅助系统通过晚上使用热成像呈现行人或动物，帮助改善视野，见图 6-12 所示。全景泊车系统通过四周 360°全景提示，进行视野改善，提高泊车安全性能，见图 6-13 所示。

图 6-11　汽车自适应前照明系统

图 6-12　汽车夜视辅助系统

图 6-13　全景泊车系统

4）网联式先进驾驶辅助系统

网联式先进驾驶辅助系统主要用于交通安全、信息服务、交通效率、自动驾驶等方面。

(1) 交通安全类网联式先进驾驶辅助系统。

交通安全应用是先进驾驶辅助技术应用的一个重要方面。装有无线通信设备的车辆在行驶过程中，不断地广播其位置、行驶速度和行驶方向等运动状态信息，可以有效降低驾驶风险。通过车车、车路之间的信息交互，系统结合本车的运动状态信息和接收到的周围车辆的运动状态信息进行综合判断，判断本车与周围车辆是否有碰撞可能，然后提前向驾驶员发出警报或采用自动紧急制动等控制措施。交通安全应用还可以用于交通事故后，车辆与车联网管理平台的信息交互，及时通知应急管理中心、交通管理中心、道路救援企业和医院等进行处置，减少伤亡。

交通安全应用包括：协同驾驶员防碰撞系统、十字路口闯红灯警告系统、车道变更警告系统、应急车辆事故应答系统、车辆失控警告系统、前向碰撞警告系统、危险道路状况警告系统、弯道车速提醒系统、人行横道行人提醒系统、禁行车道提醒系统等。

(2) 交通效率类网联式先进驾驶辅助系统。

交通效率类网联式先进驾驶辅助系统利用车车、车路协同通信和无线通信方式交换车辆数据、交通运行数据和行人位置数据，可以为交通拥堵状态判别提供依据，及时了解交通拥堵的时空扩散范围及交通状态的变化趋势，给交通出行者可靠的道路规划建议，避免交通拥堵状态的恶化，提高交通运行效率。

交通效率类网联式先进驾驶辅助系统包括驾驶风险预测系统、交通拥堵警告系统、智能交通信号控制系统、动态路径规划系统等。

(3) 自动驾驶类网联式先进驾驶辅助系统。

自动驾驶类网联式先进驾驶辅助系统通过车载传感设备感知视距范围内的车辆环境，面对非视距的路况，如交叉口、急弯处等，需依靠V2X协同通信交换车辆数据和交通运行环境数据。通过人工智能算法识别车辆环境和交通运行环境，并与高精度地图的静动态数据进一步融合，形成实时的车辆环境感知地图，通过人工智能算法形成驾驶轨迹规划和驾驶决策，再与汽车的电子控制系统结合，独立实现对车辆的自动驾驶，见图6-14所示。

图 6-14　网联式先进驾驶辅助系统的自动驾驶

6.1.4 先进驾驶辅助系统发展

先进驾驶辅助系统的发展可以分别从技术和市场应用两个角度来分析。从技术研发角度来看,先进驾驶辅助系统的研发通常是由政府牵头并出资设立相关研究项目,支持并推动技术的开发工作,而实际的开发工作则是由整车厂商与零部件厂商或独立或合作完成的。从市场应用角度来看,由于各国政府和消费者都深刻认识到降低事故频率、减轻事故伤害的重要性,而先进驾驶辅助系统作为前沿的主动安全技术,可以有效降低多数事故类型的发生频率,因此,一方面各国政府纷纷立法要求强制安装得到某些验证的先进驾驶辅助系统技术,将其作为汽车中的标准配置,希望以此来保护驾车者、乘客、行人以及其他道路用户;另一方面,消费者主观上对行车安全性的高度重视也使得先进驾驶辅助系统技术的市场需求日益增长。

国内市场由于汽车工业起步晚,起点低,对于代表先进汽车技术的驾驶辅助系统开发力度不足。而国内汽车生产厂家受资金与研发实力的限制,在先进驾驶辅助系统研发方面的投入较少。政策方面,目前中国也没有出台先进驾驶辅助系统相关技术的强制性安装法规,但针对在国内市场安装的日间行车灯和胎压监测系统,国家已经出台了强制性技术法规,并予以实施。

结合技术自身的发展和中国道路交通环境及消费者的特定需求,我们可以总结得到先进驾驶辅助系统技术在中国市场的发展趋势:

1. 单个技术向融合技术发展

从技术发展角度来看,由于消费者对汽车安全性的重视度只会越来越高,因而先进驾驶辅助系统在未来很长一段时间内必将保持持续发展的趋势。同时,先进驾驶辅助系统正在从单个技术独立发展转变为整合式主动安全系统的开发,多项技术可以共用传感器、控制系统等平台,一旦车辆装备了基础的 ESP 电子稳定系统、ACC 自动巡航控制系统等技术,便可以方便地并以较低的成本添加其他安全驾驶辅助技术,从而将进一步推动先进驾驶辅助系统技术在汽车上的应用。

2. 实用性强的技术得到普及

一些相对较为低端且实用性强的先进驾驶辅助系统技术,如胎压监测系统、ESP 电子稳定系统等已经充分得到了市场的认可,在强烈的需求驱动下,其在低端市场的普及率将稳步提升。

3. 交通安全类技术关注度和需求度提升

中国消费者对于避险辅助类、视野改善类等交通安全方面的技术表现出明显的关注度与需求度,必将成为下一阶段该领域内的主要增长点。

4. 要求高的技术缓慢发展

一些对道路要求较高的技术,如变道辅助、车道偏离警告、ACC 自动巡航控制系统等,以及与中国消费者驾驶习惯不符的技术,如车道保持系统、驾驶员疲劳检测系统等,则可能将面临较长一段时间的缓慢发展。

6.2 前向碰撞预警技术

前方碰撞预警系统是一种通过声音、视觉或触觉等感官获取信息方式辅助提醒驾驶员在行驶前方存在潜在碰撞危险的系统。该系统能够通过雷达系统来时刻监测前方车辆,判断本车与前车之间的距离、方位及相对速度,当存在潜在碰撞危险时对驾驶者进行警告,见图 6-15 所示。前方碰撞预警系统本身不会采取任何制动措施去避免碰撞或控制车辆。现在运用该技术的汽车品牌有英菲尼迪、沃尔沃、奔驰、丰田等。

图 6-15 前向碰撞预警系统示意图

6.2.1 前向碰撞预警系统组成

前向碰撞预警系统由信息采集单元、电子控制单元和人机交互单元三个单元组成,见图 6-16 所示。

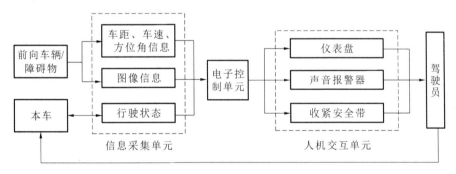

图 6-16 前向碰撞预警系统的组成

1. 信息采集单元

信息采集单元主要利用车载传感器(如视觉传感器、毫米波雷达等)实时检测前方车辆或障碍物的图像信息,利用自车传感器(如车速传感器、加速度传感器等)采集自车的速度、加速度等信息。

2. 电子控制单元

电子控制单元主要对前车或障碍物的图像信息和车距、车速和方位角等信息进行融合,确定障碍物的类型和距离,并结合自车行驶状态信息,采用一定的决策控制算法评估是否存在潜在的碰撞风险,如果存在潜在的碰撞风险,则向人机交互单元发出预警指令,提醒驾驶员做出合适的判断。

3. 人机交互单元

人机交互单元主要接收电子控制单元传来的指令,根据预警级别和程度,进行相应的预警信息的发布,如在仪表盘上显示区域显示预警信息或闪烁预警图标、发出报警声音或收紧安全带等,提醒驾驶员采取措施进行避险。驾驶员收到预警信息后采取及时的措施。如果碰撞风险消失,碰撞报警自动取消。

6.2.2 前向碰撞预警系统工作原理

前向碰撞预警系统是一种主动安全系统。前向碰撞预警系统利用超声波传感器、毫米波雷达、激光雷达等对探测范围内的物体进行距离测量,并结合视觉传感器识别障碍物信息。如果前方障碍物被识别出来,对前方障碍物进行测量,根据本车行驶状况与前方车辆的运行情况进行决策分析是否存在碰撞的可能。如果当前行驶下的车距小于安全距离时,则发出预警信息。前向碰撞碰撞预警系统的工作原理图见图6-17所示。

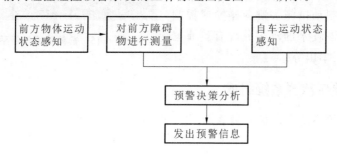

图6-17 前向碰撞预警系统的工作原理

障碍物信息获取与处理是前方碰撞预警技术中的关键技术。前方障碍物距离检测和前方障碍物距离识别在整个前向碰撞预警系统中起着决定性作用。前方障碍物距离检测主要采用超声波传感器、毫米波雷达、激光雷达、视觉传感器等实现障碍物的实时检测。其中,超声波传感器测距原理简单、成本低,但其测距精度受室外环境稳定影响大,适用于短距离测量。激光雷达价格高,受环境因素影响较大。在实际应用中,常选用毫米波雷达和视觉传感器。

前方障碍物识别是前向碰撞预警技术中的关键步骤,可以采用超声波传感器、毫米波雷达、激光雷达、视觉传感器等多传感器融合等方式实现。

汽车前向碰撞预警系统的目的是汽车在可能发生碰撞的情况下,能通过预警信息及时提醒驾驶员进行减速或停车,其中最关键的组成部分是对行车过程中安全距离的设定。当安全距离设定值较大时,则会导致频繁报警,影响行车的舒适性,会对驾驶员造成干扰;当设定值较小时,则无法及时报警,车辆存在碰撞的风险,危险性较大。

6.3 车道偏离预警技术

车道偏离预警系统是一种通过报警的方式辅助驾驶员减少汽车因车道偏离而发生交通事故的系统,如图6-18所示。车道偏离预警系统是根据前方道路环境和自车的位置,判断自车偏离车道的行为,对驾驶员进行及时提醒,从而防止驾驶员因偏离车道引发的交通事故。据交通部统计,约有50%的汽车交通事故是因为汽车偏离正常的行驶车道引起的,究其原因主要是驾驶员心神烦乱、注意力不集中或驾驶疲劳。

第 6 章 智能汽车先进驾驶辅助技术

图 6-18 车道偏离预警系统

车辆偏离预警系统分为纵向和横向车道偏离警告两部分。纵向车道偏离警告系统主要用于预防那种由于车速太快或方向失控引起的车道偏离碰撞。横向车道偏离警告系统主要用于预防由于驾驶员注意力不集中以及驾驶员放弃转向操作而引起的车道偏离碰撞。

6.3.1 车道偏离预警系统的组成

车道偏离预警系统主要由信息采集单元、电子控制单元和人机交互单元等组成,如图 6-19 所示。在该系统中所有的信息均以数字信号的形式进行传递,通过汽车总线技术实现。

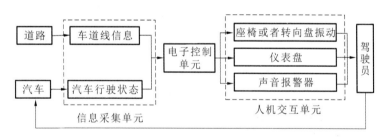

图 6-19 车道偏离预警系统的组成

1. 信息采集单元

信息采集单元主要利用车载传感器(如视觉传感器、毫米波雷达等)实时采集车道线信息和汽车自身行驶状态的动态信息,利用自车传感器(如车速传感器、加速度传感器、视觉传感器等)采集自车的速度、加速度、转向角等信息。信息采集单元需对数据进行转换,然后传输给电子控制单元。

2. 电子控制单元

电子控制单元主要对车道线信息和车速、加速度和转向角等信息进行融合,综合判断汽车是否存在偏离车道的现象。如果发生非正常偏离车道,存在潜在的风险,则向人机交互单元发出预警指令。

3. 人机交互单元

人机交互单元主要接收电子控制单元传来的指令,通过仪表盘、声音报警器、座椅或转向盘振动等方式向驾驶员提示系统当前的运行状态。提醒驾驶员采取措施及时修正行驶方向,并可以根据偏移量的大小实现不同程度的预警。

6.3.2 车道偏离预警系统工作原理

当车道偏离预警系统开启时,信息采集单元会时刻采集行驶车道的标识线,通过图像处理获得汽车在当前车道中的位置参数,当检测到汽车偏离车道时,信息采集单元会及时收集车辆数据和驾驶员的操作状态,之后由电子控制单元进行决策分析,由人机交互单元中的声音警报器发出警报信号,整个过程大约在 0.5 s 完成,可为驾驶者提供更多的反应时间。而如果驾驶者打开转向灯,正常进行变线行驶,那么车道偏离预警系统不会做出任何提示。

目前,各厂商所配备的车道偏离预警系统均在视觉传感器采集数据的基础上研发,但它们行驶在雨雪天气或能见度不高时,采集车道标识线的准确度会下降。那么为了解决这个难题,汽车技术工程师开发了红外线传感器的采集方式,其一般安置在前保险杠两侧,并通过红外线收集信号来分析路面状况,即使在恶劣环境的路面,也能识别车道标志线,便于在任何环境的路况下均能及时提醒驾驶员汽车道路偏离状态。如图 6-20 所示为车道偏离预警系统工作示意图。

图 6-20 车道偏离预警系统工作示意图

目前车道偏离预警系统在大众 CC、宝马 5 系、奔驰 E 级、英菲尼迪 M 系等车型均已配备。在不同汽车品牌的车道偏离预警系统中,除名称不同外,其提醒驾驶员的方式也有本质的区别,车偏离车道后,一般会在仪表盘中亮起预警灯,并在车内发出鸣音来提醒驾驶者,但当遇到杂乱的环境(如开车窗、后方车辆长时间鸣笛),就会听不清的提示音,造成安全隐患情。就此问题,一些品牌车型进行了改进,它们的车道偏离预警系统则以方向盘震动的形式警示驾驶员,相比提示音方式更为安全可靠。此外,一些品牌的车型还采用了座椅震动的提醒方式。而还有少数品牌车型则采用自动改变汽车转向的方式。

车道偏离预警最早应用在商用车上,见图 6-21 所示。

现在,车道偏离预警系统(LDWS)已经装配在了一汽大众 CC 上。当车辆偏离车道时,系统会指令方向盘以 3 N·m 左右的转矩自动修正方向。但如果偏航角度过大,车道保持

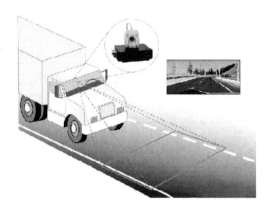

图 6-21 车道偏离预警系统在商用车上的应用

系统无法自动纠正偏航,车道偏离系统发出提醒,驾驶员在注意到偏航之后可以手动纠正。车道偏离预警系统还有一个好处,那就是它纠正了驾驶员并线不打灯的坏习惯。

6.4 自适应巡航控制技术

ACC 系统是一种智能化的自动控制系统,它是在早已存在的巡航控制技术的基础上发展而来的。

ACC 是一个允许车辆巡航控制系统通过调整速度以适应交通状况的汽车功能。安装在车辆前方的雷达用于检测在本车前进道路上是否存在速度更慢的车辆。若存在速度更慢的车辆,ACC 系统会降低车速并控制与前方车辆的间隙或时间间隙。若系统检测到前方车辆并不在本车行驶道路上时将加快本车速度使之回到之前所设定的速度。ACC 控制车速的主要方式是通过发动机油门控制和适当的制动。当与前车之间的距离过小时,ACC 控制单元可以通过与制动防抱死系统、发动机控制系统协调动作,使车轮适当制动,并使发动机的输出功率下降,以使车辆与前方车辆始终保持安全距离,见图 6-22 所示。对于电动汽车,发动机更换为电动机,通过改变制动力矩和电动机的输出功率,控制电动汽车的行驶速度。自动巡航控制技术实现了在无驾驶员干预下的自主减速或加速。

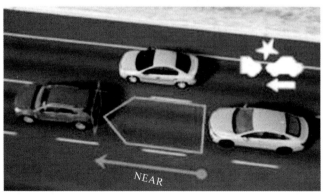

图 6-22 自适应巡航控制系统

6.4.1 自适应巡航控制系统组成

1. 燃油汽车自适应巡航控制系统组成

燃油汽车的 ACC 系统由信息采集单元、电控单元、执行单元和人机交互单元组成,见图 6-23 所示。

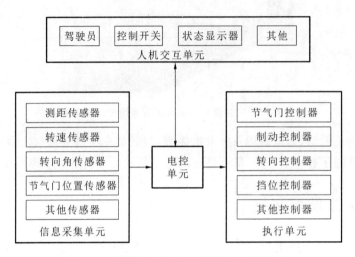

图 6-23 燃油汽车自适应巡航控制系统组成

1) 信息采集单元

信息采集单元主要用于将 ACC 要求的各种数据传输给电控单元,主要由测距传感器、转速传感器、转向角传感器、节气门位置传感器等传感器组成。信息采集单元需对数据进行转换,传输给电控单元。

2) 电控单元

电控单元根据驾驶员设定的安全距离和速度以及信息采集单元收到的信息,确定本车的驾驶位置,决策出车辆的行驶策略并向执行单元发出油门释放和制动压力信号。电控单元计算出实际距离与安全距离和相对速度之间的差异,并选择减速方式或向驾驶员发出警告信号,提醒驾驶员采取适当行动。

3) 执行单元

执行单元主要执行电控单元下达的指令,以实现本车的速度和加速度调整,包括节气门控制器、制动控制器、转向控制器和挡位控制器等。

4) 人机交互单元

人机交互单元用于驱动程序设置系统参数和显示系统状态信息。驾驶员可以启动或清除 ACC 系统控制指令。ACC 系统启动运行状态下,确定本车与前方目标之间的安全距离和车速。

2. 电动汽车自适应巡航控制系统组成

电动汽车的 ACC 系统由信息采集单元、电控单元、执行单元和人机交互单元组成,见图 6-24 所示。

与燃油汽车不同,它的 ACC 系统信息采集单元没有节气门位置传感器,执行单元也没

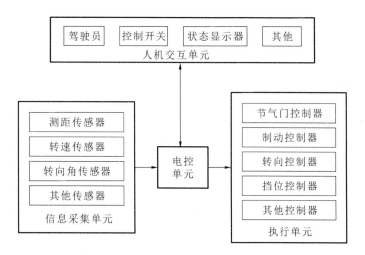

图 6-24 电动汽车自适应巡航控制系统组成

有节气门控制器和挡位控制器,增加了电机控制器和再生制动控制器。

6.4.2 自适应巡航控制系统工作原理

以燃油汽车为例,分析自适应巡航控制系统工作原理,见图 6-25 所示。自适应巡航控制系统工作时,车辆前部的距离传感器持续扫描道路,而车轮速度传感器在车辆移动时收集速度信号。如果前方没有车辆,或者与前方目标车辆的距离很大、速度很快时,巡航控制模块会激活巡航控制模式,ACC 系统自动调整加速踏板等。ACC 控制系统根据驾驶员设定的速度和速度传感器检测到的速度自动调整 ACC 控制,使本车达到设定的速度和巡航速度。如果目标车辆接近本车辆或速度很低,驾驶模式选择器激活跟随控制模式,ACC 系统根据驾驶员设定的安全距离和轮速传感器检测到的速度计算出所需距离。ACC 系统自动调整制动压力和油门开度,使汽车能够安全地跟随目标车辆。同时,ACC 系统在人机交互界面上显示车辆的一些当前状态参数,以方便驾驶员做出决策。如果 ACC 系统未能避免碰撞,紧急预警系统会向驾驶员发出警报,及时警告提示驾驶员处理紧急情况。

图 6-25 自适应巡航控制系统工作原理

6.4.3 自适应巡航控制系统作用

自适应巡航控制系统可以有效防止碰撞,提高舒适性和安全性,减少驾驶员疲劳感,保证车辆在一定的运行条件下的自动纵向行驶控制,主要作用如下:

1. 自动控制速度

ACC 系统可以自动控制车速,但驾驶员可以在任何时候主动加速或制动。如果驾驶员在巡航控制时踩下刹车,ACC 系统会取消巡航控制。如果驾驶员在定速巡航控制时加速,ACC 系统将在加速停止后以初始速度引导车辆行驶。

2. 根据目标车速调整车速

利用距离传感器的反馈信号,ACC 系统可以根据目标车速调整车速。ACC 系统通过油门反馈来决定是否应用巡航控制,以减少驾驶员的疲劳。

3. 根据需求切换模式

ACC 系统分为基本型和全速驱动型。基本型 ACC 通常在车速高于 30 km/h 时运行,在车速低于 30 km/h 时需要驾驶员人工操作。全速驱动型 ACC 在车速低于 30 km/h 时工作,直到汽车停下来,在低速时与前车保持一定距离,并对汽车进行制动,直到汽车停下来。如果前面的汽车在几秒钟内又开始移动,配备了停走型的汽车就会自动跟随。如果等待时间较长,驾驶员可以通过一个简单的动作重新激活 ACC 模式,如轻轻地踩下油门。因此,ACC 可以帮助你在高峰期或交通拥堵时开车。

4. 便于编队行驶

ACC 方便了编队行驶,ACC 可以设置自动跟踪汽车。当本车跟随前面的目标车辆时,ACC 系统可以调整本辆的速度以配合前面目标车辆的速度,同时保持恒定的安全距离,这个安全距离可以用方向盘设置旋钮来选择。

5. 实现自动转向

带有转向辅助功能的 ACC 系统不仅能自动保持与前方车辆的距离,还能自动转向,使驾驶更安全、更舒适。根据驾驶条件的不同,车距控制分为七种模式:平稳跟随前车、快速减速前车、快速加速前车、接合前车、排除前车、从远处接近前车和主动避免碰撞,需要在不同模式之间切换以确保平稳过渡。

6.4.4 自适应巡航控制系统工作模式

自适应巡航控制系统工作模式主要有定速巡航、减速控制、跟随控制、加速控制、停车控制和启动控制等,见表 6-1 所示。

表 6-1 自适应巡航控制系统工作模式

工作模式	描述
定速巡航	本车前方没目标车辆,按照设定车速(100 km/s)进行定速巡航
减速控制	前车车速(80 km/s)←——→本车车速(100 km/s)
跟随控制	前车车速(80 km/s)←——→本车车速(80 km/s)
加速控制	本车车速(80 km/s) / 前车车速(80 km/s)
停车控制	前车车速(80 km/s——→0)←——→本车车速(80 km/s——→0)
启动控制	前车车速(0——→30 km/s)←——→本车车速(0——→30 km/s)

1. 定速巡航

定速巡航是汽车 ACC 系统的基本功能。当本车在路上行驶时，ACC 系统自动调节车辆车速和方向，并对周围路况做出判断，汽车将处于正常行驶状态，ACC 系统将以巡航速度对车辆进行控制。

2. 减速控制

减速控制是指当目标车辆在本车的前方，且目标车辆的行驶速度低于本车时，ACC 系统控制本车减速，以确保本车与前方目标车辆之间有安全距离。

3. 跟踪控制

跟踪控制在 ACC 系统中将本车辆降低到一定速度，以和目标车辆相同的速度行驶。

4. 加速控制

加速控制是指当前方的目标车辆加速或改变车道，或当主车改变车道使其前面没有移动车辆时，ACC 系统将主车辆加速到设定的速度。恢复设定的速度，ACC 系统切换回巡航控制。

5. 停车控制

减速控制是当目标车辆减速停车时，本车也减速停车。

6. 启动控制

启动控制是指本车处于停车等待状态，当前方的目标车辆突然启动时，本车也将启动，与前方的目标车辆行驶状态保持一致。

当驾驶员参与驾车后，ACC 系统自动退出对汽车的控制。

6.5 自动刹车辅助技术

自动刹车辅助系统 AEB 是指车辆在非自适应巡航的情况下正常行驶，如车辆遇到突发危险情况或与前车及行人距离小于安全距离时主动进行刹车，避免或减少追尾等碰撞事故的发生，从而提高行车安全性的一种技术。

一般来说，AEB 由两个系统组成，包括车辆碰撞迫近制动系统和动态制动支持系统，其中车辆碰撞迫近制动系统会在追尾以及驾驶员未采取任何行动的情况下，会紧急制动车辆，而动态制动支持系统在驾驶员没有施加足够的制动行动时，会给予帮助避免碰撞。

AEB 系统有明显的速度上限和下限，一般来说单纯以毫米波雷达为传感器的 AEB 系统最高工作上限为时速 30 km，以单目摄像头为核心传感器的 AEB 系统最高工作上限为时速 40 km，单目与毫米波雷达融合的 AEB 最高工作上限为时速 70 km，以双目为核心传感器的 AEB 系统最高工作上限为时速 90 km。同时还有一个最低下限。以单目为核心传感器的工作下限为时速 8～10 km，毫米波雷达为时速 5 km，摄像头与毫米波雷达融合为时速 3 km，双目为 3 km。

6.5.1 自动刹车辅助系统的组成

自动刹车辅助系统由信息采集单元、电子控制单元和执行单元等单元组成，见图 6-26

所示。

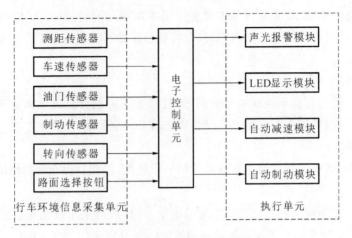

图 6-26 自动刹车辅助系统的组成

1. 信息采集单元

信息采集单元由测距传感器、车速传感器、油门传感器、制动传感器、转向传感器等组成，对行车条件进行实时监测。测距传感器监测本车与前车目标的相对距离和相对速度，常用毫米波雷达、视觉传感器来实现；车速传感器监测本车的速度；油门传感器监测驾驶员在收到系统提醒后是否及时采取措施；制动传感器监测驾驶员是否及时采取制动措施；转向传感器监测本车目前是否处于弯道路面行驶或处于超车状态。采集到的各类信息都发送给电子控制单元。

2. 电子控制单元

电子控制单元收到信息采集单元的检测信号后，综合收集到的数据信息，依据一定的算法对车辆行驶状况进行分析计算，判断车辆采用哪种预警状态模型，同时对执行单元发出指令。

3. 执行单元

执行单元由声光报警模块、LED显示模块、自动减速模块和自动制动模块等组成。执行单元接收电子控制单元的指令，执行命令，实现需要的车辆制动功能。当系统检测到存在危险时，首先进行声光报警；如果声光报警后，驾驶员没有松开加速踏板，系统会发出自动减速控制指令；在减速之后系统检测到危险没有消除时，需要对车辆实施自动强制制动。

6.5.2 自动刹车辅助系统工作原理

自动刹车辅助系统采用测距传感器测出与前车或障碍物的距离，利用电子控制单元测出的距离与报警距离、安全距离进行比较，小于报警距离时就进行报警提示；当小于安全距离时，自动刹车辅助系统会启动，使汽车制动，保证行车安全。

在实际情况下预测行人行为比较困难，系统控制的算法非常复杂。自动刹车辅助系统需要在危险发生前更迅速地做出判断，防止危险发生，同时需要避免系统在特定情况下发生误触发。

6.6 车道保持辅助技术

6.6.1 车道保持辅助系统组成

车道保持辅助系统(lane keeping assist system,LKAS),属于智能驾驶辅助系统中的一种,它可以在车道偏离预警系统的基础上对转向系统进行控制辅助车辆保持在本车道内行驶,见图 6-27 所示。

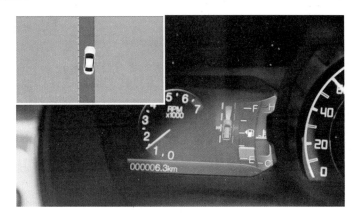

图 6-27 车道保持辅助系统

如果车辆接近识别到的标记线并可能脱离行驶车道,那么会通过方向盘的振动,或者是声音来提请驾驶员注意,并轻微转动方向盘修正行驶方向,使车辆处于正确的车道上,若方向盘长时间检测到无人主动干预,则发出报警,用来提醒驾驶人员。

车道保持辅助系统由信息采集单元、电子控制单元和执行单元等单元组成,见图 6-28 所示。

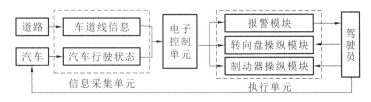

图 6-28 车道保持辅助系统组成

1. 信息采集单元

信息采集单元主要利用车载传感器(如视觉传感器、毫米波雷达等)实时采集车道线信息和汽车自身形式状态的动态信息,利用自车传感器(如车速传感器、加速度传感器、视觉传感器等)采集自车的速度、加速度、转向角等信息。信息采集单元需对数据进行转换,传输给电子控制单元。

2. 电子控制单元

电子控制单元收到信息采集单元的检测信号后,综合收集到的数据信息,依据一定的算法对车辆行驶状况进行分析计算,判断车辆是否做出车道偏离修正的相应操作,同时对执行单元发出指令。

3. 执行单元

执行单元由报警模块、转向盘操纵模块和制动器操纵模块组成。执行单元接收电子控制单元的指令,执行命令,实现需要的车辆制动功能。当系统检测到存在危险时,首先进行报警。转向盘操纵模块和制动器操纵模块是车道保持辅助系统特有的,主要实现横向运动和纵向运动的协同控制。

6.6.2 车道保持辅助系统工作原理

车道保持辅助系统可以在行车的全程或速度达到某一阈值后开启,并可以手动关闭,实时保持汽车的行驶轨迹。当系统正常工作时,信息采集单元通过车载传感器采集车道线、车速、转向盘转角以及汽车速度等信息,电子控制单元对这些信息进行处理,比较车道线和汽车的行驶方向,判断汽车是否偏离行驶车道。

当汽车行驶可能偏离车道时,发出报警信息;当汽车距离偏离侧车道线小于一定阈值或已经有车轮偏离出车道线时,电子控制单元计算出辅助操舵力和减速度,根据偏离的程度控制转向盘和制动器的操纵模块,施加操舵力和制动力使汽车稳定地回到正常轨道;若驾驶员打开转向灯,正常进行变线行驶,则系统不会做出任何提示。

在系统起作用时,将不同时刻的汽车行驶照片重叠后可以看出,图 6-29 中后面起第二个车影已经偏离了行驶轨迹,于是系统发出报警信息,第三个车影和第四个车影是系统主动进行车道偏离纠正的过程,在第五个车影时,汽车已经重新处于正确的行驶轨迹上,车道保持辅助系统完成了一个完整的工作周期。

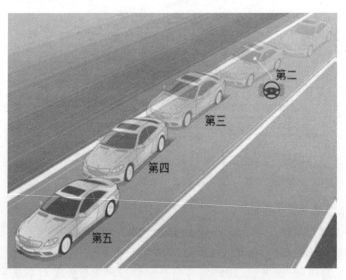

图 6-29 车道保持辅助系统工作过程

6.7 其他先进驾驶辅助技术

6.7.1 自动泊车技术

自动泊车技术就是不用人工干预,自动停车入位的技术。在泊车过程中,系统能够利用车载传感器自动检测附近可用停车位,计算泊车轨迹,控制转向系统、制动系统、驱动系统、变速系统完成泊车入位;能够向驾驶员发出系统故障状态、危险预警等信息,见图 6-30 所示。

图 6-30 自动泊车系统

自动泊车系统主要由感知单元、中央控制器、转向执行机构和人机交互系统组成,如图 6-31 所示。

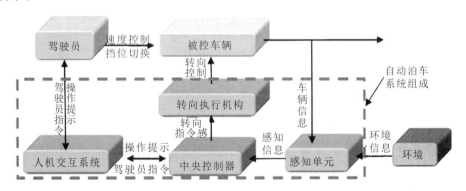

图 6-31 自动泊车系统组成

通过车位检测传感器、避障保护传感器、转速传感器等多种传感器实现对环境信息和汽车运动状态感知,把感知信息传给中央控制器。中央控制器实时接收并处理汽车避障传感器输出的信息,当汽车与周围物体相对距离小于设定安全值,中央控制器将采取合理的汽车运动控制。转向执行机构由转向系统、转向驱动电动机、转向单机控制器等组成。转向执行机构在接收中央控制器的转向指令后执行转向。人机交互系统向驾驶员显示重要信息。

6.7.2 自适应前照灯技术

自适应前照灯系统是使近光灯光轴在水平方向上与转向盘转角联动进行左右转动,在垂直方向上与车高联动进行上下摆动的灯光随动系统。

自适应前照灯系统包括感知单元、传输通路、处理单元及执行机构组成。感知单元包括光敏传感器、车速传感器、车身高度传感器、方向盘转角传感器、雨量传感器、雾传感器、风速传感器、颗粒物传感器、汽车位置传感器等。选择 CAN 总线作为传输通道,CAN 总线常用于实现汽车内部控制系统与各检测和执行机构间的数据通信。通过 CAN 总线还可以向其他电子模块索要本系统需要的相关资源及将本系统当前的一些信息发送给其他电子模块,从而简化系统结构,实现资源共享。

处理单元根据传感器检测到的信号进行处理,把处理完后的数据进行判断,输出前照灯转角指令,使前照灯转过相应的角度,见图 6-32 所示。

图 6-32 自适应前照灯系统

6.7.3 汽车夜视辅助技术

汽车夜视辅助技术是一种源自军事用途的汽车驾驶辅助技术。在这个辅助系统的帮助下,驾驶者在夜间或弱光线的驾驶过程中将获得更高的预见能力,它能够针对潜在危险向驾驶者提供更加全面准确的信息或发出早期警告。

汽车主动夜视辅助系统主要由红外发射单元、红外成像单元、控制单元和图像显示单元等组成。红外发射单元位于两个前照灯内,当它被激活时,产生的红外线用于照射车辆前方区域,相应的夜视图等同于在远光灯下透过挡风玻璃所见到的情景。红外成像单元主要是红外图像摄像头,记录车辆前方区域内的图像,并提供其探测范围内是否存在行人或障碍物的信息,然后通过数字视频线将数据发送给控制单元。控制单元分析红外成像单元传来的数据,再通过集成化数据处理,将画面传输给图像显示单元,其中识别出的行人和动物,以高亮度显示。一般对于数字化的 CCD 摄像头,采集到信号后,会进行必要的去噪声、信号增强等处理,然后再送给图像显示单元。图像显示单元接收控制单元传来的信号并显示,驾驶员就可以清晰地看到前大灯照射范围之外的景物,避免出现意外,见图 6-33 所示。

图 6-33 汽车夜视辅助系统

汽车夜视辅助系统的工作原理为:由一个红外感应摄像头记录交通状况并将该信息发送至控制单元;控制单元对视频图像进行处理,然后发送到仪表盘上的显示屏,驾驶员可以通过显示屏看到一个灰度图像,相当于在远光灯开启时通过挡风玻璃观察车辆前方。

6.7.4 驾驶员疲劳预警技术

驾驶员疲劳预警系统(driver fatigue monitor system,DFMS)是一种基于驾驶员生理反应特征的驾驶人疲劳监测预警系统。当驾驶员精神状态不佳或进入浅层睡眠时,系统会给出视觉、听觉和触觉等警示,警告驾驶员已经进入疲劳状态,需要休息。驾驶员疲劳预警系统如图 6-34 所示。

图 6-34 驾驶员疲劳预警系统

驾驶员疲劳预警系统一般由信息采集单元、电子控制单元和预警显示单元组成。信息采集单元主要利用传感器采集驾驶员信息和汽车行驶信息。驾驶员信息包括驾驶员的面部特征、眼部信号、头部运动等;汽车行驶信息包括转向盘转角、行驶速度及行驶轨迹等。电子控制单元接收信息采集单元的信号,进行运算分析,判断驾驶员疲劳状态;如果发现驾驶员处于疲劳状态,则向预警显示单元发出信号。预警显示单元通过语音提示、振动提醒等方式对驾驶员疲劳进行预警。

练习题

1. 简述先进驾驶辅助系统的定义及分类。
2. 简述前向碰撞预警系统组成及工作原理。
3. 简述车道偏离预警系统组成及工作原理。
4. 简述自适应巡航控制系统组成及作用。
5. 简述自动刹车辅助系统组成及工作原理。
6. 简述车道保持辅助系统定义及组成。
7. 简述自动泊车系统定义及组成。
8. 简述汽车夜视辅助系统定义及组成。

第 7 章 智能汽车安全技术

【教学目标】

通过对本章的学习,学生能够掌握智能汽车的安全性分类,掌握智能汽车的主动安全技术、被动安全技术、网络数据安全技术、通信信息安全技术等。

7.1 概 述

7.1.1 汽车安全的重要性

近年来,智能网联汽车产业蓬勃发展,汽车的智能化程度日益提升,智能系统越来越多地参与到行车控制中,驱动着汽车产品的变革,但同时也带来了新的安全问题:一方面,智能系统的可靠性会影响行车安全;另一方面,对于智能系统的恶意攻击也会影响行车安全。智能网联汽车产业蓬勃发展的背后,存在包括信息通信、网络连接、数据安全,以及底层硬件到上层应用在内的一系列安全隐患,传统汽车与网络通信技术的结合导致网络安全风险急剧增加。Upstream Security 发布的 2021 年《全球汽车网络安全报告》显示,自 2016 年至 2020 年 1 月,发生的汽车网络安全事件数量增加了 605%,仅在 2019 年就增加了 1 倍以上。汽车产业现已进入智能化变革的关键时期,与早期 PC、手机的发展路径类似,应用的扩展和网联率的大幅提升,也将使其成为下一个网络攻击的"靶子"。智能汽车本身呈现出来的更加分散的攻击点和更加严重的后果反馈,都凸显了智能汽车面临严峻的安全防控形势。

7.1.2 智能汽车安全性分类

汽车的安全性能是汽车性能的重要指标之一,它包括两个层面的含义。一是从预防的角度来看,通过性能提升来降低安全事故的发生概率,进而实现汽车的安全性,这一个层面简称为汽车的主动安全性。二是从安全事故发生后,从最大限度地降低人员伤害的角度出发,通过相关设施的作用,达到提高安全性能的目的,这也常被称为汽车的被动安全性。十年前,对一台车安全性的考量,已经加入了车身结构安全、主动安全系统等因素。如今,站在智能汽车重塑全球汽车工业的时代浪潮当中,汽车安全性必然要有新的思考。

随着技术进步和消费需求的不断改变,不同时代对于汽车安全有着不同定义。除了主动安全、被动安全,智能汽车的安全性还包括信息安全和数据安全。因此,分析汽车的安全性能就要从主动安全、被动安全、网络数据安全、通信信息安全等多个维度开展。汽车安全性的具体内容如图 7-1 所示。从某种意义上讲,不发生安全事故的车辆才是真正安全的车辆,但是这几乎是不可能的事情,一旦发生安全事故后,如何确保对第三者和驾乘人员的最大化保护,则体现出了安全性能的好坏。

图 7-1 智能汽车安全性分类

7.2 主动安全技术

汽车的主动安全是指尽量自如地操控汽车。无论是直线上的制动与加速还是左右打方向都应该尽量平稳,不至于偏离既定的行进路线,而且不影响驾驶员的视野与舒适性。主动安全技术是通过预先防范,在突发情况下,辅助驾驶员在轻松和舒适的驾驶条件下自如地操控汽车,规避交通事故的发生。目前在市场上的主流主动安全技术主要有:防抱死制动系统(antilock braking system,ABS)、电子制动力分配系统(electric brakeforce distribution,EBD)、汽车电子稳定系统(electronic stability program,ESP),其他主动安全技术包括自适应巡航控制系统(ACC)和车道偏离预警系统(lane departure warning system,LWDS)以及汽车碰撞预警系统(advance collision warning system,AWS)等。

7.2.1 主流的主动安全技术

1. 汽车防抱死制动系统

ABS 已经成了现今汽车的标准配置,是关乎汽车安全的电子设施中最基本的一项,是汽车主动安全装置的代表。ABS 由转速传感器、制动压力调节器和 ECU 等构成。ABS 结构如图 7-2 所示。

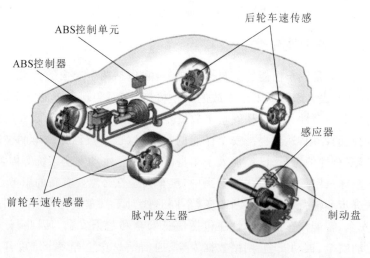

图 7-2 ABS 结构

ABS 工作的目的是防止刹车的时候轮胎锁死,从而使得刹车的时候保持车辆的转向能力。当汽车紧急制动时,一旦发现某个车轮要抱死,ECU 立即指令压力调节器,使该轮的制动分泵减压,车轮恢复转动。制动过程中,ABS 控制单元不断从车轮速度传感器获取车轮的速度信号,并加以处理,进而判断车轮是否即将被抱死。ABS 刹车制动其特点是当车轮趋于抱死临界点时,制动分泵压力不随制动主泵压力增加而增高,压力在抱死临界点附近变化。如判断车轮没有抱死,制动压力调节装置不参加工作,制动力将继续增大;如判断出某个车轮即将抱死,ECU 向制动压力调节装置发出指令,关闭制动总泵与制动轮分泵的通道,使制动轮的压力不再增大;如判断出车轮出现抱死拖滑状态,即向制动压力调节装置发出指令,使制动轮缸的油压降低,减少制动力。ABS 工作原理如图 7-3 所示。

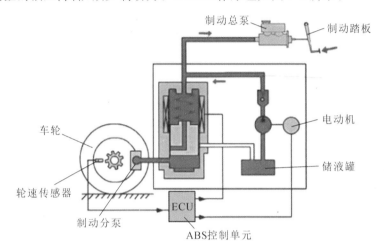

图 7-3　ABS 工作原理

ABS 的工作过程实际上是"保压—减压—增压"的循环控制过程,使车辆始终处于临近抱死的间隙滚动状态,有效地克服紧急制动时的跑偏、侧滑、甩尾问题,防止车身失控等情况发生。配备 ABS 的汽车与未配备 ABS 的汽车的区别如图 7-4 所示。

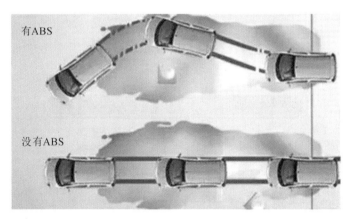

图 7-4　有无 ABS 汽车的区别

2. 电子制动力分配系统

EBD 是汽车防抱死制动系统的辅助系统,"ABS+EBD"就是在 ABS 的基础上,平衡每一个轮的有效抓地力,改善刹车力的平衡,防止出现甩尾和侧移,并缩短汽车制动距离,示意图见图 7-5。其工作原理是，在汽车制动时，分别对 4 个地面附着条件不同的轮胎的地面摩擦力进行计算，使各轮胎的制动装置根据具体情况用相应的方式和力量进行制动，并在运动中不断高速调整，使制动力与摩擦力相匹配，从而避免汽车在制动时因 4 个轮胎的附着力不同，发生打滑、倾斜和侧翻等现象。

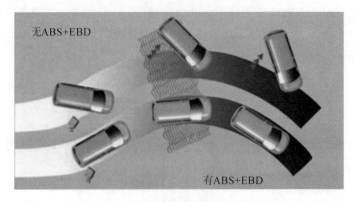

图 7-5　有无"ABS＋EBD"汽车的区别

在汽车防抱死制动系统动作启动之前，EBD 已经平衡了每一个车轮的有效抓地力，可以避免车辆出现甩尾和侧移，即使汽车防抱死制动系统失效，也能保证车辆不会因为甩尾而引发翻车等恶性交通事故，提升汽车运行的整体效率。EBD 在汽车弯道时进行刹车可以有效维持汽车稳定，增加汽车在弯道行驶时的安全性能，使制动力达到最佳的效率，制动距离明显缩短。

3. 汽车电子稳定系统

ESP 是在 ABS、ASR 的基础上发展起来的，是对 ABS 和 ASR 功能的继承和扩展。它是一种预处理的系统，提前预判做出最好的处理，从而避免事故的发生。ESP 一般需要安装转向传感器、轮速传感器、侧滑传感器、横向加速度传感器等，其组成如图 7-6 所示。

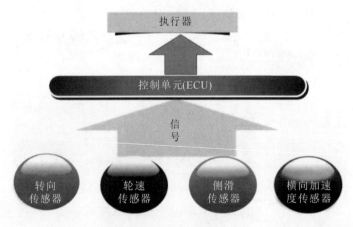

图 7-6　ESP 的组成

某种意义上来说，ESP 是一个防滑系统，能够识别车辆不稳定状态，并通过对制动系统、发动机管理系统和变速箱管理系统实施控制，从而有针对地弥补车辆滑动，以防车辆滑出跑道。ESP 的工作原理是，ECU 根据传感器收集的信号识别和预测车辆的运动状态，并通过对发动机和制动系统发出控制信号，调整发动机的输出转矩和制动系统的制动力，修正汽车的运动状态，保证车辆在行驶过程中的良好操纵性和方向稳定性。此外，当检测到驾驶员有不当操作行为或者路面条件异常时，通过控制警告灯闪烁来提示驾驶员。

ESP 车身稳定控制系统能在紧急转弯过程中，降低汽车的撞车事故率。特别是汽车在转方向盘过程中，ESP 能独立控制四轮的刹车力度，保证汽车安全有效避开障碍物。有无配备 ESP 的汽车的区别如图 7-7 所示。

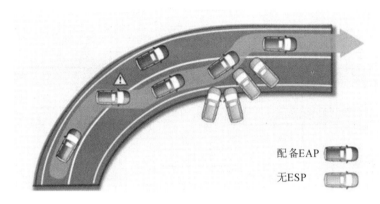

图 7-7 有无配备 ESP 的汽车的区别

7.2.2 其他主动安全技术

1. 自适应巡航控制系统（ACC）

ACC 包含防抱死制动器（ABS）、牵引力控制装置（TCS）及强化车辆稳定性系统（VSE）等部分，以驾驶员设定的车速为控制目标的智能控制系统。如图 7-8 所示，基本的 ACC 架构主要包括信息采集单元、信号控制单元、执行单元和人机交互界面四部分。信息采集单元，用于感知本车状态及周围环境等信息；信号控制单元属于系统的核心单元，用于对行车信息进行处理，确定车辆的控制命令；执行单元，主要由制动踏板、加速踏板及车辆传动系控制执行器等组成，用于实现车辆加、减速；人机交互界面，用于驾驶员设定系统参数及系统状态的显示等。

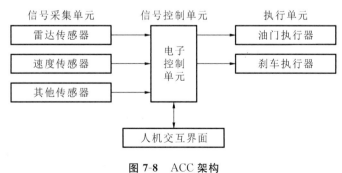

图 7-8 ACC 架构

ACC 能够在驾驶员开启功能后适时恰当地进行定速巡航或跟随前车行驶，一个准确、实时的自适应巡航系统能有效减轻驾驶员的精神紧张感和长时间驾驶的疲劳感以提高车辆的行驶安全性。ACC 是在传统的定速巡航控制基础上结合安全车间距保持控制,通过环境信息感知模块进行前方行驶环境监测(前方有无车辆、两车间距、相对速度等),在前方没有车辆或前方车辆远在安全车距之外时以预设定车速定速巡航,而当前方车辆在监测范围以内且前方车辆车速小于本车巡航车速时,以一定的控制策略自动跟随前车行驶。ACC 在特定工况下实现了汽车的纵向自动驾驶,减轻了驾驶员操作负担。图 7-9 为 ACC 功能示意图。

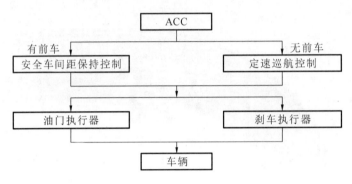

图 7-9　ACC 功能示意

2. 车道偏离预警系统

LDWS 是一种通过报警的方式辅助驾驶员减少汽车因车道偏离而发生交通事故的系统,图 7-10 为 LDWS 模拟示意图。LDWS 主要是由摄像头、红外传感器、数据传输总线、行车电脑、座椅振动器组成的。在 LDWS 运行过程中,摄像头随时自动采集车辆行驶车道各方面信息(比如标志线),实时高效、动态监控车辆运行情况,以车道标志线为基点,明确位置动态变化。处理器会在自动跟踪的基础上综合分析车道标志线,判断、识别车辆是否偏离行驶的车道。如果已经偏离车道,处理器会及时驱动 LDWS 中的报警电路。

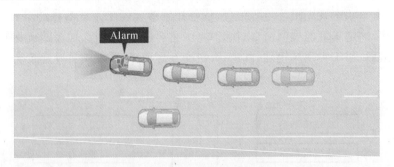

图 7-10　LDWS 模拟示意图

车道偏离预警系统已经商业化使用的产品都是基于视觉的系统,根据摄像头安装位置不同,可以将系统分为:侧视系统(摄像头安装在车辆侧面),斜指向车道;前视系统(摄像头安装在车辆前部),斜指向前方的车道。无论是侧视系统还是前视系统,都由道路和车辆状态感知、车道偏离评价算法和信号显示界面三个基本模块组成。系统首先通过状态感知模块感知道路几何特征和车辆的动态参数,然后由车道偏离评价算法对车道偏离的可能性进行评价,必要的时候通过喇叭、蜂鸣器、语音等方式提醒驾驶员及时纠正错误的行车路线。

3. 汽车碰撞预警系统

汽车防撞预警系统(AWS)主要是用于协助驾驶员避免高、低速追尾,行驶时无意识偏离车道,与行人碰撞等重大交通事故。它就像眼睛一样帮助驾驶员持续不断地监测车辆前方道路状况,系统可以识别判断各种潜在的危险情况,并通过不同的声音和视觉提醒,帮助驾驶员避免或减缓碰撞事故。汽车防撞预警系统是基于智能视频分析处理的汽车防撞预警系统,通过动态视频摄像技术、计算机图像处理技术来实现其预警功能的。相对于现有的汽车防撞预警系统,如超声波防撞预警系统、雷达防撞预警系统、激光防撞预警系统、红外线防撞预警系统等,功能、稳定性、准确性、人性化、价格等方面都具有无可比拟的优势。可全天候、长时间稳定运行,极大提高了汽车驾驶的舒适性和安全性。

图 7-11 为 AWS 模拟示意图,AWS 主要包括前方碰撞预警、车道偏离预警、车距监控预警和后车追尾预警四大功能。前方碰撞预警功能是收集和处理行车周围环境及行车速度等信息和数据,监测前方有无碰撞危险,在可能发生碰撞的 2.7 s 前发出一个碰撞警告,让司机采取行动,避免交通事故发生。车道偏离预警功能是在行车过程中监测和计算本车与车道标志线边界的距离,在非故意车道偏离前 0.5 s 发出警告,并持续 0.7 s。

图 7-11 AWS 模拟示意图

车距监控预警功能是监测并计算与前车之间的距离,同时在视频中显示两车距离,若发现与前方车辆距离小于最小安全距离,系统就会发出预警声音。后车追尾预警功能是监测后方车辆,若发现可能存在的危险,就会发出警告,提醒本车驾驶员采取避让措施,同时闪烁本车刹车灯警示后方车辆,以避免后车追尾,本车驾驶员采取避让措施后,刹车灯停止闪烁。

7.2.3 主动安全技术的发展趋势

汽车工业在不断地随着技术的进步而发展,汽车主动安全技术研究力度还需要进一步加大,主动安全技术作为更高端,更有效的安全技术吸引着大批公司进行研究和开发,随着电子技术、网络技术、集成技术、软件技术的发展,汽车主动安全技术将会主要呈现出三个发展趋势。

1. 集成化

汽车主动安全技术包括许多种类,各类之间有着密切的联系,将这些主动安全技术集成在一起,互相合作,实现信息的交互式信息传递,可以实现更好的安全效果,使主动安全技术更加一体化、高效化。在集成化发展过程中,汽车主动安全技术具备先知先觉能力,可以在汽车运行过程中提供多层面的智能化反馈,汽车运行的安全性、可靠性等也会明显提升。有机整合汽车主动安全技术、汽车被动安全技术二者存在一定的联系,在未来发展过程中,以汽车运行安全为出发点、落脚点,细化分析各类汽车被动安全技术应用中呈现的各类问题,结合汽车主动安全技术应用情况、优势特征等,多层次有机整合这两大类汽车安全技术,在优势互补、优化完善的基础上发挥安全系统效能,全面加强汽车运行安全管控。

2. 电子化

汽车主动安全技术本来就依靠各种电路实现信息的获取与传递,未来的汽车主动安全技术将会更加依靠电子技术的发展,电子信息的快速传递和便于处理的特点将会使汽车主动安全技术更加迅速化、精确化。在信息化时代背景下,各类现代化技术深化发展,比如集成化技术、微处理技术、大数据技术、互联网技术。在未来发展过程中,要在有机联系的基础上将其和汽车主动安全技术相互作用,研发多样化的车辆安全系统,扩大监控范围,动态监控车辆、路面以及行人状况,在精准识别的基础上细化把握安全隐患,通过自动处理、报警提示等,将车辆故障、交通安全事故的发生率最小化,确保驾驶员、乘客以及路面行人安全。

3. 智能化

为了操作更加方便,更加符合人机关系,未来的汽车主动安全技术必将会是更加智能,减少更多人类不必要的操作,使主动安全技术更加自动化、便利化。随着汽车行业深层次发展,汽车主动安全技术会朝着智能化等方向发展。在智能化发展过程中,将汽车主动安全技术和人工智能技术、自动化技术、大数据技术等深度融合,深化探究汽车主动安全技术的同时研发与之对应的安全智能化系统,提升对汽车运行全过程的监控层次,智能化控制汽车运行状态,实现"零碰撞""零事故",提高汽车运行的整体性能、综合效益,满足人们对车辆的多元需求。

7.3 被动安全技术

被动安全技术是指汽车在事故发生过程中及事故发生后,对车内成员及行人进行保护,可以最大限度地减轻人身伤害程度。

随着汽车速度的提高,汽车被动安全的相关问题越来越突出,当汽车发生事故的时候,车辆会遭到损坏,甚至会造成人员伤亡,根据统计,全世界每年因为车祸而死亡的人员已经达到100万以上,而因为车祸伤残的人员达到上千万,这就会带来一系列的经济问题和社会问题,给人们的日常生活带来严重影响,需要人们加大重视力度。

被动安全系统包括但不限于车身结构设计与材料使用强度、安全玻璃、安全带与安全带预收紧装置、颈部保护、安全气囊。

7.3.1 主要的被动安全技术

1. 吸能车身

设计优良的车身结构是被动安全的主要课题。有研究表明,在道路交通事故中,绝大部分的碰撞能量被车身所吸收。汽车车身结构几乎都是由薄壁金属件构成,在发生碰撞时,受到强烈撞击的薄壁构件会发生塑性变形,在塑性变形的过程中伴随着碰撞能量的吸收,从而减轻乘员受到的冲击。当驾驶员身体某些部位受到伤害时,可以将转向柱设计为可缩进,在发生碰撞的时候,折叠出一些距离,汽车的保险杠具有吸收动能的具体要求,车门要具有一定的刚度,保证在遭受撞击之后,要很容易就打开。如图7-12所示,全铝的车身框架带来了轻量化车体,使整车在质量和安全方面的表现更为突出,不仅实现了油耗和排放的大幅降低,此外,它还极大地提高了整车的安全性能,全铝车身有着极高的抗扭转刚度,可以改变碰撞后的吸能路径,保障驾驶室的完整性,最大限度地保护乘员。

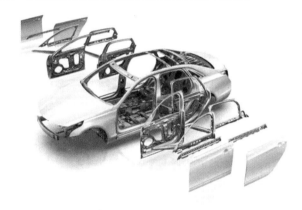

图 7-12 全铝的车身框架

因此,车辆结构的碰撞吸能设计很大程度上是薄壁件的碰撞性能设计。与一般的吸能元件不同,薄壁构件的碰撞吸能除了与本身的材料有关外,还与焊点、材料壁厚、横截面以及预变形密切相关。

2. 安全带与安全带预收紧装置

安全带由织带、卷收器、带扣、导向器、高度调整机构、预紧器和锁紧装置等组成,如图7-13所示。安全带的主要作用就是当汽车发生紧急转弯,或者出现正面碰撞而导致翻车的情况下,使乘务员可以保持在原来的位置,不和车内任何坚硬物体发生碰撞,不从座位上被甩出去。当汽车发生碰撞事故的一瞬间,乘员尚未向前移动时它会首先拉紧织带,立即将乘员紧紧地绑在座椅上,锁止织带防止乘员身体前倾,有效保护乘员的安全。

传统安全带的装置里面有一个卡轮,如果快速拉动安全带,比如说发生车祸的情形下,里面的卡子会由于安全带滚轮的快速转动而被离心力带出,迅速将安全带锁死,把座位上的人员固定在椅子上。待冲击峰值过去,或者人已经能受到安全气囊的保护时安全带就会放松以免压伤人的肋骨。通过以上一系列的动作来达到保证驾乘人员安全的目的。预紧式安全带在车辆发生碰撞时,能够在瞬间收紧,在很短的时间内收紧将驾驶员与乘客拉回座位,从而进一步提高了安全带的功效。预紧式安全带采用预紧装置,不仅达到了使用简单、舒适

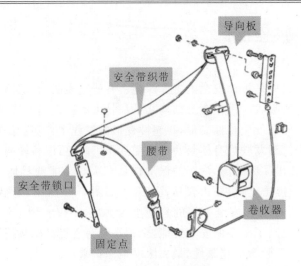

图 7-13 安全带的组成

的效果,而且可以进一步提高保护效果。常见的预紧式安全带采用的是爆燃式,在检测到驾驶员身体有快速的前冲时会迅速收紧,起到保护作用。一般都是配合安全气囊才能使其安全性最大化。

3. 安全气囊

安全气囊一般由传感器、控制器、气体发生器、气袋、时钟弹簧等组成,通常气体发生器和气袋等一起构成气囊模块。安全气囊主要用来防止乘员在碰撞事故中的二次碰撞的装置,属于汽车的被动安全系统。主要工作原理:当发生碰撞事故时,传感器接收汽车碰撞信号,并将接收到的信号传送到控制器,控制器接收传感器的信号并进行处理。当判断须打开气囊时,发出点火信号以触发气体发生器,气体发生器接收到点火信号后,迅速点火并产生大量气体填充气囊,使乘员通过气囊的吸能降低碰撞时的伤害。通常情况下,如果将气囊冲破模块面盖的时刻定为 0 ms,则 10 ms 时气囊冲出,20 ms 时气囊已基本展开,30 ms 后气囊完全充满气体。安全气囊一般分布在车内前方(正副驾驶位),侧方(车内前排和后排)和车顶三个方向,如图 7-14 所示。

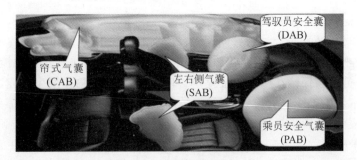

图 7-14 安全气囊的位置

4. 安全玻璃

汽车玻璃的作用很多,不仅要为司机提供良好的视野,还要替司机和乘客遮风挡雨,为车内乘员提供良好的驾乘环境,更是汽车的安全设施之一。汽车玻璃要求具有良好的视野、足够的强度、意外事故时对乘客起到保护作用等功能,同时还要求具备耐磨性、耐热性、密封性和隔音性等性能。目前主要的安全玻璃是将钢化玻璃与夹层玻璃相结合,钢化玻璃是将平板玻璃或浮法玻璃加热到软化点附近之后骤冷而制成的高强度玻璃。与普通玻璃破碎以后形成的锋利尖角相比,安全玻璃破碎时分裂成许多无锐边的小块,不会对车内人员造成二次伤害。

夹层玻璃是将一层或数层 PVB(聚乙烯醇缩丁醛)树脂胶片夹单片或多片玻璃原片之间,经加热、加压黏合而成的一种复合玻璃。常用的夹层玻璃一般有 3 层。夹层玻璃具有很高的强度,抗碰撞能力强,透明度高。一旦破碎,内、外两层玻璃的碎片仍能黏结在 PVB 上,使其不易伤人,一定程度上提高了车内乘员的安全性。夹层玻璃是汽车历史上一项伟大的发明,自诞生以来,避免了很多安全事故的发生。

5. 发动机启动防盗锁止系统

发动机防盗锁止(immobilizer)系统,简称 IMMO 系统,是在通用的 VATS 基础上发展起来的,在防盗原理上传承了 VATS 的思路,汽车点火钥匙内装有电子芯片,每个芯片内都装有固定的 ID(相当于身份识别号码),只有钥匙芯片的 ID 与发动机的 ID 一致时,汽车才能启动,相反,如果不一致,汽车就会马上自动切断电路,使发动机无法启动,以达到防盗的目的。其基本配置如图 7-15 所示。

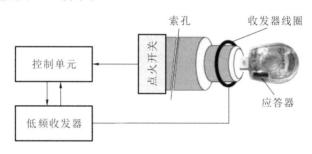

图 7-15 IMMO 基本配置

7.3.2 被动安全技术发展的趋势

在汽车被动安全领域中,目前已经向智能安全约束的系统发展,在汽车的新装备的发展过程中,逐渐加入智能型的被动安全约束系统。目前我国有关汽车被动安全技术的研究处于初级阶段,需要给予更多的精力进行研究,汽车被动安全技术将会主要呈现出三个发展趋势。

1. 发展新的人体模型模拟技术

以人体碰撞响应特征为基础,研制出人体保护措施,在这项技术当中,普遍采用的方法就是多刚体系统动力学方法,结合有限元方法。在未来的发展过程中,人体模型模拟技术将成为新的研究热点。

2. 寻求接触搜寻新算法

接触搜寻新算法的质量对于汽车碰撞仿真运算的速度有直接影响,接触面算法、一体化算法、级域算法的应用十分广泛。人们对于接触搜寻新算法的重视程度越来越高,当前需要努力的主要方向就是要不断寻找接触搜寻的新算法。

3. 被保护装置的智能化

在汽车被动安全领域当中,目前已经向智能安全约束的系统发展,在汽车新装备的发展过程中,逐渐加入智能型的被动安全约束系统。要保证乘员无论什么时候坐在车里的任何位置,都受智能安全系统保护。利用智能系统,不仅判断是否发生碰撞,还要判断乘员是否处于保护的范围之中,采取什么样具体的方式来进行保护。

7.4 网络数据安全技术

7.4.1 智能网联汽车网络安全环境

智能网联汽车应用物联网技术构建了多层架构的网络安全,包括业务云端、接入网管、终端等架构,以智能网联汽车的安全、平台的安全和终端安全等为主要防护对象。

1. 汽车安全

汽车安全主要包括车内总线、ECU、OBD、T-BOX 及综合信息系统等方面,其中芯片、外围接口、传感器、操作系统、车载软件是主要的防护对象。总线包括 CAN、LIN 等总线,ECU 是汽车的系统控制部分,控制发动机、车灯及变速箱等重要部件,通过总线传递信息;OBD 是车内外接设备的入口,通过 UDS 服务向 ECU 发送指令;T-BOX 是车内与外界信息交换的关键;综合信息系统为汽车提供路况、导航、娱乐、辅助驾驶等信息。

2. 终端安全

智能终端为智能手机等设备,实现汽车与人、服务平台间的交互,如车主利用手机向云端发送远程指令,云端服务器将指令发送给网联汽车,从而实现开启空调等远程控制功能。终端安全以终端系统及 App 安全为主要防护对象。

3. 服务平台的安全

服务平台主要为车辆提供云端的管理信息,负责汇聚、监控、管理车辆及设备信息,提供交通管控、道路救援、远程诊断、天气预报等信息。服务平台的安全平台系统、账户口令、控制接口等为主要防护对象。

智能网联汽车网络安全标准体系从车联网基本构成要素出发,针对车载联网设备、基础设施、网络通信、数据信息、平台应用、车联网服务等关键环节,提出覆盖终端与设施安全、网联通信安全、数据安全、应用服务安全、安全保障与支撑等方面的技术架构,见图 7-16。

根据中以集知科技有限公司发布的 2021 年《全球汽车网络安全报告》显示,到 2023 年,联网汽车预计将占全球乘用车总量的四分之一。到 2025 年,网联汽车将占全球汽车市场的近 86%,更多的计算机系统及个性化的先进技术将被应用到汽车上。这些技术和系统在提高车辆性能、推进自动驾驶汽车进步、提供更好的用户体验的同时,也形成了新的漏洞和攻击点。在印度,有 4118 辆车被偷,这些车装有廉价的电子设备,使盗贼能够绕过发动机控制模块,解锁车辆,启动发动机,进入车辆的控制系统。Mobileye630PRO 和特斯拉 Model X 的黑客通过欺骗 ADAS 和自动驾驶系统,触发车辆制动,并使汽车转向迎面而来的车辆。在一辆梅赛德斯-奔驰 E 级轿车上发现了 19 个漏洞,黑客利用这些漏洞可远程控制车辆,包括打开车门和启动发动机。传统形式的网络威胁,如勒索软件及针对远程信息技术服务、汽车零部件和汽车本

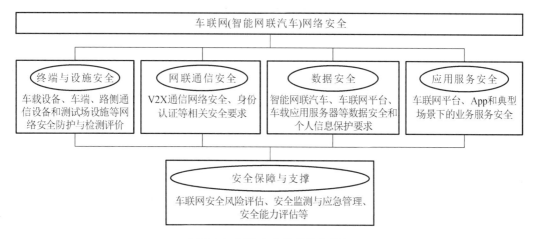

图 7-16 网络安全防护整体框架

身的汽车专用威胁,都导致了近年来针对汽车行业的网络攻击数量的增加。

WP.29法规(联合国世界车辆法规协调论坛)中列出了部分与一级和二级组件漏洞直接相关的威胁,其中一些威胁包括恶意内部CAN消息,对设计用于远程操作系统的功能及损坏的应用程序等。这些威胁既包括硬件也包括软件,给汽车网络安全带来了新的挑战。智能汽车车端威胁模型主要涉及车载网关、远程信息处理器(T-BOX)、车载信息娱乐系统(IVI)、各个ECU、车载诊断接口(on-board diagnostics,OBD)、传感器、空中下载(over-the-air technology,OTA)、车载操作系统(operating system,OS)及车内网络等的安全风险。车内网络总线技术是整车电子电气架构(electrical/electronic architecture,EEA)的核心技术,通过总线协议,汽车相关通信信息才能传输到各ECU,车内网络总线技术是车内网络数据交互的枢纽,其安全是汽车安全的基础。

7.4.2 CAN总线安全风险分析

CAN总线是由德国博世公司研发,遵循ISO 11898及ISO 11519,已成为汽车控制系统标准总线。CAN总线相当于汽车的神经网络,连接车内各控制系统,其通信采用广播机制,各连接部件均可收发控制消息,通信效率高,可确保通信实时性。当前市场上的汽车至少拥有一个CAN网络,作为嵌入式系统之间互联的主干网进行车内信息的交互和共享。车内总线中,占据主导地位的是CAN总线,随着智能化和信息化的发展,汽车电气系统变得日益复杂,当前汽车普遍拥有数十个电子控制单元,一辆高级轿车运行代码接近1亿行,而这些车载信息是通过车内总线实现互联。

近年来汽车信息安全事件的频发大多是基于车内总线的物理访问或者远程攻击,攻击者可以通过车载ECU自身漏洞,实现对关键节点的输入控制,如汽车节气门、转向器、制动器等。在汽车总线中,CAN因其高性能和可靠性被大量应用。为保护汽车总线免受网络攻击,基于CAN网络分析的相关技术解决方案逐渐引起行业的关注和重视,同时在考虑成本和应用等方面,企业已将开始着手现有汽车零部件产品的安全升级。

随着智能网联汽车通信总线越来越丰富,传统的CAN通信总线安全暴露的风险越来越高。风险一:通信缺乏加密和访问控制机制,可被攻击者逆向总线通信协议,分析出汽车控制指令,用于攻击指令伪造;风险二:通信缺乏认证及消息校验机制,不能对攻击者伪造、篡改的异常消息进行识别和预警。鉴于 CAN 总线的特性,攻击者可通过物理侵入或远程侵入的方式实施消息伪造、拒绝服务、重放等攻击,需要通过安全隔离来确保智能网联汽车内部 CAN 网络不被非法入侵。

常见的物理攻击手段有以下几种。

1. 恶意的 OBD 设备

通过强制的 OBD-II 端口很容易和车内 CAN 总线进行交互。事实上大部分的汽车 OBD-II 端口充当着一个直接进入车内总线的接口,并且提供 12 V 的直流电源输出,为连接设备提供电力源。攻击者几秒钟内可以在车内安装一个可操作的设备,这种情况可能发生在代客停车、汽车租赁、车辆借用等场景。常见案例:车主在其车上插入一个自认为安全的后装市场的 OBD-II 设备,其实设备已经被篡改或者是假冒产品。

2. 直接攻击 CAN 节点

物理访问攻击不限于诊断端口。攻击者可以在某一状态下,把一个精心制作的设备附加到车内网络,比如为了修理车被拆卸或重装。另一个条件下,通过安装一个篡改过的或者假冒的替换零件也会发生攻击情况。比如,后装市场的娱乐信息系统,停车传感器模块或者防盗系统等。

随着汽车网联化的发展,汽车逐渐从原本封闭的网络中开放了越来越多的外部访问接口,这些接口由汽车内部 CAN 总线通过直接或间接的方式连接其他节点的控制单元,已经成为攻击者攻击汽车车内网络的潜在入口,攻击者可以通过入侵这些接口直接渗透到车辆关键控制系统。CAN 总线是点对点网络,没有主机可以控制各个节点何时可以对其进行访问,这样攻击者可以通过多种方式入侵,CAN 总线的信息安全一直受到广泛的关注。CAN 总线在协议格式、电气特性、数据包格式及控制策略等方面存在漏洞,导致 CAN 总线技术在网络信息安全方面存在以下几类缺陷。

1) 广播特性缺陷

CAN 总线接收到信息以后,不会对信息作判断而广播给所有 ECU 节点,当黑客通过恶意节点连接 CAN 总线以后,就可以监测所有 ECU 节点的通信数据包,数据包经过反向解析,黑客就能使用重放或注入恶意指令攻击汽车。

2) 仲裁机制缺陷

CAN 总线是根据仲裁模式进行工作的,当总线没有消息时,所有 ECU 都能发送消息,当多个 ECU 同时发送消息时,最高权限的报文获得发送权。当攻击者在 CAN 总线上不间断发送高权限的报文时,总线会一直处于占用模式,低级别的 ECU 就不能发送信息,最终导致汽车无法进行正常工作。

3) 缺少身份验证

CAN 总线的报文由数据帧、远程帧、错误帧、过载帧和帧间隔五个部分组成,没有身份验证域,报文也只有目标地址标识,没有源地址标识,CAN 总线没有记录某个节点发送或接收的消息的日志。攻击者可以通过接入恶意节点给 ECU 发送消息,从而达到控制车辆的行驶或者破坏车辆的正常行驶目的。

4)缺少信息安全机制

CAN总线报文在总线上以明文传输,导致其数据保密性得不到保障,攻击者可以很轻松地读取、解析总线的数据,导致数据很容易泄露。因车载总线固有的安全缺陷,黑客只要进入了总线,就能发送指令控制总线所连接的ECU,给车辆发送控制信息,扰乱汽车的正常工作状态。

7.4.3 车载以太网总线安全风险分析

随着智能网联汽车的发展,带来功能去中心化、消费产品和服务的集成化、流媒体通量增加以及V2X和自动驾驶高级应用的发展,面对更高级的通信要求,车载以太网应运而生。无论是车内还是车外的联网需求都不约而同地提出了更多网络带宽的重要性,为此,车载以太网应运而生。车载以太网具有大带宽、低延时、低电磁干扰、低成本等优点,成为智能网联汽车应用的关键选择。

相较于其他车内网络总线技术,车载以太网在汽车行业上应用的时间还较短,近年来才开始应用于较新款的部分汽车上,以太网作为计算机技术在汽车行业领域的新应用,其固有的一些安全缺陷及其在汽车领域应用时所带来的一些安全隐患也逐渐显现。车载以太网可能遭受到的攻击方式包括以下几个方面。

1. 监听

攻击者侵入网络后通过监听网络,抓取通信报文,对其进行数据分析,为进一步攻击做准备。当网络数据未加密传输时,很容易造成信息泄露,包括车辆信息(如汽车位置、用户口令等)及车载网络信息(如报文格式、通信机制等)。

2. 注入

攻击者通过侵入网络并获取到发送权限,向汽车网络注入报文发动攻击。

3. 重放

攻击者通过记录以往的正常通信数据,向车载网络重新发送这些数据进行攻击,因为数据取自正常数据,所以更容易绕过一些安全检查(包括数据加密、数据包检查等安全措施)对目标网络造成攻击。

4. 篡改

攻击者侵入合法设备后,通过篡改设备发送的信息,达到扰乱甚至控制汽车的目的。

5. 丢弃

攻击者侵入合法设备后,通过截断该设备的应用层与下层的通信,即将双方互传的数据进行丢弃处理,使目标设备无法正常接收或发送数据,导致该设备无法正常工作。

6. 欺骗

攻击者冒充其他网络节点或设备,接入网络并完成身份认证,以获取权限进行攻击或窃取信息。

7. DOS攻击

通过大量发送无意义数据对路由器或其他网络设备发动洪泛攻击,占用并消耗目标设备的资源,使目标设备无法及时处理正常数据。

8. 诊断协议利用

以太网连接的车载设备均需要支持 DoIP 诊断协议,攻击者可以利用诊断协议获取目标设备信息,甚至尝试重新刷写设备,使设备无法正常工作。

7.4.4 网络数据安全风险应对措施

智能网联汽车的数据安全风险来自多个方面,网联汽车数据安全会对个人乃至国家都会产生不同程度影响,这涉及个人隐私、交通安全,甚至社会安定、国家安全。因此,应综合分析,多管齐下,多措并举,分类分级建立智能网联汽车数据泄露评价标准,构建车辆数据安全防护体系,提升数据安全风险防范能力。

首先,在智能网联汽车的发展中,应不断完善制度建设,从标准、监督、处罚三个维度,给网联汽车的数据库上把锁。建立一套统一的数据泄露安全评估标准以及评价标准;建设企业—地方—国家不同级别的监管体系;完善法律法规,对因数据泄露或非法获取数据造成不良后果的依法惩处。从源头杜绝企业和组织非法泄露或窃取用户信息,督促行业企业做好数据保护,强调本地存储和禁止跨国分享。最终实现对数据使用可控、操作过程可审和泄露数据可溯,从而真正实现对数据的闭环管理。2021 年 4 月 28 日,国家市场监督管理总局、国家标准化管理委员会发布《信息安全技术网联汽车采集数据的安全要求(草案)》,聚焦网联汽车数据采集与管理中存在的主要问题,力图从数据安全上为智能网联汽车发展保驾护航。随后,5 月 12 日,国家网信办发布《汽车数据安全管理若干规定(征求意见稿)》,对网联汽车数据管理作出更为翔实和严格的规定。《信息安全技术网联汽车采集数据的安全要求(草案)》的发布,从车辆全生命周期入手,以数据传输、存储、跨境几大方面为着力点,为智能网联汽车数据安全管理指明方向。

其次,智能网联汽车企业是数据直接的搜集者、使用者、储存者,是保障数据安全的第一责任人。因此,在数据采集时,企业应主动告知用户可能存在的隐私风险,在使用、转移、删除数据时应让用户自主选择,对重要、敏感数据的处理应当向主管部门备案;在数据的存储使用过程中,企业应主动对数据进行分类分级,同时从算法、加密技术、网络安全等技术层面方面做好数据保护,提防恶意软件和黑客攻击。相关车企和互联网公司应深化合作,加强智能网联汽车数据安全保护技术攻关,共同打造更加智能、安全的汽车。目前一些主机厂已经开始与网络安全厂商合作,从软、硬件多方面进行升级,保障车辆的数据安全。

7.5 通信信息安全技术

通信安全主要指两类通信:车内通信,是 T-BOX 与车内主机的双向数据传输安全,完成车辆状态信息、控制信息等的传输;车外通信,是 T-BOX 与云平台间的双向数据传输安全。无线通信方式自身存在网络加密、认证、传输、协议等方面的安全问题。

认证风险:没有验证发送者的身份信息、伪造身份、动态劫持等;

传输风险:车辆信息没有加密或强度不够、密钥信息暴露、所有车型使用相同的对称密钥;

协议风险:通信流程伪装,把一种协议伪装成另一种协议。

在 2G 时代,通信在汽车应用中主要是 SOS 语音救援和语音导航等基础语音服务,车内各大系统主要是以相对独立的机械件为主。在 3G/4G 时代,通信在汽车中满足用户的智能导航和车内娱乐等功能的基础上,与车内制动系统、转向系统、行驶系统和传动系统相结合,实现了辅助驾驶、远程车辆控制和人车信息交互。到 5G 时代,通信网络将与车内系统及元器件的高级驾驶辅助系统(ADAS)毫米波雷达、激光雷达、高清摄像头、高精地图、精确定位等更高效协同形成强大的感知系统,通过结合车内域控制芯片的算法与云端网络的算力能力协同进行决策控制,再由刹车、油门、电子稳定系统、电子助力转向系统等执行系统负责实施,逐步实现更高级的辅助驾驶,未来将达成完全自动驾驶的目标。

从车内系统、车外系统信息交互、云端系统等 3 个维度详细分析智能网联汽车通信和信息安全的漏洞与威胁风险,实施有针对性的安全防护策略,才能保证智能网联汽车通信和信息的整体安全防护有效性及科学执行。

7.5.1 车内系统的通信安全

车内系统是实现汽车智能网联的基础。车内系统的通信和信息主要涉及各大系统传感器的数据采集、数据存储以及车内各系统对基础数据的分析和处理。车内网络需基于成熟的 CAN/LIN 总线和 LVDS 总线技术建立一个标准化整车网络,实现车内各电器、电子单元间的状态信息和控制信号在车内网上的传输,使车辆能够实现状态感知、故障诊断和智能控制等功能。CAN 总线实现全车信息共享,包括汽车发动机、自动变速箱、ABS 和安全气囊等系统。LIN 总线是 CAN 总线网络下的子系统,主要实现车内分布式电控系统,如照明警示、电动门窗和车门状态等。车内系统的通信和信息安全是智能网联汽车的核心基础。LVDS 采用差分信号技术,具有低功耗、低误码率、低串扰和低辐射的特点,主要传送高清摄像头的大带宽数据信息。

车内网络的通信处于内部局域网的环境,因此协议安全防护措施较弱,如 CAN 和 LIN 总线由于应用在相对封闭环境,通常采用双绞线作为传输介质,加之传感器主要做信息感知和采集,计算能力有限,采用的安全防护措施比较薄弱,除简单校验外不做更多的机密性保护,不能抵御攻击者针对性的传感器信息采集、攻击报文构造、报文协议分析和报文重放等攻击。对于车内系统的信息安全,建议在车辆内部的感知域、控制域和决策域等不同域之间实行物理隔离或软件逻辑隔离。比如把车内网的控制单元和非控制单元在逻辑上进行隔离,对控制单元采用更严格的访问控制策略;在车内系统中引入以太网通信技术,提供可靠的分层信息安全防护能力,实现较高的认证加密机制,如传输层的 TLS 协议,对报文加密,加强数字签名等,同时以太网技术还可提供灵活的拓扑可扩展性。

车内系统的通信安全具体措施如下。

(1)用户数据分级保护。车内系统通过传感器产生和传递了大量的用户数据,用户数据主要包括用户数据的分级、分类、传递和存储等。应对用户的实名信息、驾驶习惯、生物特征,以及车辆各系统的元器件和状态信息、实时位置信息等敏感数据采取分级和分类管理,并采用较高级别的数据安全隔离管理。

(2)车内系统的数据使用限制和故障诊断。车内系统的数据主要是车内感知器件、决策控制系统、执行系统在工作中产生和存储的相关数据信息。其中部分实时数据保存在带有存储和计算能力的感知器件中,部分数据保存在电子控制单元(ECU)等车内控制系统单元。对车内系统的数据外接使用,应采用传输加密和数字签名加密等方式,仅作为内部数据分析使用,仅用于车辆故障诊断,确保用户私密数据安全可控。车内系统的通信和信息是智能网联的运算、判决和指令执行的基础,通信和信息安全的要求较高。还可以探索通过私有区块链等技术,把一些功能和数据放到私有区块链上进行安全存储,实现数据使用可管控、可追溯。

7.5.2 车外信息交互的通信安全

车外信息交互主要是 V2X 的通信和信息交互,包括 V2V、V2P、V2I 和 V2N 等 4 个方面。车外信息交互主要通过蓝牙、Wi-Fi 和移动通信网络等无线通信手段与其他车辆、交通专网、互联网内容应用等进行数据交互。车外信息交互威胁智能网联汽车与外部系统、网络、云平台等之间的双向数据传输安全,主要存在以下三大安全风险。

(1) 身份认证风险。智能网联汽车与外部信息交互时需进行身份信息验证,外部伪造身份认证会对智能网联汽车身份信息动态劫持等。

(2) 信息传输风险。车辆信息传输时数据信息没有加密或加密强度不够、秘钥信息暴露,以及不同车型使用相同的对称秘钥导致秘钥泄露等,都可能带来极大的系统性信息传输风险。

(3) 通信协议风险。通信协议风险主要是对端的通信流程伪装和通信协议篡改。比如攻击者利用通信网络的伪基站发送伪消息诱导车辆发生误判,通过 WiFi 连接植入木马而影响车辆自动控制,以及云平台应用漏洞的安全威胁等。

车外信息交互的通信安全可从以下 3 个方面考虑。

1. 车辆控制域与通信服务域相互隔离

通过设置不同的独立 APN,对安全等级要求较高的车辆控制域的 APN 采用数据专线和 VPN 等方式与通信服务域的 APN 网络进行相互隔离,形成两个不同安全等级的安全域,避免越权访问。对车辆控制域的 APN,可采用监控网络关键节点的实时动态带宽。也可采取白名单访问的方式,比如对终端分配固定的 IP 地址,仅可访问可信的白名单中的车辆控制云平台(TSP)的 IP/URL,进一步保障车辆控制域 APN 的通信信息安全。对信息服务域 APN2,采用 DPI 策略,保障其访问可信的业务应用,对不同的业务应用分配不同的业务保障等级,限制访问不可信的内容。对车机的 WiFi 热点功能,车机设置访问策略,限定其分享的访问地址。同时对 WiFi 共享应设置较为复杂的数字加大小写字母组合的密码,使用较为安全的 WPA2-PSK 方式加密。

2. 数据隔离

对车内系统与车外信息交互的不同设备和不同的安全级别数据相互隔离。对用户数据进行分级保护,对于涉及驾驶员信息、驾驶习惯、车辆信息和位置信息等敏感数据采取较高级别的管理要求,仅被整车厂商签名认可的应用才可读取相关数据,其他非签名认证应用仅可读取非敏感数据。针对敏感数据实行单独的存储要求,通过加密提升数据安全级别。对用户数据支持加密保护,对不同的车型采用不同的加密策略,确保传输过程信息中不被窃听、伪造和篡改等。

3. 通信协议和传输安全

我国已基本完成 LTE-V2X(C-V2X)接入层、网络层、消息层和安全等核心技术标准,初步建立了能够支撑驾驶辅助和低级别自动驾驶的智能网联汽车标准体系。国家推进 C-

V2X标准从行业标准转升为国家标准,便于跨行业遵循和采用。在汽车、交通和公安等领域开展功能要求和系统要求等上层标准制定。V2I场景指的是智能网联汽车与路边基础设施(红绿灯、交通摄像头、路侧单元等)的信息交互;V2V场景指的是车辆间的信息同步和实时交互及短距离PC5接口直连传输等;V2P场景指的是车与行人之间信息交互;V2N场景指的是车与3G/4G/5G通信网络之间的信息传递、交互。在蜂窝通信接入过程中,车机端与服务网络之间应支持双向认证,确认对方身份的合法性。蜂窝通信过程中,终端与服务网络应对LTE网络信令支持加密、完整性以及抗重放保护。直连传输的用户数据通过PC5接口广播发送,短距离直连通信场景下,LTE-V2X车联网系统在用户层面面临着虚假信息、假冒终端、信息篡改/重放和隐私泄露等安全风险。直连通信过程中,运算处理时间应尽量高效,安全附加信息应尽量精简。应支持对消息来源的认证,保证消息的合法性;支持对消息的完整性及抗重放保护;应根据需要支持对消息的机密性保护,确保消息在传输时不被窃听,防止用户敏感信息泄露。

7.5.3 云端的通信安全

智能网联汽车管控中心的云平台等云端系统,是智能网联汽车系统的核心大脑。云端系统的信息安全是车企整体的系统通信和信息安全的重中之重。云端系统除了需要病毒防护、中间件的安全防护以及访问控制防护外,还需特别重视数据安全防护问题,防止车主存储到云端的数据意外丢失,或被别人窃取访问和非法利用。目前云端数据安全问题面临以下三大挑战。

1. 数据实时性和完整性

智能网联汽车需要和云端系统进行信息交互,实现远程车控和车辆实时状态查询,保证数据存储在云端的用户数据完整性不被破坏。

2. 数据隐私性

通过APN专网、智能终端或OBD设备采集上传到云平台(TSP)中的涉及车主车辆相关的车辆编码、仪表工况、车辆状态、实时位置和行驶轨迹等私密数据,需保证用户隐私信息不被泄露。

3. 数据可恢复性

用户对存储在云平台的数据进行访问时,需要无差错响应用户请求,若遇到安全攻击事件,服务商要保证的数据可恢复。随着智能网联汽车持续发展,数据安全和访问控制等风险威胁会越来越多,云端安全威胁不容忽视。

练习题

1. 汽车的主动安全技术有哪些?
2. 汽车的被动安全技术有哪些?
3. 智能网联汽车存在哪些网络数据安全风险?
4. 目前云端数据安全问题面临哪些挑战?

第8章 智能汽车路径规划技术

【教学目标】

通过对本章的学习,学生能够掌握智能汽车路径规划的发展历程,掌握智能汽车路径规划技术与算法等。

8.1 概述

智能驾驶汽车作为以硬件为基础和软定义的软硬件结合系统,其安全和可靠地运行需要车载硬件(传感器集成、感知模块、预测模块、规划控制模块等)的协同配合工作。路径规划模块承接上层感知预测结果,感知预测和规划控制的紧密配合非常重要。这里的路径规划从逻辑上可以划分成路由寻径(routing)、行为决策(behavioral decision)、运动规划(motion planning)三个部分。智能驾驶汽车路径规划流程示意如图8-1所示。

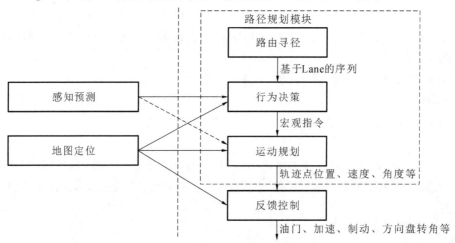

图8-1 智能驾驶汽车路径规划模块示意图

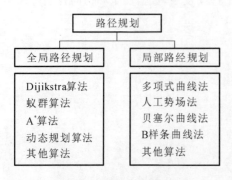

图8-2 路径规划算法

另外,路径规划问题从功能上可以分为全局路径规划和局部路径规划。路径规划算法见图8-2所示。全局路径规划算法属于静态规划算法,以已有的地图信息为基础进行路径规划,寻找一条从起点到目标点的最优路径。通常实现全局路径规划的算法包括Dijikstra算法、A*算法、动态规划算法、蚁群算法等。局部路径规划属于动态规划算法,是智能驾驶汽车根据自身传感器感知周围环境,规划出一条车辆安全行驶所需的路线,常应用于超车、避障等情境。通常实现局部路径规划的算法包括多项式曲线法、人工势场算法、贝塞尔曲线算法、B样条曲线算法等,也有学者提出神经网络等智能算法。

路由寻径模块在智能驾驶汽车软件控制系统中的主要作用是实现智能驾驶汽车软件系统的导航功能,即在宏观层面上指导智能驾驶汽车软件系统按照规划的道路行驶,从而实现从出发地到目的地。特别值得关注的,智能驾驶汽车中道路规划在一定程度上类似传统的导航系统,但其最大差异在于自动驾驶汽车导航主要依靠高精度地图,与传统的导航地图有本质不同。另外,路径规划主要包含两个步骤:第一步,建立包含障碍区域与自由区域的环境地图;第二步,在环境地图中选择合适的路径搜索算法,快速实时地搜索可行驶路径。

行为决策模块接收路由寻径发送的道路信息,同时也接收感知预测和地图信息。综合所有输入的信息,行为决策模块在宏观上给出智能驾驶汽车如何行驶的行为。这些行为层面的决策包括在道路上的正常跟车,在遇到交通灯和行人时的等待避让,以及在路口和其他车辆的交互通过等。例如,路由寻径给出信息结果无人驾驶汽车需要保持在当前车道行驶,当环境感知模块给出的信息结果显示当前车道前方有一辆正常行驶的车辆时,行为决策模块可能给出车辆跟随命令。行为决策模块根据具体实现不同,在宏观上定义的输出指令集合也多种多样。实现行为决策模块的方法相对较多,而且没有非常严格的规则要遵循。实际上,在智能驾驶汽车系统设计中,行为决策模块有时被设计成独立的逻辑模块,其功能在某种程度上和下游的动作规划模块融合到了一起。

动作规划模块接收行为决策发出的信息,其主要作用是解决具体的智能驾驶汽车的动作规划问题,即解决在局部的时空区域内,具体解决车辆如何从 A 点行驶到 B 点的问题。动作规划模块需要给某一段时间内从 A 点到 B 点做出规划,包括选择途经哪些具体的路径点,到达每个路径点时间、速度、朝向、加速度和转向角等。除此之外,动作规划还需要限定一些边界条件。比如:保证时空路径的一致性;生成的路径点,包括到达每个点的速度、朝向、加速度等,满足车辆和道路的物理属性要求。

控制模块接收动作规划模块的结果信息。控制模块是一个直接与智能驾驶汽车底层控制接口 CAN-BUS 对接的模块,其核心任务是实现上层动作规划模块的输出轨迹点,通过一系列结合车身属性和外界物理因素的动力学计算,转换成对车辆线控油门、刹车,以及方向盘控制信号,控制车辆按照动作规划信息行驶。反馈控制模块主要涉及对车辆自身控制,以及和外界物理环境交互的建模。

以上四个模块是智能驾驶汽车规划与控制软件系统的最主要的功能模块。这种层叠式功能划分模块的方法,非常有效地将智能驾驶汽车控制规划复杂问题简单化、清晰化,按照功能递进的逻辑从抽象到执行做出了非常合理的解析。

8.2 路由寻径

8.2.1 路由寻径概述

路由寻径的作用可以简单理解为实现自动驾驶汽车软件的导航功能,在宏观层面完成自动驾驶汽车软件系统规划,使汽车按照满足要求的道路行驶,从而实现从起点至终点的任务。

根据系统内部已存的电子地图和起点、终点信息,采用路径搜索算法搜索出一条最优化的全局期望路径。产生一条全局路径指引车辆的前进方向,避免车辆盲目地探索环境。在平面环境中,通常以路径长度最短或时间最短为最优标准;在越野环境的全局路径规划中,经常以"安全性"为最优标准,该标准同时考虑路径可行宽度和路面不平度来充分保证车辆的运行安全。

路由寻径基于高精度地图寻找合适的全局路径,在高精度地图定义绘制的路网(road graph)的道路(lane)划分的基础上,在一定的最优策略定义下,路由寻径模块需要解决的问题是计算出一个从起点到终点的最佳道路行驶序列,如图 8-3 所示。

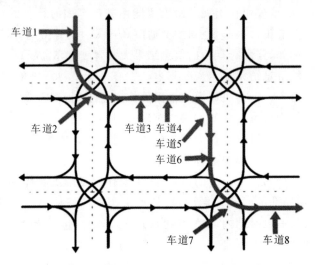

图 8-3 高精度地图道路级别的路由寻径

为了解决路由寻径的问题,学者们已经给出诸多算法,比如 Dijikstra 算法、A* 算法、动态规划算法、蚁群算法等。下面分别简单介绍一下路由寻径算法。

8.2.2 Dijikstra 算法

1. Dijikstra 算法原理

Dijikstra 算法是典型最短路径算法,用于计算一个节点到其他节点的最短路径,其主要特点是以起始点为中心向外层层扩展(广度优先搜索思想),直到扩展到终点为止。Dijikstra 算法是根据贪心算法实现的,首先找出当前点到所有能到达的点之间最短的距离,然后松弛一次继续循环。所谓松弛一次,就是在已经访问过的点中遍历一遍,看看有没有更近的,如果有更近的就更新距离。这样每次找最近的可达点+松弛遍历历史节点的操作,一直重复就能找到最短路径。

Dijikstra 算法具体实现的基本步骤如下:通过 Dijikstra 计算最短路径,需要指定起点 S(即从顶点 S 开始计算)。此外,引进两个集合 S 和 U。S 中记录已求出最短路径的顶点(以及相应的最短路径长度),而 U 则是记录还未求出最短路径的顶点(以及该顶点到起点 S 的距离)。开始时,S 中只有起点 S,U 中是除 S 之外的顶点,并且 U 中顶点的路径是"起点 S

到该顶点的路径"。从 U 中找出路径最短的顶点,并将其加入到 S 中。更新 U 中的顶点和顶点对应的路径,再从 U 中找出路径最短的顶点,并将其加入到 S 中。更新 U 中的顶点和顶点对应的路径。重复该操作,直到遍历完所有顶点。

2. Dijkstra 算法有向带权图解流程

首先看图 8-4,起始点 1 至终点 6 之间可行驶的路径,目标是找到从 1 到 6 的最短距离。

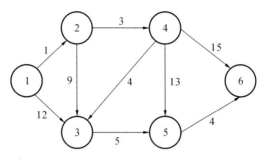

图 8-4 道路示意图

第一步:用一个 6×6 的二维数组存储距离信息,如表 8-1 所示。以纵向为起点,横向为终点,对应的值就是起点到终点的距离。其中,不能到达点的距离为 ∞,到自身的距离为 0。

表 8-1 距离信息存储

顶点	1	2	3	4	5	6
1	0	1	12	∞	∞	∞
2	∞	0	9	3	∞	∞
3	∞	∞	0	∞	5	∞
4	∞	∞	4	0	13	15
5	∞	∞	∞	∞	0	4
6	∞	∞	∞	∞	∞	0

第二步:用一个一维数组来存储路径(见表 8-2)。

表 8-2 一维数组存储路径

	1	2	3	4	5	6
距离	0	1	12	∞	∞	∞

第三步:从点 1 开始,遍历二维数组的第一行,发现距离 1 是最小的,对应点 1 到点 2,选定点 2;松弛,没有更近值;从点 2 开始,遍历二维数组的第二行,发现距离 3 是最小的,对应点 2 到点 4,选定点 4;松弛,没有更近值;从点 3 开始,遍历二维数组的第三行,发现距离 5 是最小的,对应点 3 到点 5,选定点 5;松弛,没有更近值;从点 4 开始,遍历二维数组的第四行,发现距离 4 是最小的,对应点 4 到点 3,选定点 3;松弛,没有更近值;从点 5 开始,遍历二维数组的第五行,发现距离 4 是最小的,对应点 5 到点 6,选定点 6;松弛,没有更近值;点 6,已经到达目标节点,遍历结束。最短路径遍历过程如图 8-5 所示。

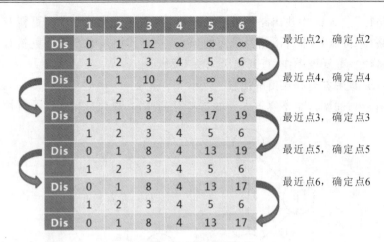

图 8-5 最短路径遍历过程

3. Dijikstra 算法无向图解流程

首先以图 8-6 为例,给出各个节点和各条路径的权值,下面展开无相图解流程介绍(见图 8-7)。

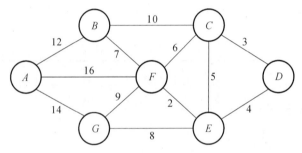

图 8-6 路径无向图

初始状态:S 是已计算出最短路径的顶点集合,U 是未计算出最短路径的顶点的集合。

第 1 步:将顶点 D 加入到 S 中。此时,$S=\{D(0)\}$,$U=\{A(\infty),B(\infty),C(3),E(4),F(\infty),G(\infty)\}$。注:$C(3)$ 表示 C 到起点 D 的距离是 3。

第 2 步:将顶点 C 加入到 S 中。

上一步操作之后,U 中顶点 C 到起点 D 的距离最短;因此,将 C 加入到 S 中,同时更新 U 中顶点的距离。以顶点 F 为例,之前 F 到 D 的距离为∞;但是将 C 加入到 S 之后,F 到 D 的距离为 $9=(F,C)+(C,D)$。

此时,$S=\{D(0),C(3)\}$,$U=\{A(\infty),B(13),E(4),F(9),G(\infty)\}$。

第 3 步:将顶点 E 加入到 S 中。

上一步操作之后,U 中顶点 E 到起点 D 的距离最短;因此,将 E 加入到 S 中,同时更新 U 中顶点的距离。还是以顶点 F 为例,之前 F 到 D 的距离为 9;但是将 E 加入到 S 之后,F 到 D 的距离为 $6=(F,E)+(E,D)$。

此时,$S=\{D(0),C(3),E(4)\}$,$U=\{A(\infty),B(13),F(6),G(12)\}$。

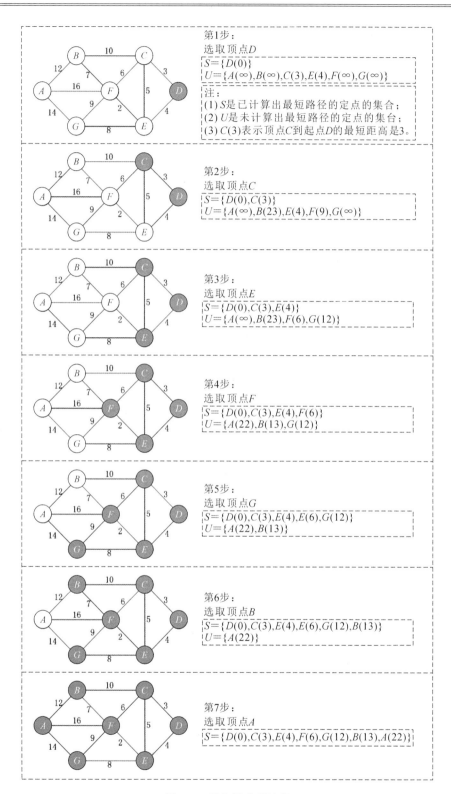

图 8-7 无向图求解流程

第 4 步:将顶点 F 加入到 S 中。

此时,$S=\{D(0),C(3),E(4),F(6)\},U=\{A(22),B(13),G(12)\}$。

第 5 步:将顶点 G 加入到 S 中。

此时,$S=\{D(0),C(3),E(4),F(6),G(12)\},U=\{A(22),B(13)\}$。

第 6 步:将顶点 B 加入到 S 中。

此时,$S=\{D(0),C(3),E(4),F(6),G(12),B(13)\},U=\{A(22)\}$。

第 7 步:将顶点 A 加入到 S 中。

此时,$S=\{D(0),C(3),E(4),F(6),G(12),B(13),A(22)\}$。

此时,起点 D 到各个顶点的最短距离就计算出来了:$A(22),B(13),C(3),D(0),E(4)$,$F(6),G(12)$。

4. Dijikstra 算法代码实现

```
/*
 * Dijikstra最短路径。
 * 即,统计图(G)中"顶点vs"到其他各个顶点的最短路径。
 * 参数说明:
 *   G—图
 *   vs—起始顶点(start vertex)。即计算"顶点vs"到其他顶点的最短路径。
 *   prev—前驱顶点数组。即prev[i]的值是"顶点vs"到"顶点i"的最短路径所经历的全部顶
点中,位于"顶点i"之前的那个顶点。
 *   dist—长度数组。即,dist[i]是"顶点vs"到"顶点i"的最短路径的长度。
 */
void dijkstra(Graph G,int vs,int prev[],int dist[])
{   int i,j,k;
    int min;
    int tmp;
    int flag[MAX];    'flag[i]=1表示"顶点vs"到"顶点i"的最短路径已成功获取。
    '初始化
    for(i = 0; i < G.vexnum; i++ )
    {   flag[i] = 0;                '顶点i的最短路径还没获取到。
        prev[i] = 0;                '顶点i的前驱顶点为0。
        dist[i] = G.matrix[vs][i];  '顶点i的最短路径为"顶点vs"到"顶点i"的权。
    }
    '对"顶点vs"自身进行初始化
    flag[vs] = 1;
    dist[vs] = 0;
    '遍历G.vexnum-1次;每次找出一个顶点的最短路径。
    for(i = 1; i < G.vexnum; i++ )
    {
        '寻找当前最小的路径;
        '即在未获取最短路径的顶点中,找到离vs最近的顶点(k)。
```

```
            min= INF;
            for(j= 0;j< G.vexnum;j+ + )
            { if(flag[j]= = 0 && dist[j]< min)
                { min= dist[j];
                    k = j;
                }
            }
            '标记"顶点 k"为已经获取到最短路径
            flag[k]= 1;
            '修正当前最短路径和前驱顶点,'即当已经"顶点 k 的最短路径"之后,更新"未获取最
短路径的顶点的最短路径和前驱顶点"
            for(j= 0;j< G.vexnum; j+ + )
            {
    tmp = (G.matrix[k][j]= = INF ? INF:(min+ G.matrix[k][j]));
    '防止溢出
                if(flag[j]= = 0 &&(tmp  < dist[j]))
                {
                    dist[j]= tmp;
                    prev[j]= k;
                }
            }
        }
        '打印 dijkstra 最短路径的结果
        printf("dijkstra(% c):\n",G.vexs[vs]);
        for(i= 0; i < G.vexnum; i+ + )
            printf("  shortest(% c,% c)= % d\n",G.vexs[vs],G.vexs[i],dist[i]);
    }
```

8.2.3 A* 算法

1. A* 算法原理

A*算法的本质是广度优先算法的优化,目的是寻找一个从起点到目标节点的最短路径。其主要在 Dijikstra 的基础上加入了启发式变量,一般用启发式距离(两点的直线距离)表示。A*算法的相关概念如下。

搜索区域(the search area):搜索区域被划分为简单的二维数组,数组每个元素对应一个小方格,当然我们也可以将区域等分为五角星或矩形等,通常将一个单位的中心点称为搜索区域节点(node)。

父节点(parent):在路径规划中用于回溯的节点,开发时可考虑为双向链表结构中的父节点指针。

路径排序(path sorting):表示具体往哪个节点移动,由以下公式确定:$F= G+ H$。G代表的是从初始位置 A 沿着已生成的路径到指定待检测格子的移动开销。H 指定待测格

子到目标节点 B 的估计移动开销。

启发函数(heuristics function)：H 为启发函数，也被认为是一种试探，由于在找到唯一路径前，我们不确定在前面会出现什么障碍物，因此用了一种计算 H 的算法，具体根据实际场景决定。在我们简化的模型中，H 采用的是传统的曼哈顿距离(Manhattan distance)，也就是横纵向走的距离之和。举例说明如图 8-8 所示，S 为起始(start)节点，G 为目标(goal)节点。

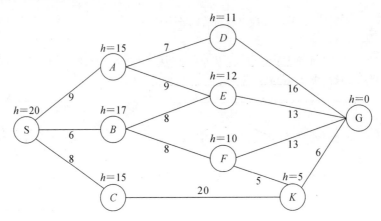

图 8-8　起点至终点路径图

节点之间连线是两点的路径长度，如 A 到 E 的路径长度 $g(A,E)=9$。节点旁的 h 值是当前节点到达目标节点 G 的预估值，如 $h(A)=15$，表示从当前点 A 到达目标点 G 的估计路径长度为 15，此处 $h(x)$ 即为启发函数。

从起点 S 到达当前节点 x 的路径长度表示为 $g(x)$。

从起点 S 到达目标点 G 并经过点 x 的估计距离长度表示为 $f(x)=g(x)+h(x)$，该公式是 A* 算法的核心公式。

A* 算法通过不断的选择估计距离 f 最小的节点，逐渐构建最短路径。

2. A* 算法逻辑流程

A* 算法首先创建两个集合，一个 OPEN 集，一个 CLOSED 集。算法核心是从 OPEN 集中选择最优(距离长度 f 值小最优，或 f 相同时，预估值 h 小的更优)的节点到 CLOSED 集中，然后将其后继节点放入 OPEN 集中，然后重复操作选取最优节点，直到到达目标，或者 OPEN 集为空为止。最后在 CLOSED 集中根据目标点 G 所包含的前序节点逆序查找最后到达起点 S，这个链路的逆序即最优路径，具体流程如图 8-9 所示。

3. A* 算法搜索过程

图 8-8 中的搜索过程如图 8-10 所示。

图 8-10 各组合块中符号的定义如下：

浅灰色为前序节点，深灰色当前节点 x。

g：起点 S 到当前节点 x 的路径距离。

h：当前节点 x 到终点 G 的估计距离。

f：起点 S 途径 x 到达终点 G 的估计距离，即 $f=g+h$。

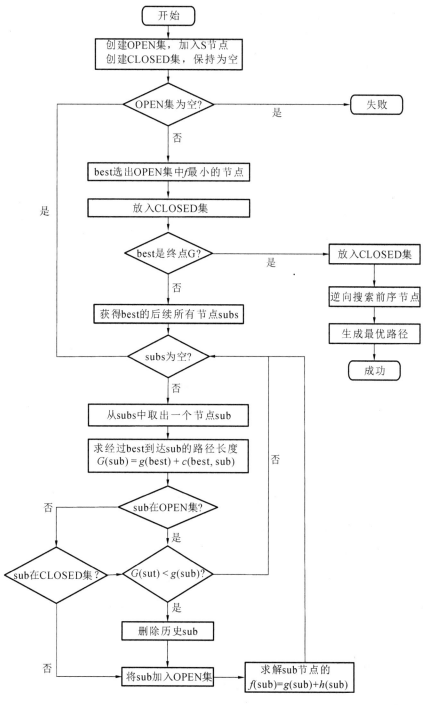

图 8-9　A*流程逻辑流程

正方形框（无叉）为当前 OPEN 集中的最优节点，正方形框（有叉）表示当前 OPEN 集中需要被删除的节点，在 OPEN、CLOSED 中每一行表示一次完整迭代完成时两集合中的节点集合。

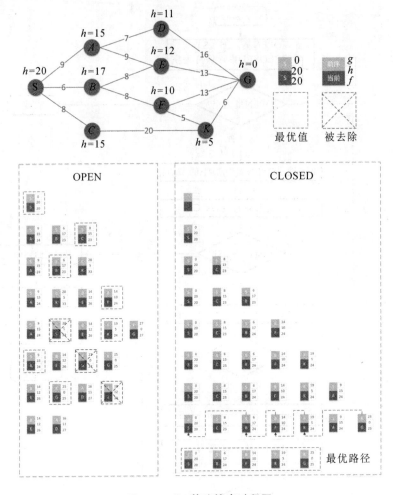

图 8-10　A*算法搜索过程图

最后的最优路径是：S→B→F→K→G。

4. A*算法代码实现

```
class node
{
private:
    int x,y;              '坐标
    double sumCost;       ' f(n)
    double heuristic;     '启发值
    bool obstacle;        '是否是障碍物
    node* backpoint;      '前驱节点
    bool isVisited;       '判断是否访问过
};
```

在main函数中定义起始节点和目标节点

```
node startNode(40,10);'起始点
```

```cpp
node goalNode(10,40); '目标点
```
初始化地图,这里计算了每个节点的启发式距离
```cpp
for(int i = 0; i < mapSize; ++i)
{
    vector< node* > tmp;
    for(int j = 0; j < mapSize; ++j)
    {
        node* tmpNode = new node(i,j);
        tmpNode->setHeuristic(calHeristic(tmpNode,goalNode));
        tmp.push_back(tmpNode);
    }
    roadmap.push_back(tmp);
}
```
添加障碍物
```cpp
void defineObstacle(vector< vector< node* > > & roadmap)
{
    '先框住四周
    for(int i = 0; i < mapSize; ++i)
    {
        roadmap[0][i]->setObstacle();
        roadmap[i][0]->setObstacle();
        roadmap[i][mapSize - 1]->setObstacle();
        roadmap[mapSize - 1][i]->setObstacle();
    }
    '再定义一个条形快
    for(int i = 1; i < mapSize / 2; ++i)
    {
        roadmap[mapSize * 2 / 3][i]->setObstacle();
        roadmap[mapSize * 2 / 3 - 1][i]->setObstacle();
        roadmap[mapSize * 1 / 3][mapSize - i]->setObstacle();
        roadmap[mapSize * 1 / 3 - 1][mapSize - i]->setObstacle();
    }
}
```
A*算法函数
```cpp
void aStar(const node& startNode,const node& goalNode,vector< vector< node* > > & roadmap,Mat& background)
{
    '使用Lambda表达式定义一个优先队列
    auto cmp = [](node* left,node* right){ return left->gN()> right->gN();};
    priority_queue< node* ,vector< node* > ,decltype(cmp)> O(cmp);
    node* tmp = roadmap[startNode.coordinateX()][startNode.coordinateY()];
```

```
        O.push(tmp);
    ' Algorithm 24 A* Algorithm
    while(! O.empty())
{
        ' Pick nbest from O such thatf(nbest)< = f(n)
        node* nBest = O.top();
        ' Remove nbest from O and add toC(isVisited)
        O.pop();
        nBest- > setIsVisited();
        ' if nbest = = qgoal,EXIT.
        if(* nBest = = goalNode)
            break;
        ' 八个方向都可以走
        std::vector< node> motion = { node(1,   0,  1),
                node(0,   1,   1),
                node(-1,   0,   1),
                node(0,   -1,   1),
                node(-1,   -1,  std::sqrt(2)),
                node(-1,   1,  std::sqrt(2)),
                node(1,   -1,  std::sqrt(2)),
                node(1,   1,  std::sqrt(2))};
        for(int i = 0; i < 8; i+ + )
        {
            node tmpNode = motion[i];
            tmpNode + = * nBest;
            node* tmpNodePointer = roadmap[tmpNode.coordinateX()][tmpNode.coordinateY()];
            * tmpNodePointer = tmpNode;
            if(verifyNode(* tmpNodePointer)&& ! tmpNodePointer- > returnIsVisited()&& ! tmpNodePointer- > isObstacle())
            {
                O.push(tmpNodePointer);
                tmpNodePointer- > setIsVisited();
                tmpNodePointer- > setBackpoint(nBest);
                tmpNodePointer- > drawNode(background,imgGridSize,Scalar(0,255,0),0);
                imshow("aStar",background);
                waitKey(5);
            }
        }
    }
    ' 画出最终的路径
```

```
        tmp = roadmap[goalNode.coordinateX()][goalNode.coordinateY()];
        while((* tmp = = startNode))
{
        tmp- > drawNode(background,imgGridSize,Scalar(255,0,0));
        tmp = tmp- > returnBackpoint();
        imshow("aStar",background);
        waitKey(5);
        }
}
```

8.3 行为决策

行为决策模块直接关系到无人驾驶汽车的可靠性和安全性,要设计出完全符合人类驾驶习惯和交通规则的行为规划系统,在目前来看仍然是一大挑战,实现行为规划模块的方法很多,但是其设计理念大致可以总结为两点。

(1) 合理性。无人车驾驶的合理性建立于两个基础上:交通法规和驾驶经验,交通法规的优先级要高于驾驶经验。交通法规需要考虑的内容包括:靠右侧车道行驶;不能超速;换道超车时应提前开启转向灯;对于感知到的交通信号灯和交通标志,应按照指示信息行驶;出现任何危险情况时,应当能够果断地执行紧急制动等。驾驶经验需要考虑的内容主要包括:尽量保持在原车道,不应随意变道;城市路段行驶时,不得随意加速,确保车辆平顺性;当前车行驶缓慢且条件允许时应当果断超车等。

(2) 实时性。任何智能驾驶汽车系统中的行为规划必须是实时的,行为规划应当能够处理复杂的动态交通场景,并且能够根据环境的变化快速地调整驾驶行为以避免危险的发生。

8.3.1 行为决策概述

智能汽车行为决策主要作用是在接收到全局路径规划出的行驶路线后,行为决策层需要结合从感知模块得到的环境信息,包括其他车辆、行人、障碍物以及道路上的交通规则信息等,做出具体的行为决策,例如选择变道超车还是跟随。也就是说,行为决策模块在自动驾驶决策中扮演着"副驾驶"的角色,汇集了所有重要的车辆周边信息,不仅包括了自动驾驶汽车本身的实时位置、速度、方向,还包括车辆周边一定距离以内所有的相关障碍物信息以及预测的轨迹,并在知晓这些信息的基础上,决定自动驾驶汽车的行驶策略。

由于需要考虑多种不同类型的信息,行为决策的问题往往很难用单一的数学模型来求解,而是要融合不同算法优点的算法系统,结合环境预测模块的结果,输出宏观的决策指令供后续的动作规划模块去具体执行。这部分的功能类似于给自动驾驶汽车下达相应的任务。例如在车道保持、车道偏离预警、车距保持、障碍物警告等系统中,需要预测本车及相遇的其他车辆、车道等在未来某段时间内的状态。

先进的决策理论包括模糊推理、强化学习、神经网络和贝叶斯网络技术等。由于人类驾驶过程中所面临的路况与场景多种多样,且不同人对不同情况所做出的驾驶应对策略也有所不同，因此类似的驾驶决策算法的优化需要经常完善有效的决策智能模型以及大量的有效数据。这些数据需要尽可能地覆盖到各种罕见的路况，这也是驾驶决策发展的最大瓶颈所在。总结而言，这个过程面临主要问题：真实的驾驶场景千变万化，如何覆盖？真实的驾驶场景是一个多智能驾驶汽车决策环境，包括主车在内的每一个参与者所做出的行为，都会对环境中的其他参与者带来影响，因此我们需要对环境中其他参与者的行为进行预测。自动驾驶车辆对于环境信息不可能做到100%的感知，例如存在许多被障碍物遮挡的可能危险情形。

综合以上几点，在自动驾驶行为决策层，我们需要解决的是在多辆智能驾驶汽车的复杂环境中存在感知不确定性情况的规划问题。为了解决此问题，学者们研究提出诸多行为决策层的模型。比如有限状态机模型、决策树模型、基于知识的推理决策模型、基于价值的决策模型、基于POMDP的行为决策模型、基于PCB(prediction and cost function based)的行为决策模型、基于博弈论的模型和基于大数据驱动的智能决策算法等。

另外，很多自动驾驶研究团队进行了自己的行为决策模块处理方法创新。2007年斯坦福大学开发的自动驾驶系统Junior利用一系列的代价函数和有限状态机(finite state machine)来设计自动驾驶汽车的轨迹和操控指令。类似的，CMU(卡耐基·梅隆大学)设计的自动驾驶汽车系统Boss则通过计算分析车道之间的空隙(gap)，并且按照一定规则和一些预设的阈值比较决定换道这一行为的触发。其他的很多参赛系统，如Odin(奥丁)和Virginia Tech(弗吉尼亚理工大学)也都利用了规则引擎来决定自动驾驶汽车的驾驶行为。Cardo团队则是结合了规则引擎和行为模型，建立了一个混合的自动驾驶汽车决策系统。随着对自动驾驶汽车研究兴趣的广泛发展和研究深入，越来越多的研究结果开始使用一些贝叶斯模型对自动驾驶汽车行为进行建模。同时，马尔可夫决策(Markov decision process，MDP)、部分可观测马尔可夫决策(partially observable Markov decision process，POMDP)都是在学术界较为流行的自动驾驶汽车行为决策建模方法。

8.3.2 行为预测

行为预测是智能汽车技术框架中的关键技术之一，动态交通环境所带来的不确定性是智能汽车运动规划所面临的巨大的挑战之一，对交通环境中其他交通参与者的运动进行合理的概率预测是保证轨迹规划结果安全、可行的必要保证，它反映了智能汽车对于环境未来变化的理解。

行为预测模块属于智能驾驶汽车系统决策规划层。智能驾驶汽车在进行路径规划时，首先会从环境感知模块中获取周围环境信息以及自身车辆状态信息，然后根据这些信息预测其他动态障碍物未来的运动轨迹。因此，行为预测可以定义为根据交通参与者过去的运动轨迹，预测物体将来某段短时间内的运动轨迹。行为预测主要包括行人运动预测和车辆运动预测，如图8-11所示。

1. 行人运动预测

行人运动预测是指根据行人过去一段时间的轨迹和姿态等信息，预测其未来的轨迹。该技术在自动驾驶和服务机器人导航中都有广泛的应用。与机器不同，行人在决策的过程中有较大的随机性，在完全相同的场景下，不同的人可能会采取完全不同的决策，这使得行

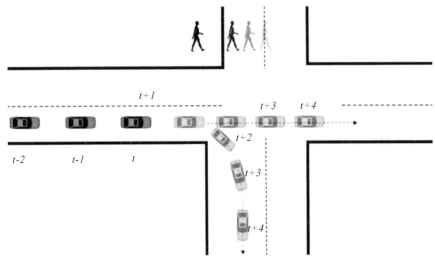

图 8-11 行为预测示意图

人的行为预测难度很大,行人轨迹预测的难点主要有两个:

第一,行人运动主观、灵活,预测难度大。精确预测未来的运动轨迹是一个几乎不可能完成的任务,但是通过观察某个障碍物历史时刻的运动轨迹,可以根据一些算法来大致估计出未来的运动轨迹(最简单的是常速度模型,人突然转向就不管用了)。在实际中,相比于自行车、汽车等模型,行人运动更加主观、灵活,很难对行人建立合理的动力学模型(因为行人可以随时转弯、停止、运动等),这加剧了行人预测的难度。

第二,行人之间的交互复杂又抽象。在实际场景中,某一行人未来的运动不仅受自己意图支配,同样也受周围行人的影响(例如避障)。这种交互非常抽象,在算法中往往很难精确地建模出来。目前,大部分算法都是用相对空间关系来进行建模,例如相对位置、相对朝向、相对速度大小等。

目前对于行人轨迹预测大多采用的思路有:第一,考虑行人之间交互(有局部交互和全局交互);第二,考虑行人背景环境,这个背景环境目前输入信息并不合理,并且造成数据量太大;第三,引入注意力机制;第四,从时空方面考虑;第五,考虑行人意图。

鉴于以上思路,目前行人轨迹预测方法主要包括四类:基于社会力模型、基于隐含马尔可夫模型、基于循环神经网络的方法和基于生成对抗网络的方法。

基于社会力模型的方法是利用引力与斥力的方式对行人进行建模,社会力模型人为确定行人的最终目标,会对行人产生引力,进而吸引行人向目标走,不同目标的行人之间产生斥力进而防止碰撞。这一类模型简单直观,复杂性低,但对模型参数过于敏感,泛化能力差,无法对行人的一些复杂社会性行为进行建模。

将基于社会力模型的方法与交互式高斯过程结合,可以实现预测轨迹概率性的表达。在这种情况下,首先利用高斯过程对每一个行人的轨迹进行预测,然后基于社会力模型的势函数计算该预测的准确概率,从而通过融合社会力模型在预测的过程中考虑了行人之间的相互影响,并概率性地预测未来的轨迹。

基于隐含马尔科夫模型的方法对不同类别行人的轨迹进行时空的概率性建模。在使用基于隐含马尔可夫过程的方式对行人进行建模时，可以使用反向强化学习的方式训练模型参数，进而学习外界静态的物理环境对行人的影响。

基于循环神经网络的方法。考虑一个行人的行为决策不仅与空间位置有关，还与其他行人的运动方向、运动速度有关。例如一个行人可能会提前行动躲避前面一位比较远的与他相对而行的行人，而并不会考虑他后面距离比较近的行人。使用结构化循环神经网络对各个行人建模可以部分地解决这个问题。利用时空关系图来描述各个行人随时间和空间的轨迹变化的规律，时空关系图的每个节点代表每一个行人个体，每个节点与其他节点用空间边相连，与自己用时间边相连，空间边和时间边都用循环神经网络来描述其随时间的变化，最后在每个节点更新时使用注意力机制来融合与其相邻边的信息，该方法可以很好地对时空关系进行建模，但其计算复杂度相对较高。

基于生成对抗网络 S-GAN 的方法也可以进行行人轨迹预测，生成对抗网络模型提出了一种新的池化策略来描述行人之间的影响，并利用生成对抗网络的思想进一步强迫轨迹预测模块预测出符合社会规范的轨迹。

2. 汽车运动预测

汽车行驶运动预测根据预测时间的长短可以分为长期预测与短期预测，涉及意图识别、行为预测和轨迹预测（运动预测）三个层面的内容。一般来说，若能充分考虑汽车的行驶意图，长期运动预测的结果将更加准确。一般认为意图、行为和汽车运动状态三者的抽象程度依次降低，意图为驾驶员做出某种行为的目的，行为是一段连续的运动状态的抽象，而运动状态则是汽车所体现出来的一些运动变量（位置、姿态、速度、加速度等）的集合。

大多数相关研究使用汽车历史轨迹来模拟其行为，基于该行为预测未来轨迹。然而这些研究并未关注可能影响汽车在未来行驶轨迹对应场景中的道路拓扑结构、交通信息等特征。汽车的行驶轨迹是两个因素共同作用的结果：首先是汽车驾驶员的行为，例如反映意图的换道过程；其次是外部环境因素，例如在行驶期间影响汽车轨迹的交通信息（如红绿灯）等。由此衍生出多种不同的轨迹预测思路：基于物理模型的轨迹预测、基于行为模型的轨迹预测、基于神经网络的轨迹预测、基于交互的轨迹预测、基于仿生学的轨迹预测以及多种途径相结合的轨迹预测等。

1）基于物理模型的行为预测

基于物理的运动模型将汽车表示为受物理定律支配的动态实体，使用动力学和运动学模型预测未来运动，将一些控制输入（例如转向、加速度）、汽车属性（例如重量）和外部条件（例如路面的摩擦系数）与汽车状态的演变联系起来。有大量的工作基于物理的汽车运动模型进行轨迹预测，这种方法仍然是道路安全背景下最常用的轨迹预测和碰撞风险评估的方法。

这些汽车模型的复杂程度各不相同，它们的区别在于模型的动力学和运动学表现、如何处理不确定性、是否考虑道路的几何形状等。图 8-12 所示为速度模型下的行为预测，图 8-13 所示为高斯分布下的行为预测。

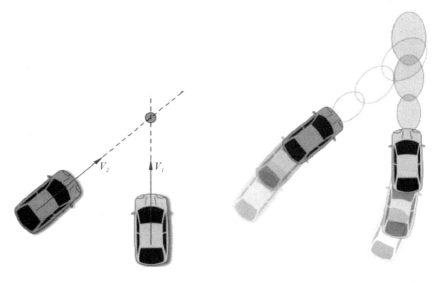

图 8-12　速度模型下的行为预测　　　图 8-13　高斯分布下的行为预测

2) 基于行为模型的轨迹预测

基于行为的模型解决基于物理机理的模型不考虑汽车行为的问题,在这种模型中每辆交通车被看作一个正在进行某种交通行为(如左转、换道)的客观运动目标,基于行为先验信息可以帮助推测未来一段时间内符合某种行为的运动特征,因此可以较为准确地实现较长时间的运动预测。

基于行为模型的轨迹预测方法通常有直接通过原型轨迹来进行预测和先识别驾驶意图再进行预测两种方式。在结构化道路环境下,通常可以根据道路拓扑将汽车的运动轨迹分类为有限轨迹簇,这些轨迹簇通常都对应典型的汽车行为。基于原型轨迹的方法就是将感知到的他车轨迹与先验的运动模式进行匹配,然后根据匹配结果结合原型轨迹来进行运动预测。通常通过学习的方法,对样本轨迹进行分类学习,从而获得原型轨迹。可以通过谱聚类(spectral clustering)方法对采集的轨迹进行分类,也可以通过简单求解样本的均值和标准差来进行分类。在轨迹分类过程中,高斯混合模型(Gaussian mixture model)有很好的表现,其基本思想是在高维空间中投影轨迹,然后使用 GMM 方法,针对轨迹长度进行分类。如果将采集到的轨迹看作离散时间上的多维高斯分布,首先使用 K-Means 均值的方法对汽车的侧向加速度进行分类,然后基于 GMM 来对样本轨迹进行分类,可以求解原型轨迹。

在对运动模式进行建模时,常常利用基于高斯过程(Gaussian processes)的方法。高斯过程可以看作多维高斯分布在无限维的扩展,可以用均值函数和协方差函数唯一确定。对于运动模式而言,高斯过程的均值函数可以很好地表征轨迹的动态变化趋势,而协方差函数则可以表示任意两维之间的关系,因此可以用于根据观察到的历史轨迹来预测交通目标未来的行驶轨迹的情景。高斯过程在表达交通目标的运动模式时对于观测噪声具有较好的鲁棒性。另外,虽然样本轨迹一般为离散的数据,但是基于高斯过程可以对运动轨迹实现完整、连续的概率表达,因此可以根据历史轨迹得到模型范围内任何时间上运动预测的概率分布。

基于原型轨迹的预测方法中，感知到的目标历史轨迹和计算得到的运动模式之间的匹配方法是影响预测准确度的关键。在这个过程中，需要定义一个度量来表征一段轨迹与原型轨迹之间的契合程度，有的方法通过两条轨迹中轨迹点之间的欧几里得距离来表示这度量，有的方法则通过最长共同序列(LCSS)来计算两个轨迹序列之间的相似程度。如果基于高斯过程进行运动模式的建模，那么运动模式的判断通常通过计算感知到的历史轨迹属于某个高斯过程模型的概率来实现。通过卡方统计的方法也可以用于预测高斯过程模型，如将高斯过程和快速搜索随机树(Rapidly-exploring Random Tree, RRT)算法结合，通过搜索树扩张时特性来对运动模式进行筛选，从而求解最终的高斯过程模型。通过使用快速搜索随机树方法，可以实现更高的计算效率。快速搜索随机树本身的特性也帮助克服了传统高斯过程方法未考虑汽车动力学约束的问题。

3) 基于神经网络的轨迹预测

基于物理特征的运动模型易于剖析和进行决策，机器学习方法是对未来趋势的行为猜测，可以更好地进行长期预测。相比通过建立汽车物理模型来分析道路结构、交通规则、驾驶员意图等一系列因素对轨迹预测的影响，用基于大数据学习的方式来对涵盖了上述所有复杂因素的汽车运动轨迹数据进行深度神经网络模型学习，会有更强的表达性，会得到更好的效果。进行轨迹预测之前通常需要对采集到的轨迹数据进行预处理，剔除异常噪声轨迹点，从而提高精度。预处理步骤可以基于轨迹高斯混合模型(GMM)聚类算法。轨迹高斯混合模型首先采用K-Means聚类算法对历史轨迹数据聚类，并初步计算模型参数。根据模型参数种类个数可以初步确定聚类簇数量K，然后利用最大似然估计算法迭代优化K-Means初步聚类结果，最终得到K个聚类簇。同时引入VRP(virtual reference point，虚拟参考点)用于提高模型预测的可靠性。与历史轨迹点结合可以提高预测模型对环境的适应性。VRP信息值可以通过训练得到，而不是通过实体参考点推算得到，避免了因无线信号模型的估计或者推送过程引入的误差。

另外，还有一些方法基于长时间记忆(long short term memory, LSTM)的神经网络对周围汽车的短期驾驶行为进行学习并进行轨迹预测(见图8-14)。该网络接收坐标系下针对周围汽车排好序的传感器测量数据，训练后产生占用栅格地图，地图上包含周围汽车未来时刻可能到达的位置及相应的概率。由于周围汽车信息通过自动驾驶汽车所携带的传感器获取，而自动驾驶汽车自身在不断地运动，因而需要将其速度与航向角(通过车载IMU获取)输入到搭建好的LSTM网络中以补偿汽车运动带来的坐标变化，从而进行轨迹预测。

8.3.3 有限状态机模型

智能驾驶车辆最开始的决策模型为有限状态机模型，车辆根据当前环境选择合适的驾驶行为，如停车、换道、超车、避让、缓慢行驶等，状态机模型通过构建有限的有向连通图来描述不同的驾驶状态以及状态之间的转移关系，从而根据驾驶状态的迁移反应式地生成驾驶动作。

有限状态机(finite-state machine, FSM)模型简单、易行，是无人驾驶领域目前最广泛的行为决策模型，但该类模型忽略了环境的动态性和不确定性，此外，当驾驶场景特征较多时，状态的划分和管理比较烦琐，多适用于简单场景下，很难胜任具有丰富结构化特征的城区道

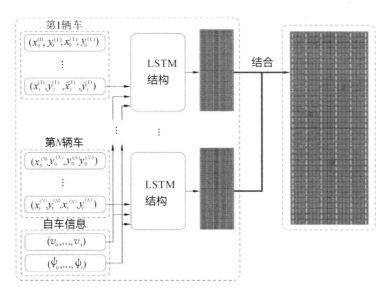

图 8-14 基于 LSTM 神经网络轨迹预测

路环境下的行为决策任务。

1. 有限状态机模型的组成与特点

有限状态机就是一个非常简单的抽象反应系统,它之所以非常简单是因为它只对特定的外界输入产生数量有限的响应,在有限状态机中,我们只能构造有限数量的状态,外界的输入只能让状态机在有限的状态中从一个状态跳到另一个状态。图 8-15 是一个简单的有限状态机流程。

一个有限状态机通常包含如下几部分:

输入集合通常也称刺激集合,包含我们考虑到的状态机可能收到的所有输入。通常我们使用符号 Σ 表示这个集合。一个简单的例子,假设无人车上有启动、停止两个按钮(我们以 a,b 代替,不能同时被按下),那么以这两个按钮为输入的 FSM 的输入集合 $\Sigma=\{a,b\}$。

输出集合即有限状态机能够作出的响应的集合,这个集合也是有限的,我们通常使用符号 Λ 来表示输出集合,很多情况下有限状态机并不一定有输出,即 Λ 可能为空集。

我们通常使用有向图来描述有限状态机内部的状态和转移逻辑,我们使用符号 S 来表示有向图中状态的集合。

有限状态机通常有一个固定的初始状态(不需要任何输入,状态机默认处于的状态),我们使用符号 s_0 表示。

结束状态集合,是状态 S 的子集,也有可能为空集(即整个状态机没有结束状态),通常使用符号 F 表示。

转移逻辑即状态机从一个状态转移到另一个状态的条件(通常是当前状态和输入的共同作用),比如图 8-15 的 Python 状态转移到 Error 状态,需要的条件是:① 状态机处于 Python 状态;② 输入不是"is"。我们通常使用状态转移函数来描述转移逻辑:$\delta:S\times\Sigma\rightarrow S$。

有限状态机可进一步区分为确定型(deterministic)自动机和非确定型(non-deterministic)自动机。在确定型自动机中,每个状态对每个可能输入只有精确的一个转移。在非确

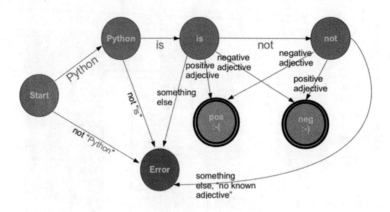

图 8-15 有限状态机流程图

定型自动机中,给定状态对给定可能输入可以没有或有多于一个转移。

当存在很多状态时,有限状态机就有可能变得非常庞大,假设有限转态机有 N 中状态,那么其可能的状态转换就有 $N \times N$ 种,当状态 N 的数量很大的时候,状态机的结构也会变得更加复杂。此外,有限状态机还存在如下几个问题:

(1) 可维护性差。当新增或者删除一个状态的时候,需要改变所有与之相关联的状态,所以对状态机的大幅度的修改很容易出错。

(2) 可扩展性差。当 FSM 包含大量状态时,有向图可读性很差,不方便扩展。

(3) 复用性差。几乎不可能在多个项目中使用相同的 FSM。

这时候就可以使用分层状态机(hierarchical finite-state machine,HFSM)了,把那些同一类型的状态机看作一个状态机,然后再做一个大的状态机,来维护这些子状态机。如图 8-16 所示。

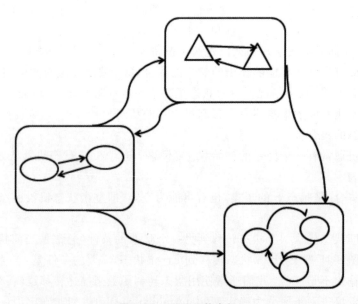

图 8-16 HFSM 状态机

相比于 FSM,HFSM 新增了一个超级状态(super-state),本质上也就是将性质同一类型的一组状态合为一个集合(即图 8-16 中的大方框),超级状态之间也有转移逻辑。这也就意味着 HFSM 不需要为每一个状态和其他所有状态建立转移逻辑,由于状态被归类,类和类之间存在转移逻辑,那么类和类之间的状态转移可以通过继承这个转移逻辑来实现,这里的转换继承就像面向对象编程中通过多态性让子类继承超类一样。

2. 有限状态机模型决策应用

为什么在智能驾驶汽车行为规划层使用状态机呢?智能驾驶汽车的行为规划层从某种程度上来说也是一种反应系统——智能汽车的决策是基于当前所处的状态以及来自感知模块的信息(输入)共同决定的。下面举例说明有限状态机在智能驾驶汽车中应用。

斯坦福大学的 Junior 在 2007 年参加 DARPA 城市挑战赛时,以第二名完成该比赛,Junior 的行为规划系统就是通过分层有限状态机实现的,他们将顶层的驾驶行为分成了 13 个超级状态(也就是图 8-16 中的大方框),每个驾驶行为又对应若干子状态来完成这一行为。顶层行为由一个 FSM 管理,如图 8-17 所示。该系统中 12 种有限状态机控制流程如下所述。

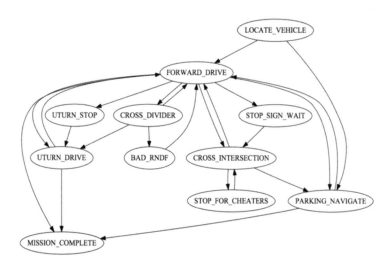

图 8-17 Junior 有限状态机流程图

1) LOCATE_VEHICLE

LOCATE_VEHICLE 是 Junior 的初始状态,即在无人车出发之前确定其在地图中的位置。

2) FORWARD_DRIVE

FORWARD_DRIVE 这个超级状态实际上包含了直行、车道保持和障碍物规避,当不是在停车场(即无道路开放区域)时,这是状态机首选的状态。

3) STOP_SIGN_WAIT

当无人车在停车标志处等待时,进入此状态(停车标志是美国十字路口的常见标志)。

4) CROSS_INTERSECTION

在这个状态下无人车处理十字路口通过这一场景,无人车会等待直到确认能够安全通过。

5) UTURN_DRIVE

在 U 形路线掉头时调用的状态。

6) UTURN_STOP

在 U 形路线掉头前的停车状态。

7) CROSS_DIVIDER

跨过黄线行驶。

8) PARKING_NAVIGATE

停车场内的普通驾驶模式。

9) TRAFFIC_JAM 和 ESCAPE

处理交通阻塞时的两个状态。

10) BAD_RNDF

如果当前道路和预先制路网图不同的时候，即进入该状态，在这个状态下，无人车会采用混合 A* 算法完成车辆的路径规划。

11) MISSION_COMPLETE

当挑战赛（DARPA）结束，无人车进入该状态，即整个状态机的结束状态。

通常，智能驾驶汽车在正常行驶中这个状态机处在普通驾驶模式（即 FORWARD_DRIVE 和 PARKING_NAVIGATE 这两个状态），系统通过黏性检测器（stickiness detectors）来确定是否从普通驾驶状态转移至底层的其他状态，在完成了相应的动作以后行为模块又会回到原来的普通驾驶模式。这样的状态机能够让智能驾驶汽车处理复杂情况。

当前车道路阻塞情况下，车辆会考虑驶入对面车道（即 CROSS_DIVIDER），如果对面车道也被阻塞了，则会启动 U 形转弯（UTURN_STOP/UTURN_DRIVE），此时内部全局路网图（route network definition file，RNDF）也会相应修改，并执行动态规划（dynamic programming），以重新生成 RNDF 值函数。

当十字路口发生交通阻塞时，在等待时间结束以后，会调用混合 A* 算法找出最近出口驱动车辆离开阻塞区域。

当单向道路阻塞时，如果规划失败也会调用混合 A* 算法规划至下一个 GPS 路点。

当某些路点在循环多次以后仍然无法到达，那么跳过这个路点。

当智能驾驶汽车长时间没有取得任何的进展（指比赛的进展），车辆将会调用混合 A* 算法规划出通往附近的 GPS 航点的路径。

8.3.4 马尔科夫决策过程方法

马尔科夫决策法的基本原理是决策者在近期内不能确知某一自然状态出现的概率，但知道各自然状态之间概率分布变化即转移矩阵时，可以根据转移矩阵求出未来环境各自然状态出现的稳定概率，再利用期望值决策法或确定型决策技术选取最佳方案。

马尔科夫决策过程是决策的数学框架，它由五元组 (S, A, P_a, R_a, γ) 组成，如图 8-18 所示。

更新动作函数见式(8-1)所示,其相应的定义如下。

更新动作-函数值

$$Q(S,A) \leftarrow \underbrace{\frac{(1-\alpha)Q(S,A)}{\text{Averaging}}}_{} + \alpha \underbrace{\left[R + \frac{\gamma \max_{a'} Q(S',A')}{\text{Update}}\right]}_{}$$
(8-1)

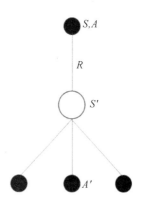

图 8-18 马尔科夫决策过程

式中:S 表示当前状态集合;S' 表示下一时刻状态集合;A 表示行为集合;A' 表示下一时刻行为集合;R 表示奖励函数;γ 表示折扣因子;α 表示权重因子。

1. 自动驾驶车辆的状态空间 S

其状态域的划分应考虑自动驾驶车辆的位置和地图要素。在位置维度,自动驾驶车辆可将周围空间划分为固定长度和宽度的网络。在地图维度,可以创建不同地图对象组合的状态空间,例如包含车辆所处位置当前和相邻的车道。

2. 行为决策输出空间 A

行为决策输出空间是一组包含所有可能行为运动的组合,其一般是固定的。比如当前车辆的行为决策无非就是以下几种:跟随当前车道车辆、切换车道到相邻车道、左转/右转、减速让行、红绿灯或人行横道前停车、超车道超车。

3. 状态转移概率

$P_a(S,S') = P(S'|S,a)$ 为状态转移概率,表示自动驾驶处于状态 S,采取决策行动 a 时,到达 S' 的概率值。

4. 奖励函数

$R_a(S,S')$ 为奖励函数。表示通过采取决策行动 a 时从状态 S 转移到状态 S' 时的奖励值,该奖励表示了我们如何评估其状态转换的综合度量,故其值中应该充分考虑和体现的因素包括:安全性、舒适性、达到目的的便利性、执行难度等。这里需要注意的是,当每帧期望下的奖励函数是一个不确定的随机变量时,就需要针对其计算的总体期望值进行策略优化,求得累积奖励函数 $V(S_t)$ 的最大化值表示见公式(8-2)所示:

$$V(S_t) = \sum_{t=0}^{\infty} \gamma^t R_{at}(S_t, S_{t+1})$$
(8-2)

5. 折扣因子 γ

折扣因子必须确保当前帧相同量的回报总比未来帧的回报更有价值,故折扣因子应该按照时间帧顺序进行指数型衰减,如公式(8-3)所示。

$$\gamma_t = \gamma_0^t$$
(8-3)

解决 MDP 问题的关键是找到一个最优策略,表示为 $\pi:S \rightarrow A$,使给定回报函数 R 的折扣回报期望总和最大化。这里需要根据给定的任何状态,按照对应策略计算一个行为决策 $a=\pi(s)$。而最终制定的每帧策略可以将 MDP 过程看成是一个马尔科夫链。对于寻找优化行动策略 a 的输出方法通常是基于动态规划,假设概率矩阵 P 和奖励函数矩阵 R 是已知的,则策略优化方法是在所有可能的状态中对 (S,S') 间进行重复迭代计算得到如下两个状态数组的收敛,见式(8-4)、式(8-5)。

$$\pi(S_t) \leftarrow \arg\max\left\{\sum_{S_{t+1}}^{\infty} P_a(S_t, S_{t+1})[R_a(S_t, S_{t+1}) + \gamma V(S_{t+1})]\right\} \quad (8-4)$$

$$V(S_t) \leftarrow \sum_{S_{t+1}}^{\infty} P_\pi(S_t, S_{t+1})[R_\pi(S_t, S_{t+1}) + \gamma V(S_{t+1})] \quad (8-5)$$

以上 MDP 的收敛方法有很多种,其重要的思想都是建立 MDP 决策系统中的优质奖励函数 $R_a(S, S')$,确保满足如下几个方面:

(1) 路径导向移动至目的地:设置策略选择的运动决策 $a = \pi(S)$ 应该尽量确保本车参照前端路径规划模块移动至目的地,当运动决策使得本车偏离规划路径时,相应的奖励函数值将被降低,也即当前移动应该给予惩罚。反之,相应的奖励函数值会被提高。

(2) 以避撞为前提的移动:自动驾驶的移动微观上可看成将整个移动平面空间划分为许多不同的网格阵列,当运动决策规划的移动使得本车移动至容易发生碰撞的位置,则该行动策略所产生的奖励函数值将被降低,也即当前移动应该给予惩罚。

(3) 确保驾驶体验感:对于自动驾驶车辆来说,需要考虑驾驶过程的舒适性、平顺性,尽量避免产生剧烈的操作行为,此项可能引起驾驶员对于体验评价得分的降低,进而影响奖励函数值的输出。比如前端规划纵向加速度时尽量避免因突发状况出现时导致本车急减速。

马尔科夫决策的动态过程如图 8-19 所示。智能汽车的初始状态为 s_0,然后从 A 中挑选一个动作 a_0 执行,执行后按 P_{sa} 概率随机转移到了下一个 s_1 状态,$s_1 \in P_{s_0 a_0}$。然后再执行一个动作 a_1,就转移到了 s_2,接下来再执行 $a_2\cdots$。

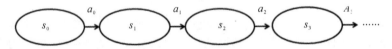

图 8-19 状态转移过程

如果回报 r 是根据状态 s 和动作 a 得到的,则马尔科夫决策过程还可以如图 8-20 所示。

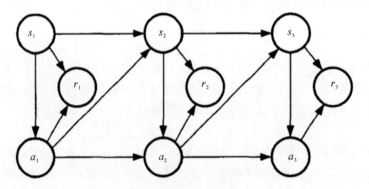

图 8-20 MDP 决策过程

8.4 运动规划

8.4.1 运动规划概述

运动规划即为局部路径规划,其本意是根据决策输出的意图在相关时空中搜索出(优化出)一条具有详细路径、速度信息的轨迹,并将轨迹发送给控制模块去跟踪,此轨迹一般在几米到几十米范围内。本质是一个多目标的数学优化问题。

智能汽车行为决策层决定要在当前环境中执行驾驶行为时,比如:巡航车道、改变车道或右转,所选择的行为必须被转换成路径或轨迹,可由下一级的反馈控制器跟踪。所产生的路径或轨迹必须满足车辆动力学约束的,对乘客来说是舒适的,并且避免与车载传感器检测到的障碍物的碰撞。寻找这样的路径或轨迹的任务是运动规划系统的职责。

运动规划模块负责计算从车辆的当前构型到决策层级的行为层提供的目标构型的安全、舒适且动态可行的轨迹。环境不同时,目标构型可能不同。例如,目标位置可以是当前车道的中心点,即行进方向前方的数米,下一个交叉点处的停止线的中心,或下一个期望的停车位。运动规划组件接收关于车辆周围的静态和动态障碍物的信息,并产生无碰撞轨迹,其满足对车辆运动的动力学和运动学约束。通常,运动规划模块也最小化给定的目标函数。除了旅行时间之外,目标函数还可以是危险运动或导致乘客不适的运动的惩罚函数。在典型设置中,运动规划模块的输出被传递到本地反馈控制层。反过来,反馈控制器产生输入信号以调节车辆以遵循该给定的运动规划。

车辆的运动规划可以采用路径或轨迹的形式。在路径规划坐标系内,可行路径表示为函数 $\sigma(\alpha:[0,1]) \to X\sigma(\alpha:[0:1]) \to X$,其中 X 是车辆的构型空间。此类解决方案未规定应如何跟踪此路径,并且可以选择路径的速度规划方式或将此任务委派给决策层次结构的下一层。在轨迹规划框架内,控制执行时间需要明确考虑。这种考虑必须在车辆动力学和动态障碍物进的允许范围内。在这种情况下,可行轨迹表示为时间参数化函数 $\pi(t)[0:T] \to X\pi(t)[0:T] \to X$,其中 T 是规划周期。与路径不同,轨迹规定了车辆构型如何随时间演变。

运动轨迹规划系统根据行为决策的结果以及车辆的行驶状态和环境信息,考虑时间因素,规划出车辆的行驶轨迹。规划的轨迹包括和时间相关的速度、加速度、行驶时间、燃油消耗量等状态和控制量,并将轨迹信息传给运动控制系统,运动控制系统接收到规划轨迹的详细信息以后,对车辆的姿态进行控制使其沿着规划轨迹进行循迹行驶,以达到对智能车辆自动控制的目的。

运动轨迹规划是运动控制的前提。因此,要对某种驾驶行为实施控制,首先要根据车辆的行驶状态和道路信息规划出期望的运动轨迹,并从中提取需要的轨迹参数提供给后续跟踪控制器,以便于控制器能够控制车辆按照规划的轨迹行驶。

运动轨迹规划一般首先生成路径,然后在路径的基础上考虑时间因素及车辆的运动学和动力学模型,通过平滑和速度规划等步骤得到开环的运动轨迹。但是对车辆沿着规划轨迹行驶的稳定性分析也存在一定的困难,即运动控制能否控制车辆准确地沿着规划轨迹行驶而不发生侧滑或侧翻等达不到行驶稳定性要求的问题。

8.4.2 运动规划算法

运动规划算法包括基于曲线拟合算法、基于 Frenet 坐标的多项式运动规划、人工势场算法等方法。

1. 基于曲线拟合算法

1）余弦曲线

在起始位置和终点位置二次导数取最大值（加速度为最大值），舒适性差。

2）多项式曲线

多项式曲线可避免圆弧直线路径中曲率不连续的问题,达到曲率连续变化的目的。

3）圆弧及公切线

圆弧及公切线路径曲率不连续,车辆到达曲率间断点处时需停车转向,否则因方向盘转速和车速的影响,车辆将偏离目标路径。

4）贝塞尔曲线

贝塞尔曲线对路径进行平滑处理,达到曲率变化率连续性。

5）B 样条曲线

B 样条曲线对路径进行平滑处理,达到曲率变化率连续性;

2. 基于 Frenet 坐标的多项式运动规划

在笛卡儿坐标系下,用 (x,y) 表示一个点,但是在自动驾驶过程中,还是希望以驾驶员视角,以车道线为参考线,相对自车,来构建一个坐标系,这就是 Frenet 坐标系。如图 8-21 所示,车辆的位置在迪卡儿坐标系下的坐标为 (x,y),那么在 Frenet 坐标系下表示该位置为 (s,d)。这里的 d 表示车辆位置到参考线的法向距离,s 表示起点到参考点的距离（注意这里是曲线长度）。

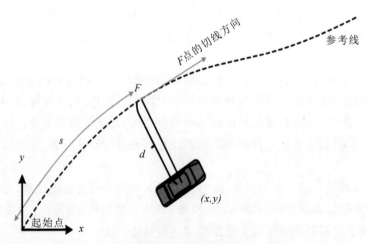

图 8-21 Frenet 坐标系

首先 Frenet 坐标与迪卡儿坐标转化,明确转换目标为

$$[s,\dot{s},\ddot{s};d,\dot{d},\ddot{d}/\,d',d''] \to [X,\theta_x,k_x,v_x,a_x]$$

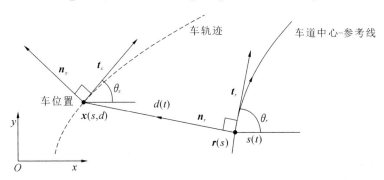

图 8-22　坐标转化示意图

如图 8-22 所示,在某个位置,车的位置为 (s,d),其中向量

$$t_r = (\cos\theta_r, \sin\theta_r)$$
$$n_r = (-\sin\theta_r, \cos\theta_r)$$
$$n_x = (-\sin\theta_x, \cos\theta_x)$$
$$t_x = (\cos\theta_x, \sin\theta_x)$$
$$x = (x,y)^\mathrm{T} = x(s(t),d(t))$$

可以进一步推导为

$$x(s(t),d(t)) = r(s(t)) + d(s(t))n_r(s(t))$$

其中的 $r(s(t))$ 就是参考点在迪卡儿坐标系下的坐标,因此根据 $d(s(t))$ 很容易得到当前车辆坐标。

$$d = (x-r)^\mathrm{T} n_r \tag{8-6}$$

通过式(8-6)对时间 t 求导:

$$\dot{d} = [\dot{x}-\dot{r}]^\mathrm{T} n_r + [x-r]^\mathrm{T} \dot{n}_r = v_x t_x^\mathrm{T} n_r - \dot{s}\,t_x^\mathrm{T} n_r - \dot{s}\,k_r\,[x-r]^\mathrm{T} t_r \tag{8-7}$$

其中,$\theta'_r = \dfrac{\mathrm{d}\theta_r}{\mathrm{d}s_r} = k_r$,$\Delta\theta = \theta_x - \theta_r$

$$\dot{d} = v_x t_x^\mathrm{T} n_r = v_x \sin\Delta\theta \tag{8-8}$$

对 d 进一步求导得:

$$d' = \frac{\mathrm{d}}{\mathrm{d}s}d = \frac{\mathrm{d}t}{\mathrm{d}s}\frac{\mathrm{d}}{\mathrm{d}s}d = \frac{1}{\dot{s}}\dot{d} = \frac{1}{\dot{s}}v_x\sin\Delta\theta = \frac{1}{\dot{s}}\sqrt{(1-k_r d)^2\,\dot{s}^2 + \dot{d}^2}\sin\Delta\theta$$

推得:

$$d' = (1-k_r d)\tan\Delta\theta$$
$$\theta_x = \theta_r + \arctan\frac{d'}{1-k_r d}$$

可得:

$$(x-r)^\mathrm{T} t_r = 0 \tag{8-9}$$

由式(8-9)对事件 t 求导得:

$$0 = [\dot{x} - \dot{r}]^T t_r + [x-r]^T \dot{t}_r = (v_x t_x - \dot{s} t_r)^T t_r + \dot{s}(x-r)^T \dot{t}_r$$

$$0 = v_x t_x^T t_r - \dot{s} + \dot{s} d k_r = v_x \cos(\Delta\theta) - \dot{s}(1-k_r d)$$

$$\frac{v_x}{\dot{s}}\cos(\Delta\theta) - 1 + k_r d = 0$$

$$v_x = \dot{s}\frac{(1-k_r d)}{\cos(\Delta\theta)} \tag{8-10}$$

一般直接对速度事件求导，即可得到加速度：

$$a_x = \dot{v}_x \tag{8-11}$$

通过三帧转为全局坐标，然后三点确定一个圆，即可得到曲率半径 k_x。

为了保证舒适度，基于 Frenet 坐标系一般采用五次多项式来保证横纵向的加速度连续，因此有：

$$f(t) = c_0 + c_1 t + c_2 t^2 + c_3 t^3 + c_4 t^4 + c_5 t^5 \tag{8-12}$$

其中：$f(t)$ 可以表示 $s(t)$ 或 $d(t)$。

该多项式有 6 个未知参数，因此要想确定一个五次多项式，必须知道起点的位置、速度、加速度以及结束点的位置、速度、加速度。

起点位置：

$$f(t_s) = c_0 + c_1 t_s + c_2 t_s^2 + c_3 t_s^3 + c_4 t_s^4 + c_5 t_s^5$$

起点速度：

$$\dot{f}(t_s) = c_1 + 2c_2 t_s + 3c_3 t_s^2 + 4c_4 t_s^3 + 5c_5 t_s^4$$

起点加速度：

$$\ddot{f}(t_s) = 2c_2 + 6c_3 t_s + 12c_4 t_s^2 + 20c_5 t_s^3$$

结束点位置：

$$f(t_e) = c_0 + c_1 t_e + c_2 t_e^2 + c_3 t_e^3 + c_4 t_e^4 + c_5 t_e^5$$

结束点速度：

$$\dot{f}(t_e) = c_1 + 2c_2 t_e + 3c_3 t_e^2 + 4c_4 t_e^3 + 5c_5 t_e^4$$

结束点加速度：

$$\ddot{f}(t_e) = 2c_2 + 6c_3 t_e + 12c_4 t_e^2 + 20c_5 t_e^3$$

转化为矩阵可得：

$$\begin{bmatrix} 1 & t_s & t_s^2 & t_s^3 & t_s^4 & t_s^5 \\ 0 & 1 & 2t_s & 3t_s^2 & 4t_s^3 & 5t_s^4 \\ 0 & 0 & 2 & 6t_s & 12t_s^2 & 20t_s^3 \\ 1 & t_e & t_e^2 & t_e^3 & t_e^4 & t_e^5 \\ 0 & 1 & 2t_e & 3t_e^2 & 4t_e^3 & 5t_e^4 \\ 0 & 0 & 2 & 6t_e & 12t_e^2 & 20t_e^3 \end{bmatrix} \begin{bmatrix} c_0 \\ c_1 \\ c_2 \\ c_3 \\ c_4 \\ c_5 \end{bmatrix} = \begin{bmatrix} f(t_s) \\ \dot{f}(t_s) \\ \ddot{f}(t_s) \\ f(t_e) \\ \dot{f}(t_e) \\ \ddot{f}(t_e) \end{bmatrix}$$

设定：

$$M = \begin{bmatrix} 1 & t_s & t_s^2 & t_s^3 & t_s^4 & t_s^5 \\ 0 & 1 & 2t_s & 3t_s^2 & 4t_s^3 & 5t_s^4 \\ 0 & 0 & 2 & 6t_s & 12t_s^2 & 20t_s^3 \\ 1 & t_e & t_e^2 & t_e^3 & t_e^4 & t_e^5 \\ 0 & 1 & 2t_e & 3t_e^2 & 4t_e^3 & 5t_e^4 \\ 0 & 0 & 2 & 6t_e & 12t_e^2 & 20t_e^3 \end{bmatrix}, O = \begin{bmatrix} f(t_s) \\ \dot{f}(t_s) \\ \ddot{f}(t_s) \\ f(t_e) \\ \dot{f}(t_e) \\ \ddot{f}(t_e) \end{bmatrix}$$

可得：$C = M^{-1}O$，求 M 的逆，即可求得多项式的系数。

根据图 8-23 智能汽车行驶示意图可知，基于 Frenet 坐标多项式规划的横向动作如图 8-24 所示，基于 Frenet 坐标多项式规划的纵向动作如图 8-25 所示。

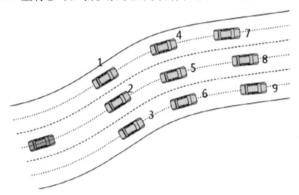

图 8-23　智能驾驶汽车行驶示意图

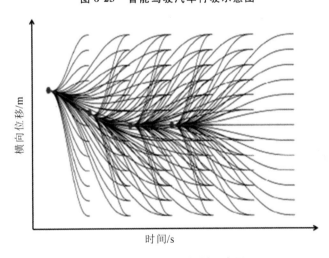

图 8-24　横向位置规划示意图

关于横纵向路径规划生成轨迹，最核心的是规划起始点以及结束点的位置、速度、加速度。

3. 基于人工势场的算法

人工势场算法原理：假设车辆在一种虚拟力场下运动，车辆的初始点在一个较高的"山

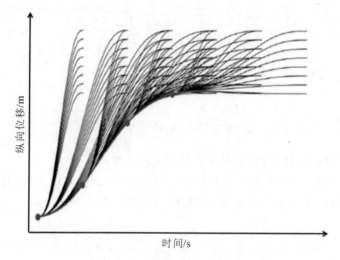

图 8-25 纵向位置规划示意图

头"上,要到达的目标点在"山脚"下,这就形成了一种势场,车辆在这种势的引导下,避开障碍物,到达目标点。其原理如图 8-26 所示。

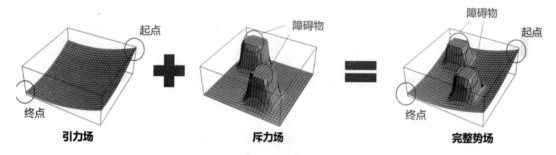

图 8-26 人工势场算法原理示意图

引力场:

$$U_{\text{att}}(q) = \frac{1}{2}\xi\rho^2(q \cdot q_{\text{goal}}) \tag{8-13}$$

式中:ξ 表示尺度因子;$\rho(q \cdot q_{\text{goal}})$ 表示距离目标点的距离。

斥力场:

$$U_{\text{rep}}(q) \begin{cases} \frac{1}{2}\eta\left(\frac{1}{\rho(q \cdot q_{\text{obs}})} - \frac{1}{\rho_0}\right)^2 & \text{if} \rho(q \cdot q_{\text{obs}}) \leqslant \rho_0 \\ 0 & \text{if} \rho(q \cdot q_{\text{obs}}) > \rho_0 \end{cases} \tag{8-14}$$

式中:η 为斥力尺度因子;$\rho(q \cdot q_{\text{obs}})$ 为车辆与障碍物之间距离;ρ_0 为障碍物的影响半径。

完整势场:

$$U(q) = U_{\text{att}}(q) + U_{\text{rep}}(q)$$

人工势场法是由 Khatib 于 1986 年提出的。该算法是假设目标点会对自动驾驶车辆产生引力,障碍物对自动驾驶车辆产生斥力,从而使智能驾驶车辆沿"势峰"间的"势谷"前进。这种算法的优点就是结构简单,有利于底层控制的实时性,可大大减少计算量和计算时间,并且生成相对光滑的路径,利于保持自动驾驶车辆的稳定性。算法的缺点是有可能陷入局部最优解,难以对规划出的路径进行车辆动力学约束,复杂环境下的势场搭建也比较棘手。

人工势场算法的基本步骤如下,首先搭建势场(见图 8-27),包括障碍物势场以及目标点势场,然后通过求势场负梯度,得到车辆在势场中所受的障碍物斥力以及目标点引力。将所受的所有障碍物斥力与目标点引力叠加,就可以得到车辆在势场中任意位置的受力情况,最后根据合力情况不断迭代更新位置,就可以得到从起始点到终点的完整路径(见图 8-28)。

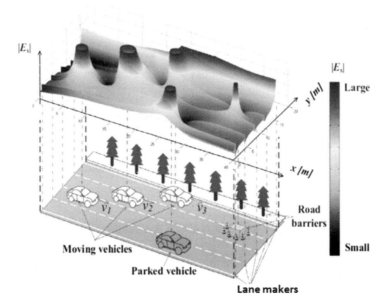

图 8-27 基于人工势场法搭建的势能场简图

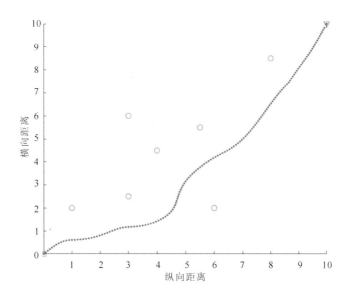

图 8-28 基于人工势场法规划的路径点

4. 端到端的方法

端到端(end to end)的方法通常采用深度学习或者深度强化学习进行。端到端方法输入到输出的映射有两种，一种是输入图像等感知信息到输出方向盘转角等控制量，另一个是感知信息到车模的状态量，如速度、坐标等，二者均需要大量的数据做支撑，通常在做网络训练时，会将图像进行随机平移旋转等操作，以此进行数据扩充。如图 8-29 为端到端学习网络路控制流程示意图。

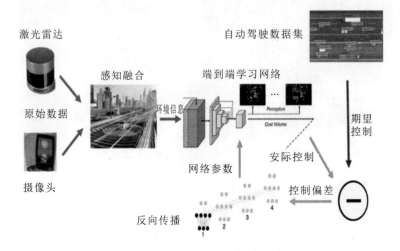

图 8-29　端到端学习网络控制流程

练习题

1. 简述什么是路由寻径。
2. 简述路由寻径的方法。
3. 简述行为决策与路由寻径的关系。
4. 简述行为决策的几种方法。
5. 简述行为预测作用。
6. 简述动作规划算法。

第 9 章 智能汽车运动控制技术

【教学目标】
通过对本章的学习,学生能够掌握智能汽车的运动控制系统,掌握智能汽车的纵向运动控制、横向运动控制、线控运动控制、线控转向控制以及智能汽车运动控制发展趋势等。

9.1 智能汽车运动控制系统

9.1.1 概况

智能网联汽车的车辆控制技术,是在环境感知技术的基础上,根据决策规划出目标轨迹,通过电机或发动机与传动系统、汽车运动学模型、汽车动力学模型、轮胎模型与不同的控制器算法结合,使车辆纵向和横向控制系统配合,控制车辆能够跟踪目标轨迹准确稳定行驶,同时使车辆在行驶过程中能够实现车速调节、车距保持、换道、超车等基本操作。

运动控制涉及工业、医疗等各个领域。智能汽车运动控制仅仅是被细分的一个运用领域。智能汽车横向运动控制最初是由美国通用汽车公司和美国无线电公司在 20 世纪 50 年代末合作开发的,目的是解决自动化公路系统车辆自动驾驶问题。从那时起,智能汽车运动控制问题便得到了学者的广泛研究,从经典控制理论、现代控制理论,到如今的智能控制理论研究,逐渐转型升级,衍生出众多的适应时代需求的控制方法。模糊控制方法不需要建立精确的数学模型,鲁棒性强,但需要不断切换输出比例因子,易引起算法震荡甚至收敛困难;神经网络控制方法拥有较强的处理非线性系统的能力,鲁棒性强,但控制算法较为复杂,应用范围受到限制;鲁棒控制方法稳定性好,但需要对系统进行精确建模,对于非线性系统来说,实现精确建模往往较为困难;最优控制方法是在一定的限制条件下实施控制,对于参数时变以及高度非线性系统,难以达到较好的控制效果。因此,伴随着研究的深入,能够满足智能汽车行驶环境复杂、时滞性、高度非线性的衍生运动控制方法逐渐被人们所接受,主要包括基于比例-积分-微分(PID)控制的运动控制方法、基于模型预测的运动控制方法和基于神经网络的自适应滑模控制方法。

9.1.2 智能汽车运动控制发展趋势

随着汽车智能化的不断提升,对控制精度和实时性的要求日益增长。感知系统的增强使得信息获取更加丰富及时,对运动规划与控制而言则是机遇和挑战并存。先进的通信技术会促进智能汽车的运动规划与控制的发展;而车辆动力学系统本身存在着大量非线性、强耦合特性,以及多源时滞异构现象。因此,如何解决上述问题并构建适用于智能汽车的运动规划与控制系统框架和方法,仍有待进一步研究和突破。对未来可能发展方向的初步展望如下:

1. 运动规划领域

1)考虑更为真实的动力学模型和实际约束

随着车辆运动规划研究的深入,对于车辆模型和约束的简化已成为制约规划性能提升的瓶颈所在。为了进一步释放规划方法对车辆性能提升的潜力,需要引入更为真实的动力学模型和实际约束,以在复杂动态环境中保证性能优越性和鲁棒性。

2)考虑通信损失和网络安全影响

多车协同运动规划在很大程度上基于V2X通信,但这容易受到诸如时间延迟和数据包丢失等通信障碍的影响。此外,干扰、V2X数据注入和车辆传感器操纵等网络攻击也会损害多车协同系统的性能。因此设计应对通信损失和网络风险的强鲁棒抗干扰规划技术至关重要。

3)考虑混合交通场景下的应用

现有研究中的大多数文献都仅围绕只有智能网联汽车的场景展开研究,但是由于技术和成本限制,多种类型车辆(智能网联车辆、智能车辆、网联车辆、传统驾驶车辆)共存的混合交通场景势必会存在很长一段时间。考虑到环境中其他车辆类型导致的不确定性,适用于纯智能网联车环境的协同规划策略不一定适用于混合交通环境。因此,解决混合交通场景下多源不确定性扰动共存的多车协同规划问题急需开展进一步研究。

2. 运动控制领域

1)融合多源感知信息的参数估计方法

多源感知信息为车辆动力学重要参数估计提供了新的选择,可充分利用环境、道路与交通信息,开发适用于智能汽车的参数估计体系,获取更准确的动态实时参数,提升车辆动力学控制性能。

2)融合环境预知信息的综合控制技术

感知信息的提前预知,将促进预见控制技术发展。如何准确构建融合感知信息的横、纵向综合控制系统,结合车辆非线性、多耦合特性,建立耦合与解耦机制,并考虑时滞补偿,仍需要进一步探索。

3)兼顾控制性能与实时性的多模型集控制

智能汽车为适应复杂多变的现实环境并满足实时性要求,往往需要使用多种控制策略与模型。如何构建横、纵向综合控制模型集,并确定合适的切换策略,将是实现实时动态控制的关键问题。

4)基于车路协同技术的多目标综合协同优化控制

车路协同技术发展将促进智能汽车运动控制与多车协同控制进一步发展。如何利用先进通信技术处理智能汽车与多车队列、智能交通系统,以及电网系统的信息交互,并考虑通信时滞、网络安全等问题,实现多目标综合协同优化控制,将是需要重点突破的方向。

9.2 智能汽车纵向运动控制技术

智能汽车的运动控制分为横向控制和纵向控制。横向控制是指通过对自动转向系统的控制,实现智能汽车的路径跟踪;纵向控制是指通过对油门和制动的协调,实现对期望车速的精确跟随。

智能汽车的纵向控制是指控制实际车速按照期望车速行驶,即通过控制制动、油门、挡位等实现对车速的控制以及本车与前后车或障碍物距离的自动控制,要求车辆在行驶过程中保证一定的舒适性、安全性和平稳性。常用两种控制策略:一种是直接式控制,一种是分层式控制。直接式纵向控制器的输入为期望距离或速度,输出为期望制动压力和节气门开度;分层式纵向控制器的输入为期望距离或速度,通过上位控制器转化为期望加速度,继而通过下位控制器得出期望制动压力和节气门开度。

9.2.1 直接式控制

直接式控制是通过根据特定方法设计好的纵向控制器对油门开度和制动压力进行控制,使其按照期望的要求进行。直接式纵向控制器的输入为期望距离或速度,输出为期望制动压力和节气门开度;直接式控制策略直接通过一个单独的纵向控制器对车速进行控制,具有集成度高、响应快等特点。图9-1所示为直接式纵向控制系统。

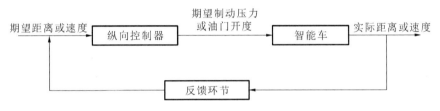

图 9-1 直接式纵向控制系统

直接式控制架构是基于纵向速度自适应调节策略,综合考虑纵向滑移率和滑转率、能耗最优目标,以及乘客舒适性等要求,直接输出控制执行器动作的指令,如驱动/制动力矩分配等。直接式控制研究方法主要有多目标综合优化方法、神经网络方法等。直接式控制的优势在于可方便地进行多目标综合分析,得出最优化的控制输出,但缺点在于计算量较大,实时性难以保证。

9.2.2 分层式控制

考虑到智能汽车纵向控制受多种不确定因素的影响,如轮胎纵向滑移率和滑转率、动态目标和障碍物的实时变化,以及车辆实时状态的波动等,为兼顾控制性能和实时性,有学者提出分层式控制架构用于智能汽车纵向控制。当前的分层式控制架构多是将纵向控制分为上层策略层和下层执行层,如图9-2所示。上层主要根据多性能指标设计控制策略,输出期望加速度或期望驱动/制动力矩;而下层主要是根据上层控制输出,设计扭矩分配策略与执行器控制策略,控制驱动与制动系统运行。

分层式控制分为上位控制器和下位控制器。上位控制器一般为间距控制策略,通过智能车辆的传感系统将得到的车辆间距及自车速度等车辆状态进而得到车辆的期望速度及期望加速度。下位控制器为加速或者制动控制器,通过上位控制器输出的期望速度和期望加速度来控制节气门开度和制动压力,得到加速或制动指令对车速进行控制。分层式控制策略对油门和制动分层调控,开发相对简单。

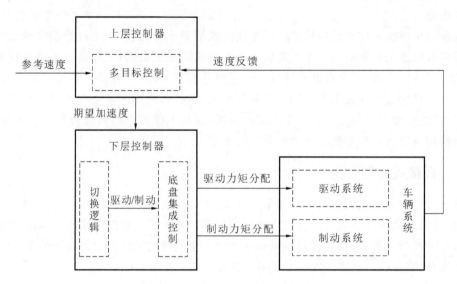

图 9-2 分层式纵向控制架构简图

分层式控制架构相比直接式控制架构,具有灵活度高,实时性好等优势。如何做好策略层与执行层之间的协调与融合,是分层式控制架构的关键。为了应对高级别智能驾驶的发展需求,设计融合 ACC/CACC/CA 等控制系统的上层策略层亦是需要重点关注的地方。

9.3 智能汽车横向运动控制技术

智能车辆的横向运动控制主要用于对车辆方向盘的控制,是车辆通过传感器设备获取外部环境信息,按照选定的控制算法对智能车辆转向系统进行控制,使车辆沿着期望路径行驶,以减少跟踪误差,同时保证车辆行驶的稳定性和舒适性。横向运动控制是指按照设定的控制逻辑,沿期望路径自主行驶,通常需要预瞄一定距离,考虑车辆系统的非线性和不确定性设计控制策略。有两种基本设计方法:一种是模仿驾驶员,比如通过简易动力学模型和驾驶员操纵规则设计控制器,或者通过驾驶员操纵数据训练驾驶员模型;另一种是借助精确的横向动力学模型实现控制。

PID 控制、模型预测控制、滑模变结构控制和基于神经网络的自适应滑模控制这三种算法是现有研究中主要使用的算法。

9.3.1 PID 控制方法

PID 控制器以其结构简单、易实现且能达到较好的控制效果,广泛应用于控制领域。经典的 PID 控制由比例单元 P、积分单元 I 和微分单元 D 组成,其反馈控制原理如图 9-3 所示。首先对输入误差 e 进行比例、积分、微分运算,运算后的叠加结果 u 作为输出量以控制被控对象,同时被控对象融合当时状态输出反馈信号 y,再次与期望值进行比较,得到的误差 e 再次进行比例、积分、微分调节,如此循环进行,直至达到控制效果。对于 PID 控制器的设计,关键问题是关于比例控制参数 KP、积分控制参数 KI 以及微分控制参数 KD 的整定,参数超调、参数能否快速响应以及是否消除静态误差,都取决于参数的整定问题。传统的参数整定依赖于经验试凑法,对于高度非线性、强耦合的智能汽车来说,不能很好地满足其控制要求,因此,近年来 PID 结合模糊控制、神经网络控制以及人工智能等对参数整定进行优化,对智能汽车进行融合控制,可以进一步提升控制效果。

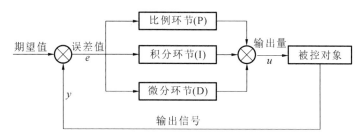

图 9-3　PID 反馈控制原理框图

9.3.2　模型预测控制方法

模型预测控制(MPC)由三部分组成,包括预测模型、反馈校正和滚动优化。其中,预测模型具有预测功能,它可以通过系统当前时刻的输入及过去时刻的历史信息,预测系统未来的输出值;反馈校正的功能是对于预测模型输出的理想预估值考虑现实过程的非线性和干扰等不确定因素对预测输出值进行修正;滚动优化是通过使选定的性能指标的最优化来对未来的控制作用进行确定,是一种滚动式的有限时域优化策略。模型预测控制算法的基本原理清晰明了,建模方便,不需要深入了解内部机理即可获取;此外,模型预测算法中的滚动优化部分,可以较好地动态控制其性能。

MPC 起源于工业界,目的是解决 PID 控制不易解决的多变量、多约束的优化问题,具有处理线性和非线性模型,同时观察系统约束和考虑未来行为的能力,近年来广泛用于智能汽车路径跟踪控制。MPC 主要由预测模型、滚动优化和反馈调整 3 部分组成,基于 MPC 的控制器原理如图 9-4 所示。MPC 控制器结合预测模型、目标函数和约束条件进行最优化求解,得到当时的最优控制序列 $u^*(t)$,并将其输入被控平台,被控平台按照当前的控制量输出 $y(t)$ 对被控对象进行控制,然后将当前的状态量观测值 $x(t)$ 输入状态估计器,状态估计器对于无法通过传感器观测到或者观测成本过高的状态量进行估计,将估计的状态量 $x'(t)$ 输入 MPC 控制器,再次进行最优化求解,如此循环,构成闭环反馈控制系统。依据预测模型的形式将 MPC 分为线性时变模型预测控制和非线性模型预测控制两种。

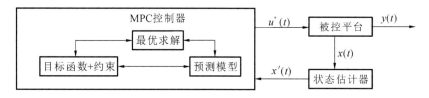

图 9-4　模型预测控制原理框图

9.3.3　基于神经网络的自适应滑模控制

神经网络算法起源于神经元学说。该算法需要通过一定的学习准则进行学习,准则一般为若算法做出错误判决时进行记录,进而控制其在学习后不会出现同样错误的可能。滑模控制作为一种特殊的非线性控制系统,其原理为:根据系统需要的各种特征来设计系统的切换超平面,设计好切换超平面后分两个阶段;第一阶段是滑模控制器控制系统状态量从切换超平面外向切换超平面约束,第二阶段是到达切换超平面的系统状态量沿着切换超平面到达系统目标点。滑模控制是一种快速响应的控制方式,它可以根据系统状态量的动态变化来设置滑动模态,实现较为简单且有较强的鲁棒性。

针对智能汽车对于参数变化和未知的外部干扰,滑模控制方法可以获得满意的跟踪性能,但在基于模型的控制器设计中,由于模型简化过程中产生误差,使得控制质量下降,因此引入神经网络对各种不确定扰动进行建模和估计,以此进行动态控制器的设计。

9.3.4 智能汽车横纵向协同控制

在车辆的实际行驶过程中,只进行横向控制或纵向控制仅仅适用于车辆行驶于某一时刻或者某一单一工况。因此,在超车、掉头及转弯等稍复杂的工况下,需要横、纵向控制综合进行。智能车辆横纵向动力学存在耦合关联特性,控制器的设计可综合考虑横纵向协同控制。现有的横纵向协同控制多为先解耦分别设计横纵向控制规律,再设计协调横纵向运动的控制规律。

根据控制架构的不同,可将智能汽车横纵向综合控制分为协同式综合控制和耦合式综合控制。协同式综合控制指的是未建立横纵向耦合动力学模型,横、纵向控制算法根据各自模型进行独立设计,通过设置状态交互来协调横纵向运动控制。此方式优势在于无需建立复杂模型,求解效率高,实时性较好,且系统构建较为灵活,易于实施。因此,协同式综合控制架构在考虑强非线性动力学特性的研究,结合V2X通信优势的研究,以及在多车队列控制的研究等均有成功应用。但由于没有对横纵向耦合机理进行深入探究,不能全面地反映真实的横纵向运动之间的关系,因而会在某些情况下出现控制性能退化,如大转向角、连续弯道或车速快速大幅波动等。耦合式综合控制指的是根据横、纵向耦合动力学模型进行控制算法设计,可较为真实地反映车辆横纵向之间强耦合、非线性的物理关系。该方式能够获得较高的控制精度,但对硬件计算能力要求较高。常用的7自由度整车动力学模型,包含横向、纵向、横摆以及4个车轮的转动,如图9-5所示。

针对耦合式综合控制,根据智能汽车驱动形式、底盘横纵向执行器的不同,研究人员开发了适用于不同车辆硬件配置的横纵向综合控制系统,如针对四轮独立驱动电动汽车、结合主动转向控制、直接横摆力矩控制等。随着V2X技术的进步,智能汽车在复杂交通环境的预期表现也随之提升,耦合式综合控制对车辆控制性能提升明显的优势显得更加突出,且对多车队列控制性能的提升也有帮助。此外,神经网络、脑机控制等先进技术在提升耦合式综合控制性能中的成功应用也被陆续报道。总体来看,随着智能汽车应用场景逐渐向通用化场景发展,横纵向综合控制的应用将会愈发受到重视。无论是采用协同式综合控制架构,或是耦合式综合控制架构,控制性能与实时性都将是需要重点考虑的方面。

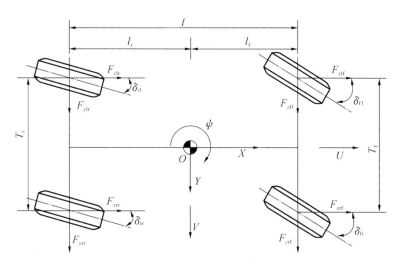

图 9-5　7 自由度车辆动力学模型

9.4　线控制动控制技术

线控制动(brake-by-wire)技术是智能线控底盘的关键技术,包含传统制动技术,基于动力学、运动学、电控等多学科融合技术,技术壁垒较高。

传统的制动系统无法实现主动制动和制动压力的精确、快速控制,不能满足智能汽车对制动系统要求,制动系统需要电动化和智能化。目前线控制动产品正在不断应用在智能电动汽车上。

传统制动系统是基于真空助力器的液压制动系统,其真空来源为发动机负压。电动车出现后,又出现了电子真空泵(EVP)提供负压的过渡产品。目前电动汽车更倾向于应用电动助力器,完全用电动机助力来实现。

根据乘用车线控制动系统的实现形式不同,目前线控制动系统可分为电子液压制动(electro hydraulic brake,EHB)系统和电子机械制动(electro mechanical brake,EMB)系统两类。

9.4.1　电子液压制动系统

汽车电子液压制动系统 EHB 主要由液压控制模块、制动踏板模块、控制单元 HCU、制动器、各类传感器等组成。EHB 不需要真空助力器,结构更简单紧凑;电动驱动,响应也更加迅速;方便实现四轮制动分别控制;容易集成 ABS、TCS 和 ESC 等辅助功能,兼容性强;踏板解耦,能够主动制动以及能量回收。

EHB 系统仍保留了传统的液压管路部分,是电子和液压相结合的产物。EHB 系统结构示意图如图 9-6 所示。EHB 系统是在传统液压制动系统的基础上发展而来的,用一个综合的制动模块(电机、泵、高压蓄能器等)来取代传统制动系统中的压力调节系统和 ABS 模块等,产生并储存制动压力,并可分别对四个轮胎的制动力矩进行单独调节;与传统的液压制动系统相比，EHB 系统有了显著进步，其结构紧凑，改善了制动效能，控制方便可靠，制动噪声显著减小，不需要真空装置，有效减轻了制动踏板的打脚，提供了更好的踏板感觉。目前 EHB 有着不同的实现形式，按照是否集成 ESC、ABS 等功能的一体化形式，分为 OneBox 形式和 TwoBox 形式。按照踏板的解耦形式又可以分为全解耦和半解耦方式。

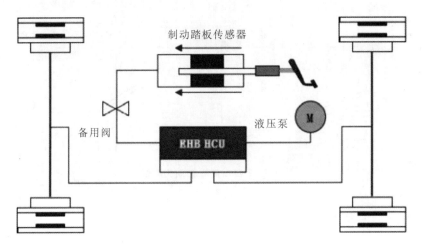

图 9-6　EHB 系统结构示意图

目前行业中技术比较领先的如 Bosch、Continental、ZF/TRW 都拥有自己的 EHB 产品。如 Bosch 公司的 I-Booster 产品，如图 9-7 所示。此产品适用于燃油车、混合动力汽车以及纯电动汽车。电机助力，二级齿轮推动主缸，可以模拟不同的制动踏板感觉，也能够进行能量回收控制，拥有机械冗余备份以及软件备份来增加可靠性。

图 9-7　Bosch 公司 I-Booster 产品

此外，如 ZF/TRW 也拥有集成化制动控制（integrated brake control，IBC）产品，其核心是一个由超高速无刷电机驱动的执行器，受旋转编码器监测，编码器向中央电子控制单元 ECU 提供电机的转数、转速和位置数据。同时被集成其中的还有一个独立的液压回路，它用电子信号向系统传达驾驶者的制动意图，保持了传统液压制动的制动踏板感觉。建压也比较迅速，达到 1 g 减速度只需要 150 ms。表 9-1 列出了几家主流外资公司目前 EHB 产品情况,包含三家主要的制动系统供应商、主要的主机厂和附属零部件供应商。

表 9-1 EHB 产品情况

名称	厂商	特点	踏板解耦	应用车型
ECB	爱德克斯	开关阀	解耦	Prius、Camry Hybrid
Servo Break	本田	开关阀伺服阀	解耦	Insight、Civic Hybird
EDiB	日立	电动助力能量回收	半解耦	Leaf
I-Booster	博世	电动助力踏板模拟	半解耦	蔚来 ES8、广汽 Aion
MK C1	大陆	高集成融合 ESC	解耦	阿尔法罗密欧 Giulia
IBC	ZF/TRW	轻量化响应迅速	解耦	凯迪拉克 CT6

国内 EHB 技术研究较国外起步较晚,国内 EHB 产品却紧随主流 EHB 产品出现在市场上,虽然产品技术水平或有一定差距,但是却展现出国内线控制动技术不断追赶的态势。

9.4.2 电子机械制动系统

电子机械制动 EMB 系统结构更简洁,取消了制动系统的液压备份部分,踏板信号与执行器之间完全靠电子信号传输,与 ABS、TCS、ESC 等模块配合实现车辆底盘的集成控制,是真正的线控制动系统。与传统制动系统在结构以及执行器上有着明显的区别,EMB 的可靠性对其商业化有着至关重要的作用。按照制动器执行结构形式不同,EMB 可以分为机电盘式制动器(electro-mechanical disk brake)和机电鼓式制动器(electro-mechanical drum brake)。目前更多的机构选择的是机电盘式制动器。EMB 结构精简,能够降低整车质量,易于维护,便于安装调试;完全解耦,制动响应更加迅速;便于底盘域控制及智能驾驶技术发展。20 世纪 90 年代,由博世、西门子、统一等公司率先开展相关研发和试制。图 9-8 所示为 EMB 系统工作原理图。

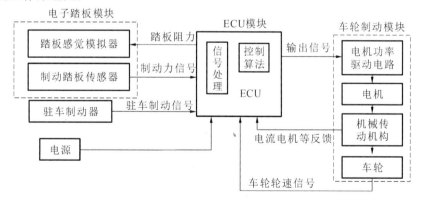

图 9-8 EMB 系统工作原理图

踏板信号以及车辆信号首先传导到 ECU,决策后再向 4 个车轮制动模块发出制动指令。车轮制动模块上的电机驱动制动摩擦材料块,然后实现摩擦制动。每一个车轮都有一个制动模块,可以单独分别控制,每个模块的驱动电机也都有单独的电机控制器。4 个模块作用下,实现制动力分配,制动稳定性控制等功能。轮边执行机构系统集成了转角传感器、扭矩传感器,结构上又有将电机转动转化为直线运动的机械机构,轮边工作环境恶劣,是EMB开发难度所在。

当前的EMB实现并没有标准形式,现将各个公司的EMB进行简要介绍。Continental公司的EMB执行器如图9-9所示。电机在控制器作用下旋转,通过行星齿轮减速增扭,再通过滚珠丝杠机构将旋转转换为直线推动,从而达到制动盘压紧摩擦制动效果。如果需要解除制动,需要反向转动电机。这种方式原理简洁,容易控制,制动间隙也可以根据磨损情况,通过电机控制器来随时调节。缺点是减速增扭机构对制动扭矩提升有限,整个系统比较依赖电机特性。

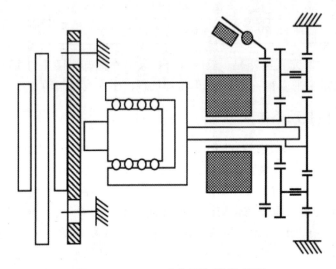

图9-9 Continental公司的EMB简图

Siemens公司的EMB采用了自增力机构,如图9-10所示。电机驱动楔形块运动,主动、从动楔形块又将摩擦块和制动盘压紧。用过机械结构设计实现增力大小调节,对制动扭矩增加明显,能够达到较好的制动减速效果,也能够降低电机成本。缺点是机械工艺及精度要求较高,电机转矩控制要求较高。

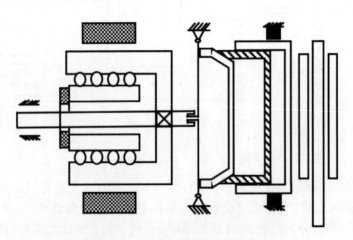

图9-10 Siemens公司的EMB简图

Bosch 公司的 EMB 则采取电机外置结构,如图 9-11 所示。电机驱动内部行星轮系,再通过螺纹芯轴等行星齿轮机构产生直线运动,从而推动摩擦块压紧制动盘,达到减速效果。内部还有作用不同的电磁离合器,这种结构更加紧凑,复杂性较高。

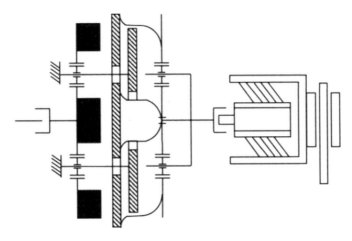

图 9-11　Bosch 公司的 EMB 简图

EMB 中力矩电机的设计、堵转中电机的考验、恶劣环境如热、水、泥等考验,都对电机提出了较高要求。执行机构的复杂性、42V 电源、传感器、MCU 以及功能安全等也对 EMB 的进一步商业化提出了要求。

9.4.3　线控制动关键技术

1. 功能安全技术

线控制动系统的功能安全,是一项针对电子、电气以及可编程电子安全控制系统的产品安全设计指导规范。欧美已经颁布了针对道路交通的产品设计标准(ISO 26262)。由于在电子系统中,不可能做到万无一失的绝对安全,消灭危险源,因此只能通过增加一些安全机制来提高安全等级,实现安全目标。

ISO 26262 标准为汽车安全提供了一个生命周期(管理、开发、生产、经营、服务、报废)理念,并在这些生命周期阶段提供必要的支持。标准涵盖功能安全方面的整体开发过程(包括需求、设计、实施、集成、验证、确认和配置)。

ISO 26262 采用车辆安全完整等级(ASIL)来判断系统的功能安全程度,由 ASIL A~ASIL D 四个等级组成,等级越高说明功能安全的评估越严格,针对系统的硬件和软件开发也就越复杂。制动系统是设计汽车安全的关键系统。线控制动系统要求高可靠性,目前需求冗余备份来保障可靠性。以电动助力器来说,当驱动电机发生故障时,需要有机械系统来做备份。电机驱动器也需要软件备份及硬件备份。制动工况比较复杂,经常会出现长时间制动,制动过热等现象,对机电系统的过载性能、耐高温性能有较大考验,需要充分考虑。

2. 踏板模拟

传统的制动系统中,驾驶员在踩踏制动时,能够感受到真空助力器以及液压系统的反馈,整车在不同制动压力的驱动下,建立起相应的减速度,给驾驶员建立起制动踏板感。踏板踩踏速度、踏板力、踏板行程以及对应压力和减速度的建立都影响制动踏板感觉。传统的制动踏板感觉是基于制动样件选型来调整,每个企业也都有基于样件的踏板感觉DNA。目前制动踏板感觉评价主要是通过主观评价评分和客观数据测试两种方式。

3. 汽车动态稳定性控制

汽车主动安全领域的ABS、TCS和ESC都是涉及制动系统的汽车主动安全控制系统。尤其是ESC系统的核心技术和产品,目前应用广泛,但是其核心技术仍然掌控在少数零部件供应商手中,国内突破ESC匹配和量产的技术壁垒一直存在。现在线控制动的技术装车需求不断增加,少数制动行业的供应商如Bosch等推动电动助力器和ESC技术集成一体化匹配搭载,进一步掌握汽车的核心控制系统,而国内制动系统供应商大多只供应基础制动系统。ESC中用于进行压力精度调节和响应速度调节的电磁阀等液压控制单元的设计与生产技术,ESC的控制技术,底盘综合控制技术以及控制器技术,ESC评价方法等都是ESC的关键所在。

4. 制动能量回收技术

新能源汽车的制动能量回收使得其具有传统汽车无法比拟的优势。在制动过程中,电机发电将汽车的动能转化为电能储存,电机发电和基础制动系统协同作用,实现汽车制动过程。能量回收延长了汽车的续航里程,同时也减少了基础制动系统的消耗和热衰退等,增加制动器使用寿命。制动过程中需要考虑驱动轮与非驱动轮的分别控制,电池SOC的状态,回收电流和功率的实时调节,不同转速下电机回收能力,汽车行驶工况以及整车制动稳定性和制动踏板感觉。制动能量回收的相关技术目前国内外都有相关研究。制动能量回收系统中的协调分配电制动力矩和制动力矩是关键技术之一,控制策略的研究基本围绕这一点展开。丰田的再生电液制动系统在Prius车上实现,同时也兼顾了踏板感觉。美国A&M大学提出三种经典的制动能量回收力分配策略并进行了城市循环工况的仿真分析。

5. 车载网络通信技术

线控系统对车载通信网络提出了新的性能需求。目前基于时间触发的总线系统将会不能满足新的需求,尤其是系统对通信的高速率、可靠性、容错支持以及满足消息传输实时和确定性的要求。基于时间触发的确定性的通信网络协议是满足安全关键性实时控制的最佳选择。目前有TTCAN、Byteflight、FlexRay、TTP/C等通信网络标准。其中应用最多的是FlexRay、TTP/C两个网络协议。目前大众集团和德尔福倾向选择TTP/C来作为线控网络的协议标准。BMW、NXP、Bosch以及GM倾向选择FlexRay来作为协议标准。TTP/C是专门为安全关键实时控制系统而设计的通信协议,基于TDMA的访问方式,能够支持多种容错策略,提供容错的时间同步以及广泛的错误检测机制。FlexRay是专为车内局域网设计的一种具备故障容错的高速车载总线系统,基于时间触发的机制,具有高带宽、容错性好等特点,在实时性、可靠性以及灵活性等方面优势明显。FlexRay有两个信道,最高速率都可以达到10 Mbit/s,能更好地实现冗余,使得消息具有容错能力。目前看,车载通信网络技术的商业化还处于初级阶段,CAN通信仍占主导。但是随着智能汽车的发展,车载通信网络的变革也将很快出现。

6. 传感器技术

制动系统传感器如踏板力、行程、扭矩、温度、电机转角位移等传感器,这些传感器对制动系统的控制执行有着至关重要的作用。传感器不仅包含制动系统传感器,同时还包括整车速度传感器、转速传感器和环境感知传感器。未来的制动系统一定是智能主动制动系统,能够依据精确、分辨率高传感器信息来感知、控制决策、动态执行。因此成本低、可靠性好、精度高、体积小的传感器是发展线控制动系统的关键技术之一。多功能化、智能化、集成化的传感器并和计算机芯片集成是未来发展趋势。

线控制动技术当前正在引领汽车线控技术的发展,率先大批量应用于新能源汽车领域。目前线控制动系统更多的应用形式是 EHB,EHB 将在今后一段时间占据线控制动市场,这是汽车电动化以及智能化发展所必需的。EMB 由于技术条件较高,成本较高,冗余备份以及热可靠性技术等还需完善,目前来看,EMB 商业化之路的优先级明显低于 EHB。制动行业正在变革,未来将是线控制动系统蓬勃发展的时期,汽车底盘电动化、域控制等都离不开线控制动系统,这是中国制动行业抓住机会,赶超世界一流制动技术水平的好时机。

9.5 线控转向控制技术

汽车转向系统决定了汽车的横向运动,传统的转向系统是机械系统:驾驶员操纵方向盘,通过转向器和拉杆,将转向意图传递到转向车轮,从而实现转向运动。

早期的机械液压助力转向系统、当下普及的电液助力转向系统和电动助力转向系统等,都属于基于机械部件的转向系统。这些机械系统在进化的过程中,优化了转向系统的力传递特性,为转向控制提供了助力,提升了汽车的操纵稳定性和平顺性。但是,受限于机械结构,它们无法改变转向系统的角传递特性,即汽车的转向特性,因此难以实现自动驾驶所要求的主动控制。

线控转向系统(steering-by-wire)取消了方向盘和转向车轮之间的机械连接部件,彻底摆脱了机械固件的限制,完全由电能来实现转向,线控转向系统不仅具有传统机械转向系统的所有优点,更可以实现机械系统难以做到的角传递特性的优化。在线控转向系统中,驾驶员的操纵动作通过传感器变成电信号,信号经分析处理后,通过导线直接传递到执行机构。由于不受机械结构的限制,可以实现理论上的任意转向意图,因此线控转向系统被称为目前最先进的转向系统。

线控转向系统通过线控化、智能化可以实现个性驾驶、辅助驾驶、无人驾驶等目标,是智能网联汽车落地的关键技术,其相关动力学控制技术更是影响线控转向系统整体性能的核心技术,线控转向技术由于可实现驾驶员操作和车辆运动的解耦,可提高紧急情况下转向操作正确性和驾驶员安全性,采用电机控制直接驱动实现车辆转向,因此更容易与车辆其他主动安全控制子系统进行通信和集成控制。

9.5.1 概况

线控转向的概念起源于 20 世纪 50 年代。美国天合公司最早提出用控制信号代替转向盘和转向轮之间的机械连接,之后德国 Kasselmann 和 Keranen 设计了早期的线控转向模型。受制于电子控制技术,直到 20 世纪 90 年代,线控转向技术才有较大进展,美国、欧洲、日本在线控转向的研发与推广方面比较活跃,一些采用线控转向系统的概念车陆续展出。

2013年,英菲尼迪的Q50成为第一款应用线控转向技术的量产车型。该线控转向系统由路感反馈总成、转向执行机构和3个电控单元组成,其中双转向电机的电控单元互相实现备份,可保证系统的冗余性能,转向柱与转向机间的离合器能够在线控转向系统出现故障时自动接合,保证紧急工况下依然可实现对车辆转向的机械操纵。2017年,耐世特(Nexteer)公司开发了由静默转向盘系统和随需转向系统组成的线控转向系统,该系统可随需转向,在自动驾驶时转向盘可以保持静止,并可收缩至组合仪表上,从而提供更大的车内空间。

9.5.2 线控转向系统组成

由于线控转向和传统机械转向的区别在于转向盘与转向轮之间不再具有机械连接,故对于驾驶员而言,驾驶中的路感便会产生差异。而线控转向的优势在于可以改变转向特性,当汽车低速行驶时减小转向传动比,提高转向灵敏性;高速行驶时增大转向传动比,使转向更加平稳,提高操纵性。故在控制的设计中,主要需要考虑的是路感的模拟控制和主动转向控制,而电控部分并不能做到万无一失,所以需要在设计中考虑到故障容错控制。线控转向系统最显著的特征为去掉了传统转向系统中从转向盘到转向执行器间的机械连接,由路感反馈总成、转向执行总成、控制器以及相关传感器组成,如图9-12所示。

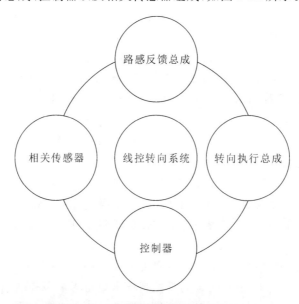

图9-12 线控转向系统组成

当转向盘转动时,转矩传感器和转向角传感器将测量到的驾驶员转矩和转向盘的转角变成电信号输入到单子控制器(ECU),ECU依据车速传感器和安装在转向传动机构上的位移传感器的信号来控制转矩反馈电动机的旋转方向,并根据转向力模拟、生成反馈转矩,控制转向电动机的旋转方向、转矩大小和旋转的角度,通过机械转向装置控制转向轮的转向位置,如图9-13所示。

路感反馈总成主要包括转向盘、路感电机、减速器和扭矩转角传感器,功能是驱动路感电机实现控制器给出的反馈力矩指令,对驾驶员施加合适的路感。转向执行总成主要由转向电机、转向器和转向拉杆等部件组成,转向电机一般为永磁同步直流电机,转向器多为齿

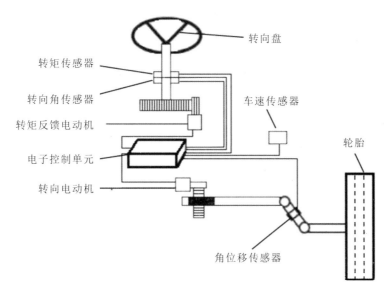

图 9-13 线控转向系统的工作原理

轮齿条结构或者循环球式结构。该部分工作原理为驱动转向电机快速、准确地执行控制器给出的转向角指令,实现车辆的转向功能。线控转向控制器的功能包括路感反馈控制策略和线控转向执行控制策略。路感反馈控制策略根据驾驶意图、车辆状况与路况,过滤不必要的振动,实时输出路感反馈力矩指令。线控转向执行控制策略依据车辆运动控制准则,提供良好的操纵稳定性,实时输出车轮转向角指令。考虑到可靠性,保证车辆在任何工况下均不失去转向能力,线控转向执行控制的冗余防错功能至关重要。

9.5.3 线控转向系统的典型布置方式

根据转向电机的数量、布置位置与控制方式不同,目前线控转向系统的典型布置方式可分为 5 类:单电机前轮转向、双电机前轮转向、双电机独立前轮转向、后轮线控转向、四轮独立转向。每种布置方式的代表样机与优缺点如表 9-2 所示。

表 9-2 每种布置方式的代表样机与优缺点

布置方式	代表产品	优点	缺点
单电机前轮转向	ZF 2001	结构简单,易于布置	单电机故障冗余性欠佳,电机功率较大
双电机前轮转向	Infiniti Q50、精工 DPASS	冗余性好,且对单个电机功率要求较小	冗余算法复杂,零部件成本增加
双电机独立前轮转向	斯坦福大学 X1、P1	去掉转向器部件,提高了控制自由度和空间利用率	无冗余功能,转向协同控制算法较复杂
后轮线控转向	ZF AKC	控制自由度增加,转向能力增强	零部件数量增加,结构较复杂,控制算法较复杂
四轮独立转向	吉大 UFEC	控制自由度最大,转向能力更强	系统结构复杂,可靠性降低,控制算法复杂

9.5.4 路感模拟控制

1. 路感的机理

传统转向系统在转向的过程中,通过机械连接转动方向盘,经转向系统的力传递控制使转向车轮实现转动,达到汽车的转向;同时可以实时从路面把驾驶员需要的转向力矩传递给驾驶员,这个转向力矩反映了整车的运动状态及轮胎的受力状态信息,通常将这种信息反馈称之为路感。路感是一种触觉信息,良好的路感能够降低驾驶员的驾驶难度,提高驾驶的安全性,因此也是评价汽车操纵稳定性优劣的主要指标之一。由于线控转向系统取消了方向盘和转向车轮之间的机械连接,通过转向角信号和转向电机控制车轮转向,导致路感无法直接反馈给驾驶员,这从驾驶安全性角度考虑是绝对不允许的。针对这个问题,线控转向系统的方向盘总成中包含有路感模拟电机,用来产生作用于方向盘的阻力矩以模拟路感。一般认为"路感清晰"指的是能够及时地反馈信息,具有好的回正能力,同时在汽车低速行驶时,转向较为灵敏,不需要驾驶员提供过大的转矩就能实现轻松转向,即低速转向轻便;高速时方向盘转动力矩较大,不易受路面状态影响车辆行驶平稳性,即高速行驶沉稳。

2. 实现路感模拟的结构

根据作用的原理不同,在线控转向系统中路感实现的执行机构也有差异,执行机构一般为电机、磁流变液、操纵杆、基于液压作用等多种结构形式。

3. 路感反馈控制策略

路感反馈力矩估计一般有3种方法。第一种为传感器测量方法,由于齿条处力矩包含有轮胎力和回正力矩等信息,故测量数据需经滤波才能作为反馈力矩;第二种为参数拟合方法,将反馈力矩设计成与其相关因素的函数形式;第3种是基于动力学模型的方法,依据车辆动态响应、驾驶员转向盘输入等状态,利用车辆动力学模型估算轮胎回正力矩和需要补偿的反馈力矩,进而计算期望的反馈力矩指令。该方法对车辆状态、驾驶风格具有自适应能力,是目前研究的主流,典型的基于动力学模型的路感反馈控制思路如图9-14所示。

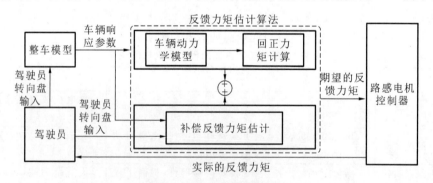

图 9-14 路感反馈控制框图

按照模块的功能,可以将路感反馈控制策略分为2个层次,上层控制策略计算期望的路感反馈力矩,下层控制策略准确、快速执行该反馈力矩。主要控制方法与特点总结如表9-3所示。

表 9-3 路感反馈控制策略主要方法

控制内容	控制算法	特点
上层:变传动比控制	随车速变化;横摆角速度增益不变;侧向加速度和横摆角速度增益不变;遗传算法、模糊控制	实现低速灵活、高速稳定
上层:车辆稳定性控制	分数阶 PID、模糊 PID;LQR、LQG 最优控制算法;前馈控制、反馈控制、前馈-反馈控制;自适应滑模控制;自适应全局快速滑模控制;自适应终端滑模控制、快速终端滑模控制;自适应快速非奇异终端滑模控制;自适应神经网络滑模控制;模型预测控制;四轮转向和集成控制	基于车辆动力学模型,根据车辆运动控制目标,利用控制算法计算参考前轮转角
下层:转向电机控制	PID 控制;前馈控制;模糊 PID;无电流传感器控制;双向控制;	使转向电机准确快速跟踪目标前轮转角

9.5.5 主动转向控制

线控转向系统能够无束缚地得到驾驶员进行转弯的指令目标输入和汽车转向轮的变化之间的关系,汽车可以按行驶需要控制转向机构,这样能够对车辆的转向进行调节。目前,与线控转向有关的主动转向主要分为三类,即变传动比控制策略、动态稳定性控制策略以及转向电机控制策略。主要有基于驾驶的系统自适应控制、有关横摆角速度和质心侧偏角的不同控制方法以及与车辆行驶轮胎有关的主动转向控制等。关于汽车稳定方面的指标大部分是分析车辆在行驶中的各方面信息,在关于车辆转向方面实行动态的控制。在主动转向控制系统中,可以通过设定线控转向系统的稳态增益控制理想转向传动比来提高汽车的操纵稳定性,还可以利用对线控转向系统进行多种反馈形式来改善其性能。

1. 变传动比控制策略

汽车转向传动比的控制对于整车有着非常重要的意义。因为在设计的车辆中没有设计操纵盘和车辆的转向轮之间的相互运动机械连接结构,所以线控转向系统的传动比可以进行自由设计,以使转向趋于理想化。根据有关汽车传动比的动力知识可知,线控转向系统的传动比的设定应该满足一些条件,即:当汽车在低速运行时,汽车的转向系统传动比应该小一些,这样转动较小的方向盘就能够获得较大的汽车前轮转向角,这样可以很好地调节驾驶员驾驶汽车时的舒适感和汽车的稳定性;而当汽车在高速运行时,汽车的转向系统传动比就应该大一些,这样当在驾驶过程中出现危险状况时,汽车不会因为转动了较小的方向盘转角而产生较大的转动,从而导致车辆失控;当汽车转过较小的弯道时,它的传动比应该能够变得小一些,这样可以让车辆转向迅速;当汽车通过较大的弯道的时候,它的传动比要大一些,这样可以让车辆转向轻快。合理地分析设计线控转向系统的变传动比的特性,可以实现上述要使传动比目标。

2. 动态稳定性控制策略

现在应用于车辆上的线控转向系统的组成主要含有 AFS、ARS 和 4WS 三种形式,这三种形式的基本思想均是要利用变化的车辆转向轮的偏角,进而改变汽车车轮轮胎上的轮胎力,这样能够产生一个使汽车恢复之前的稳定性的作用力矩,这样就能够保证汽车在行驶过程中的稳定性，达到动态控制汽车的稳定性的目的。在车辆稳定性的控制策略中包含分数阶 PID 和模糊 PID 的控制算法，PID 的方法在其中应用的十分广泛。一些根据汽车的控制信息的优化算法在对车辆的线控转向系统的主动转向中也有着非常广泛的利用。

3. 转向电机控制策略

通过接收上面两个的控制命令，然后利用电机或者液压系统对线控转向系统进行控制，以保证转向角控制的精确性。与传统的典型 PID 控制相比，模糊 PID 控制可以应用于多种环境当中，原因是它对于外界环境的干扰可以不受太大的影响。在转向执行总成中应用的电机一般为永磁同步电机，这种电机能够很好地应用于线控转向系统的电机中，精确地完成对车辆转向角调节，对车辆的转向进行调节。

练习题

1. 汽车纵向运动控制有哪些特点？
2. 汽车线控制动系统有哪几种类型？
3. 汽车线控转向系统由哪几部分组成？
4. 简述线控转向技术的优点。

参 考 文 献

[1] 杨燕玲,周海军.车联网技术与应用[M].北京:北京邮电大学出版社,2020.
[2] 崔胜民.智能网联汽车技术[M].北京:机械工业出版社,2020.
[3] 宋传增.智能网联汽车技术概论[M].北京:北京邮电大学出版社,2021.
[4] 崔胜民,俞天一,王赵辉.智能网联汽车先进驾驶辅助系统关键技术[M].北京:化学工业出版社,2019.
[5] 崔胜民.一本书读懂智能网联汽车[M].北京:化学工业出版社,2019.
[6] 中国报告大厅.智能汽车行业发展前景[DB/OL].(2020-03-31).[2022-2-9].http://www.chinabgao.com/k/zhinenqiche/54557.html.
[7] AI未来.聊聊无人驾驶汽车的发展历史(一).(2019-12-18).[2022-2-9].https://www.cnblogs.com/yfinn/p/12064044.html.
[8] 新能源汽车.梳理中国无人驾驶过去30年的发展历程[DB/OL].(2016-7-25).[2022-2-9].http://www.cnelc.com/Article/56/160725/AD100516149_1.html.
[9] 崔胜民,俞天一,王赵辉.智能网联汽车先进驾驶辅助系统关键技术[M].北京:化学工业出版社,2019.
[10] 徐友春,朱愿.智能车辆关键技术[M].北京:化学工业出版社,2020.
[11] 崔胜民.智能网联汽车自动驾驶仿真技术[M].北京:化学工业出版社,2020.
[12] 甄先通,黄坚,王亮,等.自动驾驶汽车环境感知[M].北京:清华大学出版社,2020.
[13] 王江锋.智能交通理论与实践[M].北京:中国铁道出版社,2020.
[14] 中国汽车技术研究中心有限公司数据资源中心.智能网联汽车产业发展及相关技术实现[M].北京:社会科学文献出版社,2019.
[15] 闫建来,郑玉宇,吕坚,等.智能网联汽车导论[M].北京:机械工业出版社,2020.
[16] 刘家佳.智能网联汽车安全[M].西安:西安电子科技大学出版社,2019.
[17] 刘祖柏.毫米波雷达技术及在汽车中的应用探讨[J].车辆工程技术,2019(20):57,67.
[18] 朱常兴.激光雷达技术及其在自动驾驶领域的应用[J].自动化博览,2019(12):54-59.
[19] 赵华杰,安永杰,金鑫.智能驾驶重型汽车摄像头安装调试台架设计[J].机械工程师,2021(6):141-143.
[20] 张义.对智能网联汽车概念与发展的探讨[J].交通科技与管理,2021(33):5-6.
[21] 毕欣.自主无人系统的智能环境感知技术[M].武汉:华中科技大学出版社,2019.
[22] 杜明芳.无人驾驶汽车技术[M].北京:人民交通出版社,2019.
[23] 王建,徐国艳,陈竞凯,等.自动驾驶技术概论[M].北京:清华大学出版社,2019.
[24] 刘少山.第一本无人驾驶技术书[M].北京:电子工业出版社,2017.
[25] 甄先通,黄坚,王亮,等.自动驾驶汽车环境感知[M].北京:清华大学出版社,2020.
[26] 陈晓明.智能网联汽车技术基础[M].北京.机械工业出版社,2021.
[27] 李立,徐志刚,赵祥模,等.智能网联汽车运动规划方法研究综述[J].中国公路学报,

2019,32(6):20-33.

[28] 付百学.汽车车载网络技术[M].2版.北京:机械工业出版社,2019.

[29] 凌永成.车载网络技术[M].2版.北京:机械工业出版社,2022.

[30] MOST 总线在奥迪车上的应用[DB/OL].(2018-07-18).[2022-3-22].https://www.sohu.com/a/241886147_661294.

[31] 车道偏离预警系统[DB/OL].(2018-07-18).[2022-3-22].https://baike.baidu.com/item.

[32] 高级驾驶辅助系统[DB/OL].https://baike.so.com/doc/23635166-24187828.html.

[33] 太平洋汽车.自动刹车辅助系统是什么[DB/OL].(2020-06-2).[2022-5-20].http://www.pcauto.com.cn/jxwd/2082/20824200.html.

[34] 王艺颖.汽车主动安全技术现状及发展趋势综述[J].黄河水利职业技术学院学报,2020,32(03):44-49.

[35] 彭洪雨.浅谈汽车的安全装置[J].科技视界,2016(7):110-110.

[36] 汪浩然.汽车主动安全技术及发展趋势分析[J].装备制造,2014(S1):16-18.

[37] 彭洪雨.浅谈汽车的安全装置[J].科技视界,2016(7):110-110.

[38] 刘卓乾.基于无线通讯的汽车主动安全系统专利技术综述[J].科技风,2019(14):120.

[39] 付京.汽车被动安全技术分析及其发展态势研究[J].南方农机,2016,47(04):66,82.

[40] 赵馨月.智能网联汽车信息安全关键技术[J].时代汽车,2021(1):18-19.

[41] 李芳丽,吴晓建.智能网联汽车通信终端信息安全加密方法仿真[J].计算机仿真,2020,37(05):86-90.

[42] 叶卫明,常贺.基于智能网联汽车的通信和信息安全研究[J].电信工程技术与标准化,2022,35(1):5.

[43] 陈艳梅,薛亮.智能网联汽车总线技术及其安全威胁分析[J].汽车与配件,2021(17):50-54.

[44] 刘爽爽,于欣策,邹广奕.智能汽车执行控制技术研究[J].时代汽车,2021(16):18-19.

[45] 郝悦.智能汽车横纵向运动控制方法综述[J].汽车实用技术,2022,47(04):158-161.

[46] 周明岳,武振江,冯天骥.线控制动技术现状及趋势综述[J].中国汽车,2020(07):51-57.

[47] 袁涌.电子液压制动系统与整车性能匹配[D].武汉理工大学,2013.

[48] 张猛,宋健.电子机械制动系统发展现状[J].机械科学与技术,2005(2):208-211.

[49] PVM A,P R B. Vision based intelligent vehicle steering control using single camera for automated highway system[J]. Procedia Computer Science,2018,133:839-846.

[50] AGACHAI S,WAI H H. Smarter and more connected:Future intelligent transportation system[J]. IATSS Research,2018,42:67-71.

[51] Cheng H. Autonomous intelligent vehicles[M]. Springer London,2011.

[52] 陈慧岩,熊光明,龚建伟,等.无人驾驶汽车概论[M].北京:北京理工大学出版社,2014.

[53] LINE C,MANZIE C,GOOD M. Control of an electromechanical brake for automotive